Ines Sonder (Hrsg.)

Lotte Cohn
Eine schreibende Architektin in Israel
Bd. 2: Ausgewählte Briefe (1921–1982)

Jüdische Kulturgeschichte in der Moderne
hrsg. von Joachim Schlör
Band 14,2

Ines Sonder ist promovierte Kunsthistorikerin und Wissenschaftliche Mitarbeiterin am Moses Mendelssohn Zentrum für europäisch-jüdische Studien an der Universität Potsdam mit dem Forschungsschwerpunkt Architektur- und Kulturgeschichte Israels. Sie kuratierte Ausstellungen in Deutschland und Israel. Neben zahlreichen Publikationen, darunter ihre Dissertation *Gartenstädte für Erez Israel* (2005), veröffentlichte sie zur Architektin Lotte Cohn einen Werkkatalog (2009) und eine Biographie (2010).

Ines Sonder (Hrsg.)

Lotte Cohn
Eine schreibende Architektin in Israel

Bd. 2
Ausgewählte Briefe (1921–1982)

Neofelis Verlag

Die Drucklegung wurde ermöglicht durch das Moses Mendelssohn Zentrum, Potsdam.

Bibliografische Information der Deutschen Nationalbibliothek
Die Deutsche Nationalbibliothek verzeichnet diese Publikation in der Deutschen Nationalbibliografie; detaillierte bibliografische Daten sind im Internet über http://dnb.d-nb.de abrufbar.

Umschlaggestaltung: Marija Skara
Lektorat & Satz: Neofelis Verlag (fs/ae)
Druck: PRESSEL Digitaler Produktionsdruck, Remshalden
Gedruckt auf FSC-zertifiziertem Papier.
ISBN (Print): 978-3-95808-125-3
ISBN (PDF): 978-3-95808-176-5

Inhalt

Einleitung

Ich habe ein Heimatgefühl hier, ein ganz starkes …
(Lotte Cohn an Käthe Jacob, 12.04.1928)

In ihren Erinnerungen „Die zwanziger Jahre in Erez Israel", die Lotte Cohn Mitte der 1960er Jahre verfasste, bedauerte sie: „Hätte ich doch Tagebuch geführt und aufgeschrieben, was ich damals sah und erlebte; so vieles ist abgesunken im Meer des Vergessens. Geblieben ist das grosse Erlebnis, das ich jetzt noch so spüre wie damals."[1] Als 1979 ihre Freundin Käthe Jacob starb, erhielt sie aus deren Nachlass ihre eigenen Briefe an sie aus den 1920er Jahren zurück. Mit welchen Gefühlen sie das Kaleidoskop ihrer ersten Eindrücke und Erfahrungen nach ihrer Einwanderung 1921 in das britische Mandatsgebiet Palästina wiedergelesen haben mag, ist nicht überliefert; aufbewahrt hat sie die Briefe bis zum Ende ihres Lebens und teilweise mit Anmerkungen versehen. Sie sind ein seltenes Zeugnis über das persönliche und berufliche Umfeld einer Pionierarchitektin sowie das kulturelle Milieu der deutschsprachigen Einwanderer der Dritten Alija in Palästina. Zugleich ergänzen sie auf eindringliche Weise das Lebens- und Gedankenbild ihrer Verfasserin, wie sie es später in ihren Erinnerungen mit einem nostalgischen Blick über dieses erste Jahrzehnt im Land nachzeichnete.

Auch wenn Briefe, anders als ein Tagebuch, das mit Rückblick und Vorschau die alltägliche Selbstreflexion zur Grundlage hat, nur in einem begrenzten Umfang die Chronologie der Ereignisse im Lebensverlauf rekonstruierbar werden lassen, zumal wenn sie in größeren Zeitabständen verfasst wurden, gestatten sie als eigenständiger Dialograum dennoch Einblicke in konkrete und datierbare Lebenssituationen des Schreibenden. Bei der vorliegenden Auswahl von Briefen

1 Lotte Cohn: Die zwanziger Jahre in Erez Israel. Ein Bilderbuch ohne Bilder, abgedruckt in Ines Sonder: *Lotte Cohn – Baumeisterin des Landes Israel. Eine Biographie.* Berlin: Jüdischer Verlag 2010, S. 153–209, hier S. 155.

Lotte Cohns spiegeln sich in einem Zeitraum von über 60 Jahren die verzweigten Facetten ihrer Persönlichkeit sowie in der Zeitsignatur jedes Jahrzehnts ihre Haltung zu den kulturellen, architektonischen und politischen Entwicklungen in Palästina und in Israel.

Lotte Cohns Briefe haben sich in Archiven und Nachlässen in Israel, Deutschland, der Schweiz und den USA erhalten. Zu ihren Korrespondenzpartnern zählen Familienangehörige, Freunde und Kollegen, darunter einige prominente Persönlichkeiten wie Gershom Scholem, Julius Posener und Edgar Salin. Einige Korrespondenzen, die Lotte Cohn in ihren Schriften erwähnt – wie die Briefwechsel mit ihren ehemaligen Kommilitoninnen Gertrud Ferchland und Marie Frommer – konnten bislang nicht aufgefunden werden oder müssen als verschollen gelten.

Die Auswahl der Briefe beginnt im Frühjahr 1921, als Lotte Cohn sich von Berlin aus als Mitarbeiterin bei dem Architekten Richard Kauffmann bewarb. Kauffmann war Ende 1920 von der Palestine Land Development Company (PLDC) zum Leiter des ersten Amtes für Architektur und Städtebau nach Palästina berufen worden. Im September trat Lotte Cohn ihre Stelle als Kauffmanns Erste Assistentin in Jerusalem an. Ihre Zusammenarbeit währte sechs Jahre.

Ihre Briefe aus den 1920er Jahren sind geprägt von den ersten Eindrücken und Erfahrungen seit ihrer Einwanderung in Palästina. Im Mittelpunkt stehen die Briefe an ihre Freundin, die Pianistin Käthe Jacob. Es sind außergewöhnliche Dokumente aus dem Leben und Alltag einer deutschen Zionistin, wie sie von keiner anderen Frau aus der Generation der Einwanderer der Dritten Alija überliefert sind. In kritischen Reflexionen berichtete sie der Freundin über die vorgefundenen Zustände im Land, über ihre Arbeit, Kollegen und gemeinsame Bekannte, ebenso über private Themen in vertrauter Offenheit.

Korrespondenzen aus ihrer architektonischen Praxis in den 1920er Jahren sind kaum überliefert. Einen Einblick in eines ihrer wichtigsten Bauprojekte, die Gebäude der Landwirtschaftlichen Mädchenschule im Moschaw Nahalal in Emek Jesreel, geben jedoch ihre kurzen Geschäftsbriefe an die Agronomin Hannah Meisel-Schochath, die Leiterin der Schule.

Bis Ende 1930 weilte Lotte Cohn dreimal zu Besuch in Deutschland. Über ihre Aufenthalte, beruflichen Angelegenheiten sowie ihre ambivalenten Gefühle bei der Wiederbegegnung mit Freunden, Kollegen und der Stadt Berlin berichtete sie Richard Kauffmann und seiner Frau Batschewa sowie Gershom Scholem und seiner ersten Frau Escha, mit denen sie und ihre Schwestern in einer Wohngemeinschaft in Jerusalem lebten. Ihre Briefe an Kauffmann geben zudem Einblicke in ihre gemeinsame berufliche Arbeit in Palästina sowie die schwierige wirtschaftliche Situation beider Architekten, nachdem aufgrund der ab 1925 einsetzenden Wirtschaftskrise in Palästina das Amt für Architektur und Stadtplanung in Jerusalem 1927 aufgelöst wurde.

Interessante zeithistorische Dokumente sind ihre Briefe über das Erdbeben in Palästina, das sich am 11. Juli 1927 ereignete, sowie über ihre Gefühle während des Ausbruchs des arabischen Aufstands im August 1929 in Palästina, den sie und ihre Schwestern in Berlin erlebten.

Korrespondenzen aus den 1930er und 1940er Jahren sind nur in geringem Umfang erhalten, da Lotte Cohn zu dieser Zeit in Palästina weilte und auch die Mehrheit ihrer Freunde und Bekannten aus Deutschland emigriert war. Erhalten haben sich einige Briefe, die sie seit ihrer Übersiedlung nach Tel Aviv zu Beginn der 1930er Jahre an ihre in Jerusalem lebenden Schwestern Helene und Rosa schrieb und in denen sie über ihre berufliche und wirtschaftliche Situation als selbständige Architektin berichtete.

Ihr kurzer Brief an den ehemaligen Bauhaus-Absolventen Arieh Sharon, mit dem sie über ihren Beitrag zur Weltausstellung in New York von 1939 korrespondierte, macht die persönliche Vertrautheit beider Architekten deutlich. Sharon hatte sich nach seiner Rückkehr vom Bauhaus in Dessau nach Palästina Anfang der 1930er Jahre bald einen Namen als Architekt und Gründer der Architektenvereinigung Chug gemacht, zu deren Mitgliedern auch Lotte Cohn zählte.

Von persönlicher Vertrautheit zeugen auch die ersten Briefe an Julius Posener während des Unabhängigkeitskriegs und nach der Staatsgründung Israels, in denen Lotte Cohn ihre kritische Haltung zu den politischen Entwicklungen kundtat und auch regen Anteil an Poseners weiterer Entwicklung nahm. Posener war 1935 nach Palästina emigriert, wo er die Bekanntschaft Lotte Cohns im Rahmen der gemeinsamen Projektierung des Hauses Mendelsohn in Kfar Schmarjahu machte. Nach der Staatsgründung Israels verließ er das Land in Richtung England.

1954 unternahm Lotte Cohn ihre erste Auslandsreise nach 25 Jahren und besuchte in Europa und den USA Verwandte und Bekannte, die aus Deutschland emigriert waren. Von ihrer Wiederbegegnung berichtete sie ihrer Schwester Helene in Jerusalem. Während dieser Zeit besuchte sie auch erstmals wieder Berlin, von dem Aufenthalt ist jedoch kein Brief erhalten. Erst Jahrzehnte später schrieb sie in ihren Erinnerungen:

> Berlin als Stadt war grausig, in weiten Strecken ein Trümmerhaufen [...]. Mir hat diese Zerstörung die Kehle zugeschnürt [...]. Ich hatte die ganze Zeit das Gefühl von Grauen + Ekel, wenn ich im Autobus fuhr, wurde ich den Gedanken nicht los: Neben wem sitzt Du? Was hat er getan in der Nazi-Zeit?[2]

2 Lotte Cohn: Erinnerungen. Stiftung Neue Synagoge Berlin – Centrum Judaicum, 6.12/1, Nr. 3, Heft 4, S. 26.

Im Juni 1957 erschütterte der Mord an Raya Krolik-Goldschmidt, der Tochter ihrer Freunde Gertrud und Schlomo Krolik, ganz Israel. Kurz nach ihrer Hochzeit war die 21-Jährige im Kibbuz Gadot am Fuße der Golan-Höhen von einer syrischen Kugel getötet worden. In einem Brief an Gershom Scholem und seine zweite Frau Fania, die gerade in Deutschland weilten, berichtete Lotte Cohn eindringlich über dieses tragische Ereignis. Gershom Scholem, den sie zeitlebens mit seinem deutschen Vornamen Gerhard ansprach, war auch der Adressat weiterer Briefe. Insbesondere nach dem Tod ihrer Schwester Helene 1966 korrespondierte sie mit ihm, neben privaten Themen auch über geschäftliche Angelegenheiten das von ihr geplante Haus in der Abarbanel Straße 28 in Rehavia betreffend, in dem Scholem seit 1936 mit Fania zur Miete wohnte.

Ein ungewöhnliches Dokument ist Lotte Cohns Brief an Hans Tramer, den ersten Herausgeber des *Bulletin des Leo Baeck Instituts*, der 1965 den Artikel „Bernhard und Emil Cohn. Zwei Streiter für den zionistischen Gedanken“[3] veröffentlicht hatte. Im Vorfeld hatte er sein Manuskript an Lotte Cohn übersandt, die es in einem ausführlichen Brief mit kritischen Anmerkungen kommentierte. Von diesem Brief haben sich zwei Fassungen erhalten: eine undatierte handschriftliche Vorschrift sowie ein sprachlich überarbeiteter Schreibmaschinentext als Durchschlag in zwei Ausführungen, die beide den Vermerk „Juni 1966“ tragen; einer davon ist mit kurzen handschriftlichen Ergänzungen versehen. Aufgrund der Datierung nach der Veröffentlichung des Aufsatzes ist anzunehmen, dass Lotte Cohn später eine Abschrift des Originalbriefes an Tramer anfertigte, da er wichtige Informationen zur zionistischen Sozialisation ihres Vaters und Bruders sowie Einblicke in die jüdische Tradition der Cohn-Familie gibt. Abgedruckt ist der Durchschlag mit den handschriftlichen Ergänzungen; Textstellen, die auf die spätere Abschrift hinweisen, sind in den Anmerkungen aufgeführt.

Ausgenommen die zwei früheren Briefe begann Anfang der 1960er Jahre mit der Übersiedlung Julius Poseners nach Berlin, der 1961 einem Ruf als Architekturprofessor an die Hochschule für Bildende Künste (heute Universität der Künste) gefolgt war, die über zwei Jahrzehnte andauernde Korrespondenz beider Architekten. Das Themenspektrum reicht von den Veränderungen der politischen und kulturellen Landschaft Israels nach dem Sechstagekrieg 1967 und der späteren architektonischen Entwicklung über Erörterungen zu den zahlreichen Publikationen Poseners, die er an Lotte Cohn nach Tel Aviv sandte, bis hin zu persönlichen Angelegenheiten. Bemerkenswert sind hierbei zwei Briefe, die

3 Vgl. Hans Tramer: Bernhard und Emil Cohn. Zwei Streiter für den zionistischen Gedanken. In: *Bulletin des Leo Baeck Instituts* 8,32 (1965), S. 326–345.

Lotte Cohn auf einen Bericht Poseners hin verfasste, den dieser nach einem Besuch in Israel gemeinsam mit einer Gruppe Studierender im Frühjahr 1968 an sie geschickt hatte und in dem er Kritik an der „zionistischen Invasion", dem „Fahnen-schwenkende[n] Israel", dem „Nationalismus der Juden" und dem „bumpsige[n] Siegesgefühl" geäußert hatte. Lotte Cohns Reaktion darauf zeugt zugleich von ihrer eigenen Zerrissenheit in Bezug auf die politischen Realitäten nach dem Sechstagekrieg wie auch von dem Bedürfnis, Verständnis für Israel, insbesondere bei der deutschen Jugend, zu erwecken.[4]

In den 1970er Jahren plante Lotte Cohn eine Monographie über Richard Kauffmann.[5] Schon zu seinen Lebzeiten und über seinen Tod hinaus hatte sie in Vorträgen und Artikeln seine Person und sein Wirken in der vorstaatlichen Baugeschichte Israels mehrfach gewürdigt. Zu den Korrespondenzpartnern für ihr Buchprojekt gehörten Edgar Salin von der List-Gesellschaft in Basel und die Stadtsoziologin und Professorin Erika Spiegel, die Lotte Cohn in den 1960er Jahren in Israel kennengelernt hatte, als Spiegel für ihre Dissertation *Neue Städte in Israel* (1966) recherchierte.[6] Die Veröffentlichung der Kauffmann-Monographie scheiterte jedoch aus finanziellen Gründen. Eine wichtige Person bei der Durchsicht ihres Manuskripts war vor allem Julius Posener, der bis zum Ende ihres Lebens ein vertrauter Freund und dankbarer Korrespondenzpartner blieb.

Editorische Anmerkung

Die vorliegende Auswahl umfasst 80 Briefe Lotte Cohns an 15 Korrespondenzpartner aus den Jahren 1921 bis 1982. Drei Briefe wurden bereits in früheren Publikationen abgedruckt – zwei in der Edition zu Julius Poseners Briefen[7] und ein Brief in der Biographie Lotte Cohns[8]. Die Briefe wurden weitgehend ungekürzt wiedergegeben, die Auslassungen sind durch Punkte in eckigen Klammern gekennzeichnet, während jene ohne Klammern von Lotte Cohn selbst stammen. Die Kürzungen betreffen Passagen, in denen geschäftliche oder

4 Vgl. Ines Sonder: Über Architektur und die Identifikation mit dem Land Israel. Lotte Cohn und Julius Posener im Briefwechsel, 1947–1983. In: *Jahrbuch Zentrum Jüdische Studien Berlin-Brandenburg* 1 (2012): Von der jüdischen Aufklärung über die Wissenschaft des Judentums zu den Jüdischen Studien, S. 131–147.

5 Vgl. Sonder: *Lotte Cohn*, S. 136–144 (Kap. „Das Richard-Kauffmann-Projekt").

6 Vgl. Lotte Cohn: Neue Städte in Israel (1971). In: Dies.: *Eine schreibende Architektin in Israel*, Bd. 1: Ausgewählte Schriften (1934–1982), hrsg. v. Ines Sonder. Berlin: Neofelis 2017, S. 76–78.

7 Vgl. Julius Posener: *Ein Leben in Briefen. Ausgewählte Korrespondenz 1929–1990*, hrsg. v. Matthias Schirren / Sylvia Claus. Basel / Berlin / Boston: Birkhäuser 1999.

8 Vgl. Sonder: *Lotte Cohn*, S. 49–52.

private Angelegenheiten Dritter verhandelt oder gesundheitliche Probleme und Krankheiten der letzten Lebensjahre wiederholt erörtert werden. Die Schreibweise in den Briefen wurde weitestgehend in der damaligen Orthographie und Grammatik übernommen,[9] die Verwendung von „ss" statt dem heute üblichen „ß" beibehalten, die Umlaute „ae, oe, ue" in den mit Maschine geschriebenen Texten jedoch den handschriftlichen „ä, ö, ü" angepasst. Eindeutige Verschreibungen oder Tippfehler wurden stillschweigend korrigiert. Handschriftliche Charakteristika Lotte Cohns, die zum Beispiel die Konjunktion „und" häufig durch „+" ersetzte, wurden belassen. Die Anreden und Schlussworte der Briefe, die häufig ohne Interpunktion verfasst sind, wurden nicht vereinheitlicht. Unterstreichungen im Originaltext wurden kursiv gesetzt. Hebräische Begriffe und Eigennamen, die Lotte Cohn in ihren Texten nicht einheitlich verwendete, wurden angemerkt und im Glossar der heute üblichen Transkription ins Deutsche angepasst. Die Anmerkungen der Herausgeberin konzentrieren sich auf Erklärungen von Hintergründen und Zusammenhängen, die für das Verständnis der beschriebenen Situation und erwähnten Personen zuträglich erscheinen. Biographische Angaben zu den Personen sind im Personenverzeichnis enthalten. Neben zwei Zeichnungen Lotte Cohns (Abb. 2 & 8) in den Briefen [9] und [41] wurden der Auswahl sieben weitere Abbildungen beigefügt, die für die Inhalte der Briefe angebracht erscheinen.

Die Herausgeberin bedankt sich bei den in den Quellenangaben aufgeführten Archiven für die Abdruckgenehmigung der Briefe Lotte Cohns.

Ines Sonder, Mai 2017

9 Die uneinheitliche Verwendung von Begriffen wie Shok/Chok für Schock und Chec/Chek für Scheck etc. wurden den Regeln des Dudens angepasst.

Ausgewählte Briefe
(1921–1982)

1921 Deutschland

[1] An Richard Kauffmann

Herrn Richard Kauffmann
Zionist Commission, Jerusalem

Berlin, d. 28. März 1921

Sehr verehrter Herr Kauffmann!
Durch meine Schwester Rosa Cohn erfahre ich, dass Sie Interesse daran haben, mit zionistischen Architekten, die für die Arbeit in Palästina in Betracht kommen, in Beziehung zu treten. Dass ich meinerseits ein ganz grosses Interesse daran habe, mit Ihnen bekannt zu werden, ist begreiflich; dies ist der Anlass meines Briefes.
Meine Schwester schreibt mir, dass Herr Hecker mein Bewerbungsschreiben an die Firma Hecker und Jellin[1] an Sie weitergegeben habe. Herr Hecker kennt mich seit lange; ich hatte zudem während seines Aufenthaltes in Berlin die Möglichkeit, durch persönliche Aussprache ihm ein genaues Bild über meine beruflichen Fähigkeiten + Bestrebungen zu vermitteln. Infolgedessen hatte das Schreiben, das ich auf Herrn Heckers besonderen Wunsch seiner Firma, um der geschäftlichen Form zu genügen, einreichte, einen äusserst knappen Rahmen. Als einzige Grundlage eines geschäftlichen Bekanntwerdens genügt er mir aber keineswegs. Und da nun, ohne mein Wollen + Zutun, dieser erste Schritt einer Bekanntschaft getan wurde, habe ich ein lebhaftes Interesse, Sie mehr über meine bisherige Berufsarbeit wissen zu lassen.

1 Das Ingenieurbüro Hecker & Yellin war 1920 in Jerusalem von Wilhelm Hecker und Eliezer Yellin gegründet worden.

Wie das Architekturstudium an einer deutschen Hochschule aussieht, wird Ihnen bekannt sein. Ich habe dort eine theoretische Grundlage erworben, einen leidlich grossen Wissensschatz, der aber auch noch nach Abschluss des Studiums etwas zusammenhanglos + ohne Beziehung zur Wirklichkeit des Berufslebens blieb. Ich ging dann in die Praxis, durch die Kriegszeit unter recht ungünstigen Verhältnissen. Das einzige Arbeitsgebiet, das sich mir eröffnete, war der ostpreussische Wiederaufbau. Der spezielle Rahmen meiner eigenen Arbeit dort war eng genug; grosse Bauaufgaben lagen nicht vor. Wohl aber hatte ich Gelegenheit, mich mit der Praxis des Baubetriebes eingehend bekannt zu machen, und ich habe viel dabei gelernt. Ich habe im Rahmen des dortigen Betriebes geschäftliche + technische Sicherheit erworben, habe volle Selbständigkeit des Arbeitens erlangt. Ich habe mich mit den Bauhandwerken des Mauerns, Zimmerns + Tischlerns gut bekannt gemacht, kurz, alle Fragen technischer + kaufmännischer Natur, die beim Bau des Kleinhauses zu Tage treten, wurden mir geläufig. Starke künstlerische Entwicklungsmöglichkeiten waren nicht gegeben.

Ich habe später in Berlin bei Herrn Dipl. Ing. Michel[2] gearbeitet. Es lagen Projekte für Palästina vor, die Sie vielleicht z. Tl. kennen, soweit sie in Bruchstücken veröffentlicht sind[3] Ich bin in dieser Zeit der Zusammenarbeit sehr viel weiter gekommen. Aber wennschon ich an den damals entstandenen Arbeiten einen Anteil habe, bin ich nicht berechtigt, sie als Beleg für meine Fähigkeiten irgendwie anzuführen. Ich nenne sie nur, um darauf hinzuweisen, unter welchen Einflüssen meine Entwicklung stand, weil ich annehme, dass Sie die Arbeiten kennen.

Von selbständigen Arbeiten erwähne ich den Entwurf für eine kleine Arbeitersiedlung, die ich Herrn Hecker ja auch einreichte.

In letzter Zeit bearbeitete ich den Entwurf für eine Fabrikanlage der „Palestine Oil Industries Shemen Ltd.“; künstlerisch von Bedeutung war diese Arbeit für mich gar nicht, weil ich an ganz starke Einschränkungen gebunden war. Wohl aber habe ich durch die Zusammenarbeit mit den Konstrukteuren + Statikern der Firma Krupp, die die maschinelle Anlage bearbeiteten, manches gelernt im Gebiet des Eisen- + Eisenbetonbaus, auf dem ich bisher kaum über die Theorie des Studiums hinausgekommen war.

Sie sehen, dass ich eine langsame + auch etwas einseitige oder doch nicht vielseitige Entwicklung durchgemacht habe. Die ungesunden Bedingungen der

2 Der Architekt Richard Michel war wie Lotte Cohn Absolvent der TH Berlin. Bereits 1913 hatte er für die Technische Abteilung des Palästina-Amts in Jaffa gearbeitet.

3 Zum Projekt der sogenannten Palästina-Siedlung vgl. Selig Soskin: *Kleinsiedlung und Bewässerung: Die neue Siedlungsform für Palästina*. Berlin: Jüdischer Verlag 1920. Lotte Cohns Mitarbeit als Assistentin wird nicht erwähnt.

letzten Jahre waren Schuld daran. Ich bin mir ganz bewusst, noch nicht weit über den Anfang hinausgekommen zu sein. Was ich mir aber zutraue, ist, dass ich mich sehr rasch in neue Dinge hineinfinde, + dass ich viel Sinn + Freude an allen Fragen der Praxis, technischen + geschäftlich-organisatorischen habe.
Ich weiss, dass für den Augenblick wenig Aussicht für mich ist, dort Arbeit zu finden. Sollte sich irgendwann einmal eine Möglichkeit dazu bieten, so würde ich ganz zufrieden sein, mich von der Stellung etwa eines Technikers aus in die Verhältnisse dort von Grund auf einzuarbeiten.
Dieser Brief ist wohl ausführlich genug; ich bitte Sie, mir zu glauben, dass er völlig aufrichtig ist, sehr viel ehrlicher + objektiver als ähnliche Angaben gewöhnlich gemacht werden. Ich betone das, weil ich aus Erfahrung weiss, dass Bewerbungsschreiben in der Regel mit sehr skeptischen Augen gelesen werden. Ich hatte den ehrlichen Willen, eine wirkliche Verständigung mit Ihnen herbeizuführen. Denn sollte dieser Brief wirklich einmal zur Grundlage einer geschaftlichen Beziehung zwischen Ihnen + mir werden, so wäre eine Täuschung für beide Teile gleich gefährlich. Ich bin mir dieser Verantwortung ganz bewusst.
Ich würde mich freuen, eine Antwort von Ihnen zu bekommen. Jeder Bericht über die Bauverhältnisse in Palästina ist für mich auch aussergeschäftlich + unpersönlich von brennendem Interesse.

Mit vorzüglicher Hochachtung,
ergebenst
Charlotte Cohn
Berlin W. 62
Kurfürstenstr. 118^{III}.

[2] An Richard Kauffmann

Berlin, d. 1.8.21

Sehr geehrter Herr Kauffmann!
Ich sandte Ihnen heute telegraphischen Bescheid, dass ich die angebotene Stellung annehme und bat Sie, mir einen Vertrag zu senden, der mit dem dortigen „Immigrationsstempel" versehen ist. Das hiesige Palästina Amt sagte mir, dass ich aller Wahrscheinlichkeit nach ohne diesen das englische Visum nicht bekommen würde, ich will zwar den Versuch machen, bitte Sie aber, mir jedenfalls das Schriftstück zu senden, man ist seit kurzer Zeit hier sehr streng und verlangt eben gestempelte Verträge.

Ich war sehr überrascht, das Telegramm von Ihnen zu bekommen, und Sie können mir glauben, dass ich über die plötzliche Entscheidung sehr, sehr glücklich bin. Ich hoffe, dass Sie mir in Ihrer Antwort auf diesen Brief auch manches über Ihre Arbeit erzählen werden können. Neben den Äusserlichkeiten der bevorstehenden Übersiedlung beschäftigt mich das am allermeisten, und ich wüsste gern mehr.
Aber ausserdem muss ich Sie noch um vielerlei Auskunft bitten – es hilft ja nun nichts, dass so vieles eigentlich Nebensächliches für den Augenblick im Vordergrund meines Interesses steht! Würden Sie so freundlich sein, mir folgende Fragen zu beantworten:

1) Was für Möglichkeit des Wohnens gibt es dort für mich? Sie wissen vielleicht, dass meine Schwester Lene wahrscheinlich gleichzeitig mit mir nach Palästina übersiedelt und auch in Jerusalem wohnen wird.[4] Wir wollen gern zusammen wohnen, schon aus finanziellen Gründen scheint es uns am besten so. Gibt man sich besser irgendwo in Pension, oder verpflegt man sich selbst?
2) Hat es Sinn, Möbel mitzubringen? Ich muss dabei bedenken, dass der Transport sehr teuer ist, es wäre schwierig das Geld dafür aufzubringen. Wenn aber die Frage des Wohnens dadurch wesentlich vereinfacht würde, so liesse es sich einrichten, dass wir notwendige Stücke herüberschaffen.
3) Ich beabsichtige, meinen Besitz an Büchern zu ergänzen, jedenfalls so weit, dass ich unentbehrliche Nachschlagewerke mitnehme. Ich kann mir hier natürlich das dringlich Notwendige selbst zusammenstellen. Nur möchte ich Sie bitten, mir aus Ihren besonderen Erfahrungen etwaigen Rat zu geben.
4) Ist gutes Zeichenmaterial dort zu haben, oder soll man einigen Vorrat mitnehmen?

Ich nehme an, dass auch Sie allerlei von hier brauchen werden; schreiben Sie mir nur darüber, ich bin gern bereit, dies und jenes für sie zu erledigen.
Ich beabsichtige, meine Angelegenheiten hier so schnell wie möglich zu ordnen und die Reise in kürzester Frist anzutreten. Das Leben „auf Abbruch“ hier hat nur schreckliche Seiten; ich hoffe also, dass ich diesen Abschnitt sehr werde abkürzen können. Ich denke, dass ich bis Ende des Monats alles erledigt habe,

4 Helene Cohn hatte eine Anstellung als Laborantin im Rothschild-Hadassah-Hospital, Jerusalem.

wenn keine Schwierigkeiten mit Beschaffung der Papiere sich einstellen, so kann ich in ca. 3 oder 4 Wochen fahren. Genau kann ich das noch nicht übersehen. Mir würde natürlich sehr viel daran liegen, mit meiner Schwester zusammen zu reisen. Es ist möglich, dass sie nicht so schnell reisebereit sein wird, wie ich, d. h. es kann sich vielleicht um 14 Tage handeln, die sie noch länger hier bleiben muss. Wenn ich sehr gebraucht werde, kann ich natürlich darauf verzichten, auf meine Schwester zu warten. Vielleicht lassen Sie mich wissen, wie dringlich meine Anwesenheit dort ist.

Ich danke Ihnen sehr herzlich für Ihre freundliche Antwort und grüsse Sie inzwischen bestens!

Ihre
ergebenste
Charlotte Cohn

1921–1923 Palästina

[3] An Käthe Jacob

d. 16.9.[1921]

Mein liebes Käthchen! Dein Brief war der erste – ausser von Mutter – aus Berlin. Jedenfalls vor allen der erste, der mir gleich wieder alles hervorzauberte + mir den Kontakt herstellte, den ich zum Briefschreiben brauche. Ich will ihn gleich ausnutzen!
Mir geht es wie Dir, ich weiss auch noch nicht, was das Aufzeichnen + Mitteilen lohnt. Vor allem scheue ich mich einerseits vor „Literatur" und andererseits vor dem „Urteilen"! Ich will auch einfach drauflos erzählen und bitte Dich nur, nichts als etwas Endgültiges zu nehmen.
Es sieht alles noch so bunt + kraus in mir aus, weder menschlich noch rein „animalisch" findet man so schnell Beziehungen zu einer so fremden Umgebung. Eines nur ist sicher: Jerusalem ist unsagbar schön + unsagbar reich an Bildern! Man kann sich gar nicht vorstellen, wie sonderbar es ist, diese fremden Dinge an sich vorüber ziehen zu lassen, dies bunte Leben, das einem in jedem Atemzug fremd ist. Trotzdem spürt man den Hauch, und das schon kann einen völlig umwerfen! Man hat immer gewusst, dass es ausserhalb Europas noch etwas gibt, *empfunden* hat man es nie; aber nur ein Blick in irgend einen Winkel „Orient" macht es ganz deutlich + klar! Landschaftlich ist Jerusalems Umgebung wirklich grossartig, ganz stark, ganz einheitlich + ganz grosszügig. Trotzdem; ich werde manchmal traurig, wenn ich über den schobigen Lehm + die Steingerölle pilgere! Was ist das anders als eine grüne Wiese oder ein Waldboden! Hier lockt es einen nie, mit blossen Füssen dem Leben des Erdbodens nachzuspüren! Aber der weite Blick ist unbeschreiblich, unbeschreiblich! Und Farben! Man weiss in Deutschland gar nicht, wieviel Farben es zwischen Himmel + Erde gibt! Besonders die Abende sind eine Märchenpracht, überhaupt wird man hier nie

Abb. 1
Lotte Cohn
in Jerusalem,
1920er Jahre.

die Vorstellung los: 1001 Nacht! Das *muss* 1001 Nacht sein! Wirklich, es ist das einzige Mittel, Euch verständlich zu machen, wie man das alles hier aufnimmt! Es ist ein einziges buntes Märchen! Ein wenig gespenstig + unheimlich – aber wo man hingreift, spinnen 1000 Fäden ins Phantastische + Unbekannte, und nirgends steht der Boden fest unter den Füssen! Ach, Gott sei Dank, dass man noch Augen und Nerven für so viel Reichtümer hat!
Ich werde Dir sicher noch oft + immer wieder von ähnlichen Eindrücken zu schreiben versuchen. Aber ich kann mich nicht zwingen, Naturbeschreibungen zu machen, das wird nichts!
Nun das rein Persönliche unseres Daseins hier. Wir sind gesund, das Klima ist jetzt wunderbar, wir haben eine Bude gefunden, die wir hoffentlich bald complet haben. Eingerichtet ist sie vorläufig so gut wie gar nicht, aber man muss hier ein bisschen grosszügig sein. Mit dem Geld werden wir hier sehr schön auskommen (tröste Clärchen[1] darüber!) und werden hoffentlich bald dies + das anschaffen können, um die Szenerie unseres Zimmers vervollständigen zu können. Es wird doch ziemlich wichtig sein, dass man sich in seinen 4 Wänden wohl fühlt! Denn – viel Leute, Menschen, meine ich, gibt es hier, scheint es,

1 Cläre Jacobsohn.

nicht. Vielleicht bringt uns der Zufall noch etwas Glück darin, aber was hier so „die" jüdische Gesellschaft ist, das ist ziemliches Geschlabber. Eines ist sicher, der weitaus angenehmste ist Richard Kauffmann! Er ist keineswegs „unsere" Art; aber was tut das? Er ist ein blonder, sehr vergnügter Junge, von etwas kitschiger Hübschheit, herzlich, gutmütig und unbefangen + völlig freimütig! Es kommt sicher kein unaufrichtiges Wort aus seinem Munde, schon deshalb nicht, weil er spontan alles aus sich herausschwatzt, was ihm in den Sinn kommt! So was von Mangel an Diplomatie! Von der ersten Minute an hat er völlig unkontrolliert mir über alle Erfahrungen + Empfindungen erzählt – er kannte mich doch gar nicht! Er tut es auch anderen gegenüber, macht sich dadurch manche Feinde – natürlich auf demselben Wege auch Freunde! – man ärgert sich über die etwas unernste Art seines Auftretens! *Mir* ist das unglaublich Klare + Redliche seines Wesens nur angenehm, es ist ja auch für mich sehr bequem, mit jemand zu tun zu haben, der sich gar nichts anderes vorstellen kann, als sich kameradschaftlich einzustellen.
Weniger schön ist die masslose Egozentrik seines Wesens. Er ist ein Mensch, der so gut wie gar nicht „zuhören" kann, der trotz wirklich empfindsamer Herzlichkeit sich kaum wirklich für andere Wesensart interessieren kann. Es mag allerdings sein, dass er nur Frauen gegenüber so eingestellt ist. Er ist nämlich sicherlich erotisch stark empfindlich, ich glaube aber nicht, dass er etwas anderes als das schöne Tier sucht. Frauenleben ausserhalb der erotischen Sphäre ist ihm das Gleichgültigste + Lächerlichste von der Welt. Glücklicherweise hat er hier wohl alles, was er braucht, und da wir – gerade als Mann + Frau einander das Fremdeste von der Welt sind, so sind, glaube ich alle meine diesbezüglichen Ängste sehr überflüssig gewesen. (Ich schreibe Dir das – als ersten Eindruck – ausdrücklich, Du weisst ja, wieviel Sorgen ich mir gemacht habe).
Als Architekt ist K. sicherlich mehr als Mittelmass; er hat viel Schwung, wohl auch viel Können. So viel Freude am Naiv-Sinnlichen, das muss sich ja produktiv auswirken! Da er übrigens wesentlich Städtebauer ist, wovon ich nichts verstehe, kann ich es nicht ganz beurteilen. Im übrigen brauchte er nur 1/10 zu können, um hier hervorzuragen. Hier werden unmögliche Machwerke als Architektur ausgegeben! Kauffmann sagte gleich am Anfang, hier müssten Gleichgesinnte zusammenhalten und wir drei – Kornberg[2], er + ich – müssten eine Phalanx gegen diesen unglaublichen Mangel an Können bilden. Ich schreibe Dir ein andermal über diese Zustände hier, die trostlos zu sein scheinen. Vorläufig habe ich noch kein eigenes Urteil.
Kornberg sah ich gleich am ersten Tag in Tel-Aviv. Ich hatte mich sehr gefreut, ihn „überraschen" zu können. Er ist aber innig mit Kauffmann befreundet + war

2 Der Architekt Fritz Kornberg war 1920 nach Palästina ausgewandert.

längst eingeweiht über mein Kommen. (Seine Firma hat sich auch beinahe um mich „gerissen".) Kornberg hat es hier ziemlich schwer, sich sachlich durchzusetzen. Er arbeitet eben für eine Firma, die aus natürlichem Selbsterhaltungstrieb „Geschäfte" machen muss. Unter solchen Verhältnissen ist es schwer, seiner künstlerischen Gesinnung treu zu bleiben. Ich muss mir alle diese Dinge über Sachliches, Menschliches, + Kulturelles hier zu Land aufsparen. Eines steht fest, es ist keine einfache Sache, in unkultiviertem Land Kulturarbeit zu leisten oder anzustreben! Sehr sehr schwer sogar! Im allgemeinen scheint Kornberg doch ganz vergnügt zu sein; er hat viele Freundinnen + sieht auch so aus.
Ja Käthchen, das ist hier ziemlich schlimm, es scheint eine recht heisse erotische Atmosphäre hier zu herrschen. Das ist nichts für mich, besonders bei dem Mangel an Geistigkeit, der dabei zutage tritt! Kornberg + Kauffmann jedenfalls scheinen mehr als stark, jedenfalls zu allzu hohem Prozentsatz, in Eroticis befangen zu sein, und ich bin nur froh, dass wir ein sachliches Gebiet haben, auf dem wir uns finden können.
Wirklich schlimm + gefährlich scheinen die entsprechenden Verhältnisse in den Kwuzoth[3] zu sein. Dass die Jungen + Mädchen zusammen leben, ist ja beinahe selbstverständlich, kein Wort darüber zu verlieren. Dass die Jungen aber fast von Woche zu Woche einen Wechsel der Zeltgemeinschaft fordern und das in all diesen Ehen keine Spur von Freundschaft oder sonstwie anderes als körperliche Beziehung herrscht, ist doch wenig erfreulich, und wirklich schlimm ist der Mangel an Ethik, der zutage tritt, wenn etwa Kinder zur Welt kommen. Dabei sind die Gesundheitsverhältnisse sehr schlimm. Die Ärzte, die natürlich von der Gefahr syphilitischer Verseuchung wissen, denken gar nicht an Gegenmassregeln oder auch nur Beeinflussung. Denn es stände ja die „Poesie eines Daseins" auf dem Spiele, die diesen Leuten die Entbehrungen nur erträglich macht! Es scheint doch sehr schwer zu sein, herrliche Theorien in nüchterne Praxis umzusetzen! Ähnlich ist es mit der Verteidigungsfrage. Ich bin weiss Gott Antimilitarist, aber wenn man diese wüsten tierischen Kerls hier sieht + hort, wie sie gehaust haben sollen zur Zeit der Pogrome, + dass eigentlich immer Gefahr in der Luft liegt, so will der gesunde Sinn nicht davon los, dass man *sich wehren* müsse! Ich weiss wirklich nicht, ob das so falsch wäre! Aber lassen wir's.
Was hier sonst noch herumrumläuft, ist überaus freundlich + betulich. Wirklich nett sind noch unsere alten Freunde Heckers.[4] Leider haben sie einen Stil Geselligkeit, der mir sehr langweilig ist. Wenn man allein bei ihnen ist, so hat man aber wirklich was ..

[*Schluss fehlt*]

3 Siehe Glossar: Kwuza/Pl. Kwuzot.
4 Frieda und Max Hecker.

[4] An Käthe Jacob

Jerusalem d. 26.10.21

Liebes Käthchen!
Ich beantworte Deinen Brief vom 9.10., den ich gestern bei meiner Rückkehr nach Jerusalem vorfand; er lag hier wohl schon 2–3 Tage. Ich danke Dir schön für die ausführliche Antwort, ich bin natürlich sehr froh, mit einem von Euch diese Dinge alle diskutieren zu können. Nach Hause schreibe ich natürlich *nur* rein Erfreuliches – es gibt ja Gott sei Dank auch davon genug hier – und dann gibt es ja nur wenige Menschen, die mich so gut kennen wie Ihr + Du besonders. Ich brauche nicht zu fürchten, dass Du mich falsch auslegst + kann Empfindungsdinge andeuten + dabei sicher sein, dass Du sofort bis zum Grunde nachspüren kannst, wie es mit mir steht. Ich bin sehr glücklich darüber.
Ebenso wichtig ist mir aber das Unpersönliche. Ich weiss, ich bin so ziemlich die Erste von uns Jüngeren (hab' ich doch richtig „Jüngeren" geschrieben, aber ich meine es wirklich so!), die die Dinge hier bei Lichte besieht; und so kann ich für uns (Mädchen von unserer Art, nicht für Dich und mich nur, sondern für die Vielen, die in der Grundlage ähnlich konstruiert sind) Erfahrungen sammeln. Sie nützen ja nicht viel, aber doch ein bisschen. Ich habe mir, das wirst Du mir glauben, unsere ganze frühere Erziehungsarbeit durch den Kopf gehen lassen. Ich hatte auch gerade unter *diesem* Eindruck an Dich geschrieben. Ja, mein Kindchen, es ist eine so ungeheuerlich groteske Diskrepanz zwischen Palästinaarbeit in Deutschland + den Verhältnissen hier, dass man entweder lachen muss oder einfach versteinert. Ich habe ja das Meiste an Tatsachen auch vorher gewusst, aber wie anders sieht alles aus, was man Tag für Tag bei jedem Schritt sieht + erlebt; das ist eben *der* Unterschied zwischen Erlebtem + Nicht-Erlebtem!
Inzwischen wird wohl mein Brief an Deine Geschwister angelangt sein, der viel enthält von alledem, wonach Du fragst. Ich weiss, es muss alles auf Euch ziemlich gefährliche Wirkung haben, ich kann das nicht ändern! Hier sind unausdenklich schwierige + komplizierte Verhältnisse. Herrgott, wie leicht lässt sich der Zionismus von Deutschland aus begreifen; es ist ja eine so harmlos kindliche Ideologie! Und hier sinkt man ins Bodenlose! Nichts, nichts hilft einem hier zu einem Ruhepol des Verständnisses. Es gibt hier nur eines: Letzte + alleräusserste Toleranz! Man muss + muss sich dazu zwingen, immer wieder alle Massstäbe zu revidieren + zu zerbrechen, wenn sie nicht taugen. Beobachten + krampfhaft beobachten! Nur bis zum letzten sich zurückstellen, hier ist die Egozentrik die böseste Eigenschaft; wenn es eine „Erziehung für Palästina" in Deutschland gibt, so kann es nur *eine* sein: *zu letzter innerer Bescheidenheit.*
Liebe Käthe, denke nicht, dass ich hier das Predigen der Bescheidenheit, die ich

schon immer kultiviert habe, zur Grundlage eines Fanatismus machen will. Ich weiss, dass es auch entgegengesetzt menschliche Werte gibt, die die Menschheit um keinen Preis entbehren darf. Ach, wie kann man das überhaupt so verallgemeinern! Das wäre ja Unsinn! Aber *hier* fehlt tatsächlich nichts bitteres als *diese* Eigenschaft! Im Gegenteil, hier laufen tausend verschiedene Arroganzen um die Wette, nein, das ist ganz falsch ausgedrückt! Hier sind die fertigen Meinungen über jede Einzelheit billig zu haben, – niemand + nichts kann einem dabei auch nur einen Hauch des Geistes vermitteln, der hier „über den Wassern schwebt“! Ich weiss nicht, ob Du mich recht verstehen kannst (und doch muss ich so schreiben; ein wohlorganisierter Brief gibt nicht das, was ich + Ihr braucht)! Eines will ich um jeden Preis vermeiden: Ihr dürft nicht denken, dass es hier zum Verzweifeln schwierig ist. Es ist sicher schwer, sich den Boden unter den Füssen zu erkämpfen; das kann jahrelang dauern. Man muss sich bei aller Nüchternheit, (die hier sehr am Platze ist), den Idealismus bewahren, der einen an die Sache *glauben* lässt! Es ist sicher denkbar leicht, die Menschen hier zum Antizionismus zu bekehren. Es lässt sich eben alles beweisen + gegenbeweisen. *Oder aber nichts*! Darauf kommt es an! Schliesslich ist Zionismus Glaubenssache, eine wirkliche Religion! Ich bin zu innerst überzeugt, dass Palästina werden wird + wenn es (was ich glaube!) auch lange nach unserer Zeit ist. Ich könnte es mit 1000 ganz armen Beweisen festlegen; freilich Rechnungen hielten meine Beweise nicht stand, aber was geht das mich an?! Ich stehe gar nicht auf dem Standpunkt, dass irgend etwas hier Kennzeichen eines kommenden Untergangs sein kann. Ich *weiss* einfach, dass es einmal ein Palästina geben wird, nicht bloss auf der Landkarte. Ich weiss das so sicher, es kann mir gar nicht in Frage stehen. Schwierig zu überwinden ist nur die Tatsache, dass man sich plötzlich vor ein Nichts gestellt sieht + von vorn anfangen muss, eine Einstellung zu suchen. Der Zionismus im Golus[5] ist sehr komisch, der ganze Bau der Ideologie ist sehr wacklig, die reine Sophisterei; wenn man sich mit diesen Dingen hier weiter durchschieben wollte. Käthe, natürlich nicht ganz radikal gemeint! Es gibt natürlich *einige* Dinge, die wir nie aus uns herausreissen können, da ist ja nicht drüber zu reden. Aber das sind nur Elementar-Menschliche Werte. Was man sich als Zionist erarbeitet hat, alle die Dinge, die mit den Schlagworten: jüdische Rasse, Geist, jüdischer Stolz und ähnliche Knotenpunkte unserer armseligen Gedankengänge, zusammenhängen, die gleiten einem völlig aus den Händen. Das alles hat gar keine Anwendung auf Palästina, *diesen* Zionismus kann man hier nicht verwirklichen! Und man steht vor der Aufgabe herauszufinden: was hält Stand, was war Wahres, echtes Gefühl + was nur Aufputz! Was bleibt mir überhaupt von allem, allem, was mir bisher Element meines Lebens

5 Jiddisch: Galut.

schien?! Ich bin über die Neuorientierung nicht verzweifelt. Es reisst ein bisschen, aber es ist doch viel eher befreiend, sich von Illusionen zu trennen. Man merkt, dass man vorwärts geht!
Die andere Schwierigkeit ist die erdrückende Last der Verantwortung, das begreifst Du. Man fühlt sich hier zehnfach verschärft, weil man so intensiv bewusst alles kontrolliert. Du wirst mich schon verstehen. Und dann die Qualen über die Unsumme zerstörter Lustgefühle! Was geht hier alles an Schönheiten zu Grunde + was verkümmert! Und die entsetzliche Angst: Lohnt es auch wirklich!
Das sind alles Dinge, die zeitweilig stark an einem rütteln; man muss schon „Seelenleben" ein bisschen abstellen. Ich kann das sehr gut, zumal ich ein bequemes Leben habe + die Tage so geruhsam hinbringe! Manchmal, – natürlich!! Es gibt hier so viel zu denken + man kann + will sich nicht immer davor drücken!
Nun zu Deinem Brief. Du kannst Dir denken, dass ich über all diese Dinge in den Kwuzoth auch am allermeisten in Unsicherheit bin. Aber wirklich, man muss sich hüten, auch nur mit dem Versuch einer Wertschätzung oder Aburteilung heranzugehen. Du darfst natürlich um keinen Preis gerade hier an „Untergang" denken. Wie's auch ist, sind die Kwuzoth eines der wichtigsten palästinensischen Lebenselemente. Es wird nur ein Hundertstel dessen, was hier so wirr emporschiesst, sich als lebenskräftig erweisen, aber das genügt ja. Mich ekelt viel weniger der Überschwang tierischer Instinkte bei den Aktiven, als die schleimige, lüsterne, armselige, unlebendige Einstellung derer, die zuschauend diese Dinge anbeten! Gesunder Instinkt wehrt sich gegen Verirrungen + hat doch Respekt vor den menschlichen Tragödien, die dazugehören! Aber dies schlabbrige, marklose Gesindel, das mit Schlagworten moderner Ungeistigkeit an diese Dinge herangeht + im Dreck wühlt mit einer Wollust, – ach, Pfui Deibel! Ich möchte sie totschlagen! Käthe, es ist ja das viel, viel Schlimmere: Menschen, die starken Trieben ungehemmt folgen, finden sich schon wieder, wenn sie sich nicht selbst zerstören. Das ist ungefährlich. Aber Menschen, die kein Mark in den Knochen haben, kriegen's nie + leben doch lustig fort, und sind ein faules, ekles Mistgesindel! Entschuldige, aber ich habe eine unsagbare Wut.
Wenn ich Grete Turnowski[6] wäre, so würde ich allen Mädchen *mit aller Beredsamkeit abraten*, hierher als Chaluzah[7] zu gehen. Nicht weil ich keine

6 Margarete Turnowsky-Pinner war seit 1919 im Jüdischen Arbeitsamt der Zionistischen Vereinigung für Deutschland tätig.
7 Siehe Glossar: Chaluza/Pl. Chaluzot.

deutschen Mädchen herhaben will, sondern weil ich nur *die* für brauchbar halte, die „*trotzdem*" gehen!

Nun fragst Du mich nach Dingen, die ich nicht weiss. Ich habe keine Ahnung, ob in solchen communistischen Kwuzoth sich einzelne Mädchen von der Communisierung ausschliessen können. Ich glaube wohl, aber ich kann mir nicht denken, dass sie sich in dieser Umgebung wohlfühlen kann.

Du musst natürlich nicht glauben, dass das Bild überall gleich ist. Es gibt sicher auch viel Wunderschönes in dem Chaluzleben. Wie überall, man findet Edles + Niedriges schliesslich überall.

Übrigens hoffe ich, schon recht bald einmal in eine Kwuzah reinzuschauen. Ich will Dir soviel berichten, wie ich selbst erfahren kann. Vorläufig weiss ich ja nur, was man mir erzählt. Richard Kauffmann schwärmt sehr von den Kwuzoth. Aber er ist, glaub' ich, selbst ein bisschen aus den Fugen + klammert sich an diese Idee, ohne objektiv zu sein.

Ein andermal mehr. Es ist schon spät!

den 27.10.

Was Richard Kauffmann erzählt, ist sicher nicht objektiv gesehen. Er will das gar nicht, er fühlt sich in seinem Traumland viel wohler. Immerhin sind seine Aussagen nicht ganz gleich Null zu werten. Immer, wenn er von den vielen geschäftlichen Miesigkeiten zu jammern hat, so sagt er zum Schluss: „Ach, das einzige sind hier die Kwuzoth, da sind doch noch Menschen!" Also siehst Du, dass dort auch Schönheiten gedeihen müssen, Kauffmann hat sicher viel Sinn für so etwas, und eine ganz reine, stark naive Begeisterungsfähigkeit. Es werden natürlich auch Ehen geschlossen, die wirklich welche sind, und die an bäuerische Schlichtheit erinnern sollen. Ich weiss nicht, ob das wahr ist, was *ich* an Chaluzim und -oth gesehen habe, war nichts weniger als schlicht. Lauter Menschen, die von der ungeheueren Wichtigkeit des Chaluzwesen innerst überzeugt waren + im speziellen entzückt, dass gerade sie das Niveau des Chaluztums so besonders zu heben imstande wären. Nicht mein Geschmack!

Nun fragst Du nach den Zuständen in der Stadt. Ich habe an Alice[8] davon geschrieben + will nicht noch mal wiederholen. Was ich bis jetzt sah, ist recht erbärmlich kleinbürgerlich im ganzen. Natürlich lässt sich auch manches besondere + schöne beobachten, aber, lieber Gott, wenn *das* nicht mal der Fall wäre! Was unsereinen am meisten niederdrückt, ist die allgemeine Korruption. Man muss sich hüten, zu urteilen, aber es ist wirklich *sehr schwer* zu ertragen.

8 Alice Jacob-Loewenson.

Mir ist traurig zu mute, dass ich Euch solche Dinge sagen muss, und doch geht es nicht anders. Ich kann Illusionen nicht pflegen! Ich will Euch nur eines noch sagen. Ich weiss, wie sehr mich ähnliche Berichte von Richard Michel immer niedergedrückt haben, und möchte Euch gerne damit helfen, wenn ich Euch erzähle, dass man hier ganz anders dazu steht. Solange man in Deutschland ist, ist Palästina ein Traumland, hier ist es nüchterne Wirklichkeit. Es ist so viel leichter, einen offenen Kampf mit den Widerwärtigkeiten der Wirklichkeit zu kämpfen, als zu ertragen, dass uns unser Traumland beschmutzt + entrissen wird. Dagegen ist man so wehrlos. Masslos schwer ist alles nur hier, wenn einen der Existenzkampf mürbe macht. Man sieht entsetzliche seelische Krüppel hier.
Es ist wirklich schrecklich schwer, Briefe zu schreiben. Ich habe immer Furcht, Ihr deutet meine eigne Stellung zu allen diesen Dingen falsch. Ich war aus diesem Grunde ganz aufgeregt über Deinen entsetzten Brief, obwohl ich natürlich die gleichen Überlegungen angestellt hatte. Aber im ganzen sehe ich alles viel viel nüchterner! Auch die allerfeinsten seelischen Beobachtungen interessieren mich wesentlich von dem Standpunkt, ob sie Kräfte-bildend oder Kräfte-zersetzend sind! Ich bin hier oft im Kampf mit Kauffmann; er ist ein idealistischer Schwärmer + sieht alle Dinge irgendwie – wie soll ichs nennen? – übertragen erotisch! Verstehst Du, wie ich es meine? Und er macht mir einen Vorwurf daraus – wie schon viele andere, irgend jemand sagte mal, solchen Leuten wie mir müsste man Palästina verschliessen! – dass ich keinen Sinn für all die Empfindungsdinge hätte! Ich habe schon Sinn dafür, + mir sind die empfindsamen + begeisterungsfähigen Idealisten die liebenswertesten Menschen. Wenn ich mir Freunde aussuche, so könnte ich sie wahrscheinlich nur unter diesen finden. Ich finde nur, dass wir heute keine Zeit dazu haben, in Gefühlen zu schwelgen! Wir haben ganz furchtbar harte Arbeit zu leisten + bei der kann man keine nur schönen Seelen brauchen. Herrgott, dass die Leute nicht sehen, dass man hier wüst schuften muss! –

Liebes Käthchen – ich muss schnell mal abbrechen, um Dir meinen „Scheff" zu illustrieren, mit dem ich mich eben, wie Lene mir erzählt, überworfen habe, – ich weiss von nichts! Es ist so eine schöne Geschichte, dass ich den Faden zu allem anderen verloren habe.
Also, Kauffmann hat einen Hund, Lillith geheissen, einen wunderschönen Dobermann, in den er ganz verliebt ist. Der Hund ist jede Minute bei ihm + er gibt schrecklich mit ihm an, der Hund ist sehr, sehr drollig + K. ist ein bisschen dalbrig mit ihm. Aber schliesslich, er hat ihn offensichtlich gern, und – von mir aus!! Nun isst Kauffmann bei derselben Dame Mittag, wo ich auch

esse + wohne, Lillith natürlich auch. Lilliths Getobe geht einem immer ein bisschen auf die Nerven, er rast durch alle Stuben + fällt einen an, kurz, benimmt sich ruhestörend. Wenn K. gegessen hat, gibt er Lillith sein Futter im Garten, eine grosse Staatsaktion. Heute kommt er mit dem Futternapf in unser Zimmer und sagt im Ulk: Na, Fräulein Cohn, damit Sie auch ein bisschen Freude haben, soll Lillith heute mal hier bei Ihnen essen. Ich, ebenfalls im Ulk (aber doch auch ernst gemeint, denn das Vieh verschlabbert naturgemäss beim Fressen!): „Ne, das gibt's nicht!". Und nehme Herrn Chef beim Arm (wir stehen so, dass das durchaus möglich ist) um ihn sanft wieder rauszuziehen, alles im Ulk! Wir wohnen in einem arabischen Häuschen, unsere Zimmertür führt direkt in ein Hofgärtchen, wo sich das halbe Leben der Familie abspielt! Auf einmal war K. weg. Der Hund war dageblieben, gab fürchterlich an. Kein Mensch wusste, was los war. Ich hatte natürlich nicht das mindeste schlechte Gewissen. Nachher kam raus, dass K. wütend über mich war, ich hätte ihn „rausgeschmissen", und dann bliebe er natürlich nicht. Aber bitterböse + schwerbeleidigt bockte er rum. Ich habe ihn noch nicht gesehen, ich will ihn erst ausbocken lassen. Aber ist sowas gemütlich?! Er ist wirklich ein guter Junge, hat aber zuweilen unerträgliche unberechenbare Launen! Also siehst Du, das ist noch weitaus der angenehmste von den Menschen hier!
Übrigens amüsiert mich sehr, dass Du mir vor Kornberg bange machen willst. Sei nur ganz ruhig, ich sehe ihn alle 3–4 Wochen mal auf 5 Minuten. Du hattest mir schon früher mal von ihm erzählt, aber ich hätte sowieso auf zehn Schritte gegen den Wind gemerkt, wie es um ihn steht. Ich glaube Kauffmann ist ein bisschen ähnlich. Denk' Dir, Adolf Reifenberg – (aber noch streng diskret!) – ist so gut wie verlobt. Ein raffiniertes hübsches kleines Mädchen aus Jerusalem. Er hatte sie 3 (Drei!) Mal gesprochen, bevor er sich verlobte. Drei Mal! Aber Reifenberg war ein absolut hoffnungsloser Fall. Es ging einfach nicht mehr ohne Ehefrau; es soll ja so was geben! Das Mädchen soll übrigens nach Aussagen derer, die sie schon besser kennen als ich, (d. h. 2 Mal gesehen haben!) sehr reizend sein. Also wollen wir hoffen, dass er mit Glück reingefallen ist. *Bitte streng diskret!*
Ob Du wohl überzeugt bist, dass es mir gut geht? Ich möchte das so gerne. Du glaubst nicht, wie ruhig + angenehm im Grunde mir die Tage hingehen. Ich habe ziemlich viel zu tun, aber doch so frei, dass ich viel Freude daran habe, zumal es mit K., abgesehen von seltenen Bockereien, sehr hübsch zu leben ist. Wir sind ja fast den ganzen Tag zusammen! Meine Krankheit hab ich völlig überstanden, meine Leute wissen nichts davon, also verquatsche es bitte nicht.

Am Schabbath!
Gestern Abend kam K. noch zu mir, war wieder friedlich gesinnt + ein bisschen bedeppert, heute hat er sich quasi entschuldigt! Übrigens, um Gottes willen nicht die Affäre Reifenberg erzählen! Ich bin eigentlich leichtsinnig so zu klatschen. Aber, ich bin ja nun mal Kleinstädter. Der arme Junge ist rührend, fragt nach allem, „philosophiert" gut bürgerlich über Ehe, Liebe etc., etwa wie ein Sekundaner.

So, nun noch ein Anliegen, womit der Scheck zusammenhängt. Ein Bekannter von mir möchte gern ein paar Sachen besorgt haben + fragte mich, ob ich jemanden in Berlin wüsste, der in solchen Dingen einem diffizilen Geschmack gerecht werden könnte. Ich habe an Dich gedacht + hoffe, Du tust mir den Gefallen. Vielleicht macht es Dir sogar Spass, die Sachen zu kaufen, ich tu so was immer sehr gern. Also er möchte gern eine gebatikte Decke haben, ca. (nicht unter + nicht wesentlich über) 1,65 x 1,20 m gross. Die Decke soll (in diesem Mass einbegriffen) einen ca. 12 cm breiten schwarzen Rand haben, im übrigen in den Farben schwarz (braun) – rot – gelb gehalten sein, im wesentlichen wenigstens. Wenn sie nicht ähnlich fertig zu haben ist, vielleicht anfertigen lassen! Aber keine nachgemachte, sondern richtige Wachsbatik! Ausserdem möchte er 3 Kissenplatten haben, alle eckig, nicht rund. Wahl des Materials + der Art bleibt Dir überlassen, kann auch gebatikte Seide sein oder auch bedruckte, oder gestickt; auch auf anderem Material, Leinen oder was Dir gefällt. Er liebe schwarzen oder dunkelbraunen Grund, oder naturfarbenes oder bastfarbenes Leinen. Roter Grund ist *nicht* erwünscht.

Liebes Käthchen, Du tätest mir einen Gefallen damit, wenn Du das besorgtest. Natürlich nur, soweit das Geld reicht, vielleicht sind Batikdecken schon allein viel teurer. Ich möchte vor allen Dingen, dass Du Dir die *Arbeit richtig bezahlen lässt.* Der Auftraggeber möchte das auch + würde Dich, falls *Du* willst, vielleicht öfter um Einkäufe dieser Art bitten! Du brauchst es natürlich nicht zu tun. Schicke die Sachen, *sehr* gut verpackt, eingeschrieben, als Muster oder Brief. Vielleicht jedes einzeln. Oder zwei + zwei, oder so! Und zwar an Dr. Chiffrin, Municipal Engineer Haifa, Municipality.

Solltest Du, was ich nicht annehme, Geld übrig behalten, so sollt Ihr vier (Hüne![9]), zunächst mal dafür zusammen Nusstörtchen mit Schlagsahne essen gehen, richtig zum sattessen, + mich dabei leben lassen. Wenn dann noch Rest bleibt, so schicke mir mal ein Buch, wenn Dir gerade was Gutes in die Hände kommt. Ich hätte Interesse an Freud, an guter moderner Lyrik (nicht

9 Hüne – meist Hyne geschrieben, damit ist Siegfried Caro gemeint, der aufgrund seiner Kleinheit scherzhaft so genannt wurde.

allermodernster!) oder gute literarische oder politische Zeitschrift (Rundschau!) auch belletristische Dinge, wenn wirklich wertvoll. Aber Du weisst ja besser!
Nun noch eines! Bestelle Käte Wiener, dass ich ihr in nächster oder übernächster Woche erst ihre lieben, rührenden Briefe beantworten kann. Ich habe sehr zu tun + unerhörte Briefschulden. Aber ich bin ihr sehr dankbar, dass sie mir so lieb und fleissig schreibt. Ich bin *so* froh über ihre Briefe. Bloss das Kinderprojekt fände ich nichts. Ich hätte ein besseres!
Nun endlich Schluss! Der Brief wird immer konfuser! Lene geht's sehr gut. Lässt Grüssen, schreibt mit nächster Post.

Gruss + Kuss
Lotte

Scheck über 1000 Mark

[5] An Käthe Jacob

Jerusalem, d. 3. Januar 1922

Mein liebes Käthchen!
Dein Brief vom 18.12. reiste diesmal sehr schnell; ich bekam ihn schon nach 10 Tagen! Inzwischen ist ja wohl mein letzter Brief an Dich eingetroffen; eigentlich bist Du noch gar nicht wieder „dran"; aber ich kann mich nicht so binden, immer so in der gleichen Reihenfolge [*zu*] antworten, wie Eure Briefe einlaufen. An Cläre + an Hyne schrieb ich letzte Woche (angekommen?), aber Kätchen Wiener wird schon lange warten; wenn ich diese Woche nicht auch noch an sie schreiben kann, so *ganz bestimmt* in 8 Tagen. Sie soll nicht an „Untreue" glauben; aber Dein letzter Brief braucht eine schnelle Antwort, sonst verliert sich alle Beziehung, und ich habe so wenig Zeit.
Ich kann natürlich wenig dazu sagen, dass Du meinst, dass unsere Freundschaftsbeziehungen unter unserer räumlichen Trennung leiden; und mehr als nötig! Dass sie's tun, ist natürlich gar kein Zweifel, denn hundert Briefe ersetzen nicht einen einzigen Händedruck, geschweige denn eine Unterhaltung! Aber bis zu einer gewissen Grenze kann man sich doch auch schriftlich verständigen, wenn man den guten Willen dazu hat. Und dass ich den habe, bis ins letzte, daran darfst Du nicht zweifeln, Käthe! Ich kann keine Wertunterschiede und auch keine Gradunterschiede machen zwischen den verschieden gearteten freundschaftlichen Gefühlen, die ich für die Menschen, die mir nahe stehen, habe.

Ich reagiere auf die verschiedenen Menschen verschieden, aber innerhalb dieser „Reaktion“ hat mich jeder ganz, ohne Vorbehalt! Du musst ja ungefähr wissen, wie ich zu Dir stehe, + wenn Du es nicht weisst, so muss ich das schon auf mich nehmen. Das lässt sich mit Worten nicht ausdividieren! Aber eines kann ich Dir wohl ruhig sagen: Von allen meinen Freunden ist kein einziger hier so oft bei mir, wie *Du*! Es liegt daran, dass ich gerade Dich mir hier am besten herdenken kann, Du scheinst mir am ehesten hier hergehörig (übrigens keineswegs restlos, und unbedingt!) aber es liegt ebenso sehr daran, dass ich Dich so sehr her*wünsche*! Es täte gut, mit Dir über so vieles hier reden zu können (anders als in Briefen, wo man durch hundert äussere Erklärungen erst eine Grundlage des Verständnisses schaffen muss!)! Dass gerade Du an Unausgesprochenes + Verschweigen denkst!
Was bei meinen Berichten sicherlich den Eindruck von Unfreudigkeit oder so ähnlich hervorruft, ist, so glaube ich, der Mangel an Sicherheit der Einstellung. Solange man im Galuth ist, gibt es den einen festen Pol: die Stosskraft des Willens nach Palästina hin! Ich gehöre nicht zu den Menschen, die ihre Weltanschauung so fix + fertig haben, dass sie wirklich Angelpunkt des Lebens bis in alle Kleinheit der lebendigen Gegenwart sein kann. Dies + das ist mir Religion, mehr aus Wunsch nach Poesie + Traumland, aber es ist viel zu wenig ordnende schöpferische Kraft dabei, als das ich von „Weltanschauung“ reden könnte. Ebensowenig ist mein Zionismus eindeutiger Leitstern, dem ich bewusst + folgerichtig jede Handlung unterordnen kann. Er ist mir nicht so klar + so fraglos, dass ich ihn auch nur mir selbst *beweisen* könnte. Vielmehr ist er mir Glaubenssache. Aber hier zwingt einen die natürliche Situation, dass man aus Traumland wirkliches „Land“ machen soll. Zionismus ist einem nicht mehr nur das Hohe + Höchste, sondern ebenso sehr das Kleine + Niedrige; Alltag + Schmutz, all das ist ja hier auch „Zionismus“. So schön dies Lebendig-Werden ist, so schwer ist es auch. Man spürt die Bereicherung + doch auch den Verlust! Eine Sehnsucht – das ist Reichtum + Fülle! Eine gestillte Sehnsucht – da bleibt eine Leere, die erst neu gefüllt werden muss. Liebes Käthchen, Du sollst nicht etwa denken, dass ich hier erst nach neuer Fülle *suchen* müsste; es stürmt hier auf mich ein, tausend neue Sterne stehen mir am Himmel, zu denen ich schauen kann! Aber Ihr müsst nur wissen, wie erstaunlich diese Umstellung ist + dass manches im Begriff ist, mir schal zu werden, ohne dass ich schnell genug davon los kann.
Wenn ich irgendwann müde + schwächlich + halb schreibe, so ist das nicht versteckte Enttäuschung oder zerstörte Freudigkeit, sondern nur ein versinkendes Stück Poesie.
Ich lese aus Euer aller Briefe immer eine halbe Sorge um mich heraus. Das ist zum Lachen + gar nicht am Platze. Ich habe manchmal ein bisschen Sehnsucht

nach Euch, aber keine, die weh tut; und um keinen Preis der Welt möchte ich noch einmal zurück nach Berlin + das alte Leben weiterleben. (Vielleicht ändert sich das später, aber jetzt fühle ich mich ganz reich + glücklich hier!)
Dass ich oft + viel an Euch denke, liegt eben daran, dass wir hier keinen vollgültigen Ersatz für unsere alten Freunde gefunden haben. Grete Obernik kann beinahe dafür gelten, sie ist so besonders fein + gehört wirklich zu uns. Aber was wiegt eine neue Bekanntschaft gegen eine alte Freundschaft! Meine Freundschaft zu Kauffmann ist nicht eindeutig erfreulich. Eine Zeitlang hatte ich mal Sorge, dass sich eine Katastrophe vorbereite; aber der schon in Berlin geschärfte Argwohn hat mich wohl Gespenster sehen lassen. Ich habe sehr viel für Kauffmann übrig, er ist so fein + empfindsam + herzlich; leider ist er ausgesprochen unverständig, ich habe noch nie einen Menschen kennen gelernt, der so ohne jedes Regulativ des Verstandes durch die Welt geht! Er benimmt sich rein aus unbeherrschter Nervosität oft wie ein ungezogener Junge. Du kannst Dir nicht vorstellen, wie er manchmal mit meiner oder Grete Oberniks (die beiden sind sehr befreundet, beides Blau-Weisse!) freundschaftlicher Gesinnung wirtschaftet; ich lasse mir wirklich gern was von Leuten, die ich im Grunde gern habe, gefallen, zumal wenn ich sehe, dass sie unter der eigenen Veranlagung selbst am meisten leiden; aber ich würde gar nicht daran denken, mir Kauffmanns Quälereien gefallen zu lassen, wenn die Situation mich nicht dazu zwänge.
Dass Kornbergs her kommen, ist grossartig; er ist doch ein famoser Junge; ich glaube wir werden uns sehr gut vertragen. Bedenklicher ist die Situation zwischen Kauffmann + Kornberg. Kauffmann kann mit keinem Manne Freundschaft halten – eine fürchterliche Eigenschaft, für mein Gefühl – + ich kann mir nicht vorstellen, dass Kornberg auf die Dauer Rücksicht nehmen wird! Trotzdem sich beide schätzen + richtig gern haben! Aber Kauffmann ist bisweilen unleidlich – manchmal auch wieder entzückend!

Leb' wohl Kätchen! Sag Alice, dass ich hoffe, ihre Bücherwünsche erfüllen zu können. Ich denke *viel* über Dein Herkommen nach! Du musst vor allem gut hebräisch können; für Lehrtätigkeit unumgänglich nötig! Wenn mehr Geld im Lande wäre, wäre es wahrscheinlich gar nicht so schwierig, hier mit Gymnastik + Orthopädie was anzufangen. (Der Dalcroze-Mann hier heisst Lowy, ist Engländer, im Hauptberuf Ingenieur!)[10] Aber so ist es aussichtslos! Es wird ja aber mal besser werden!

Herzlichst! Lotte.

10 Käthe Jacob hatte 1920 in Berlin eine Ausbildung in rhythmischer Gymnastik und Gehörbildung am Rhythmik-Seminar nach der Methode von Émile Jaques-Dalcroze begonnen.

[6] An Käthe Jacob

Jerusalem, d. 25.10.[1922]

Liebes Käthchen!
Eigentlich setze ich mich an das Papier, um Hyne zu schreiben: aber dann lag mir so viel näher, mit Dir mal wieder zu reden. Das muss ich erst tun, Hyne soll auch seinen Brief kriegen, aber Du gehst nun mal vor!
Es tut mir leid, dass Dich mein letzter Brief ein bisschen aufgeregt hat. Das ist wirklich das Gefährliche an den impulsiven umgehenden Antworten. Trotzdem ist es mir die liebste, weil die lebendigste Art des brieflichen Verkehrs. Mit anderen Schriftstücken kann man so wenig anfangen.
Du brauchst nun wirklich nicht zu denken, dass mich die diversen Vorkommnisse bei Euch bis ins Innerste aufregen. Es ist zu schade, dass man so leicht was hinschreibt, was nur im Moment des Niederschreibens wahr ist. Ich war z.B. ganz entsetzt, dass mir Alice – sie + Erwin[11] schreiben mir so nett – erzählte, *ich* litte an Dauerdepressionen. Das war mir das Neueste. Lest Ihr das wirklich aus meinen Briefen heraus? Es ist ganz ungeheuer falsch: in Wahrheit bin ich ganz auf der Höhe, von einigen Erschwerungen abgesehen. Ich bin ziemlich stark in der Arbeit + spüre die ganze Umgebung recht intensiv. In meinem Leben war ich nie so fern von Depressionen und Weltschmerz. Du fragst, warum ich so besorgniserregend schreibe, dass ich mich vor bevorstehenden Nervenerschütterungen fürchte. Ja, das ist die alte Geschichte, dass ich für mein gutes Einvernehmen mit Kauffmann zittere. Es ist dabei ein wahrer Unsinn, sich um ungelegte Eier zu bekümmern. Derlei Schwierigkeiten kommen + gehen über Nacht + sind nicht voraus zu berechnen. Aber es lohnt wirklich nicht, darüber jetzt zu reden. Wenn ich mal wieder mein Herz bei Dir ausschütten will, darf ich's doch tun?!
Mein Ischias hat sich glücklicherweise als eine rein mechanische Sache, Wirbelverdrehung, herausgestellt. Sie ist viel besser jetzt; eigentlich ganz gut. Inzwischen war es allerdings eine ganze Weile recht unangenehm, aber nun ist es ja vorbei.
Ich kann sehr gut verstehen, dass Du von Hanna[12] ein bisschen enttäuscht warst. Es ist nun mal ihre Art so, ein bisschen ernüchternd + kühl den Menschen gegenüber zu treten. Sie stellt von vornherein eine gewisse ziemlich starke Distanz her, die sie nie überbrücken lässt. Sie ist zu allen Menschen so, eine intensive heftige Herzlichkeit oder irgendwelche impulsive Gefühlsäusserung ist ihr das Fremdeste. Aber trotzdem habe ich sie ungeheuer gern. Man muss eine

11 Erwin Loewenson.

12 Vermutlich Hanna Biram.

so starke ausgeprägte Art doch anerkennen. Schwunglos?! Ja, das ist sie wohl. Aber wenn jemand so selbständig ist, und so arbeiten kann + will, so ist das auch Kraftausdruck. Und mir ein sehr sympathischer! Ich habe sie schrecklich lieb! Aber ich kann Dich so gut verstehen. Mir könnte auch jeden Tag passieren, dass ich nicht mehr zu ihr hinfände. Obwohl ich in solchen Dingen sicher viel anspruchsloser bin als Du.
Inzwischen habe ich von Kauffmann von Eurem Zusammentreffen bei Mutti gehört. Er schrieb mir, es wäre ihm so peinlich gewesen: alle hätten so erwartungsvoll auf ihn gekuckt, + er hätte nicht recht gewusst, wie sich benehmen. Schade! Er ist in dieser Form Geselligkeit ziemlich unmöglich. Es passt so gar nicht zu ihm. Er ist unglaublich ungeniert + herzlich unter seines gleichen. Na, aber schliesslich, allzu viel ist Euch nicht verloren gegangen. Man muss ihn + seine ganze Problematik *sehr* genau studieren, um einen Eindruck von ihm zu haben. Warum er gerade Hyne + Dich auserwählt hat?! Aber es kann schon sein, dass ich von Euch am meisten erzählt habe.
Es ist sehr möglich, dass ich schon im frühen Sommer nächsten Jahres nach Deutschland komme. Rosa, Lene + ich müssen uns in die nächste Reisesaison teilen + ich tippe auf den Frühling. Willst Du mir mal schreiben, ob man im April noch einige Symphoniekonzerte hören kann? Das wäre mir sehr sehr wichtig. Auf Maskenball kann ich verzichten. Aber *nicht* auf gute Musik *und nicht* den grünen Wald. Das beides will und muss ich haben.
Vor einigen Tagen kam Grete Obernik von ihrer Urlaubsreise zurück und ich habe auf einmal bei ihren Erzählungen eine ungeheure Reiselust + Heimweh bekommen. Ich konnte mich gar nicht zurechtfinden; dass ich noch 1 Jahr beinahe sollte warten müssen, ist mir nicht in den Kopf gegangen. Und ich habe meinen Reisetermin etwas vorgerückt. Aber bitte, halte es *ganz geheim, allen*! *Auch Cläre, auch Käte, auch Hyne – al – len!* Ich schreibe extra nicht nach Hause, weil ich keine Hoffnungen erwecken will, die ich vielleicht nachher nicht erfüllen kann. Wer weiss, was bis zum Frühling alles passiert!
Ich habe jetzt so hübsche Arbeit vor, Käthchen, die mich ganz erfüllt. Z. Tl. – im Büro – allerdings auch sehr miese; sachliche Kämpfe, die ganz hoffnungslos sind + mich etwas aufregen. Eigentlich haben es alle Menschen sehr schwer hier.
Käthe, Du kannst ganz ruhig sein: Ich freue mich *wahnsinnig* auf *Euch alle* + bin ganz sicher, nein, ich weiss, dass es zwischen uns allen überhaupt gar keine Schwierigkeit geben kann! Wenn man sich *so* freut auf etwas, wie ich mich *auf das Wiedersehen*! Ich bin ganz dumm vor Vorfreude!

Leb wohl, Käthe!
Für die Gedichte zu Alices Hochzeit schönen Dank! Sind entzückend!
Die 10 Schillinge sind für den Maskenball bestimmt.
Lotte.

1923 Deutschland

[7] An Richard Kauffmann

22.5.23

Lieber Richard!
Vielen Dank für Ihren Brief!
Warum nehmen Sie an, dass ich Ihre Schwester[1] nicht aufsuchen werde? Ich denke in der nächsten oder übernächsten Woche im Rheinland zu sein und dabei auch in Düsseldorf Station zu machen. Ich bin gar nicht erfreut über Ihre Krankheit, seien Sie vorsichtig mit Magen + Därmen; Sie wissen doch, dass die nicht Spass verstehen. Dass Ihnen Silverstein[2] nicht gefällt, begreife ich. Mir auch nicht. Ein Ekel! Ich hatte übrigens während der ganzen Arbeit nicht mit ihm zu tun, sondern mit einem anderen Herrn, der jetzt in Amerika ist + erheblich netter + feiner im Stil war. (Was an ihm wirklich dran war, weiss ich freilich auch nicht, ich habe ganz reibungslos mit ihm gearbeitet!) Erzählte ich Ihnen damals nicht, dass ich einen sachlichen Zusammenstoss mit S. hatte, wobei er es mit der Liebenswürdigkeit, beinahe Zärtlichkeit versuchte. Ich habe mich halb amüsiert damals, aber im Grunde am Rande der Verzweiflung. Erstens das widerliche Schw ... + zweitens – + vor allem! – überhaupt. Die Erfindung der berufstätigen Frau ist doch ein grosser Missgriff des lieben Gottes!! Dass Balfouria verschandelt worden ist, weiss ich wohl.[3] Daher seiner Zeit der Zusammenstoss mit S.

1 Therese Jeanett Wertheim wohnte in der Stockkampstraße 38^{II} in Düsseldorf.

2 Abraham Silverstein war der Vertreter des American Zion Commonwealth (AMZIC) in Palästina, einer 1914 in den Vereinigten Staaten gegründeten Bodenerwerbsgesellschaft, die 1919 vertraglich der Zionistischen Organisation Amerikas angegliedert wurde.

3 Für die 1922 gegründete Moschawa Balfouria hatten Richard Kauffmann und Lotte Cohn im Auftrag des AMZIC den Bebauungsplan projektiert.

Die Erzählungen über Ihre Arbeiten haben mir ein zeitweiliges Heimweh verursacht. Ich freue mich auch aufs Zurückkommen. Aber nebenbei ist es hier so unglaublich schön, dass ich wie im Traum lebe. Man empfindet eine Freundschaft mit ungleich geschärfter Innigkeit wenn man sie eine Zeitlang entbehrt hat, + so geht's mir hier in mehr als einem Fall.
Übrigens der eigentliche Sinn dieses Briefes: Ich erwarte Ihren umgehenden Hilferuf, falls Sie mich dringlich brauchen. Dann komme ich natürlich sofort. Ich dachte schon in diesem Brief eine Äusserung darüber zu finden. Ich bringe den Butterkühler mit. Masals[4] Sachen würde ich schon besorgen, wenn ich nicht ein bisschen knapp mit Geld wäre. Es haben zu viele Leute grosse Bestellungen mitgegeben oder nachgeschickt, vielleicht für 20 £. Ich habe Lene schon um 10–12 gebeten, aber auch das wird knapp. Ich will sehen, was sich tun lässt. Schliesslich bitte ich meine Schwägerin[5] nachher, es mitzubringen!
Einen jüdischen Städteplaner habe ich hier noch nicht gesehen. Aber ich suche!

Gruss Euch beiden, Lotte

[*Am Rand*]
Etwas ist schrecklich: Ich habe hier eine Erkältung nach der anderen. Erst einen furchtbaren Husten, jetzt einen Schnupfen nachgeliefert. Tatsächlich noch keine 3 Tage Wohlbefindens. Ich komme ganz herunter. Übermorgen reise ich wohl ins Gebirge zu Anni Roer.
Was halten Sie von dem Mist-Artikel??!![6]

[8] An Batschewa und Richard Kauffmann

d. 18. [Juni 1923]

Lieber Richard, liebe Schewa!
Ich habe Ihren Brief bekommen + danke 1000 Mal für alles. Richard, es ist *sehr* nett von Ihnen, mir den Urlaub so lang zu gönnen. Ich bin ganz glücklich darüber, denn, (streng diskret, wegen Lene) man braucht mich hier, (Gott sei Dank, weniger seelisch, als mit „Rat + Tat") + ich hätte mich sehr schwer losgerissen. Ich will auch noch ein paar Tage mich unterwegs aufhalten, um frisch anzukommen + freue mich dann auch schon wieder auf alle + alles.

4 Konnte nicht ermittelt werden.

5 Agnes Cohn.

6 Um welchen Artikel es sich hier handelt, konnte nicht ermittelt werden.

Gesundheitlich geht's mir jetzt gut. Es war ja nicht eigentlich krank, nur so unbequem immer mit Taschentüchern + Hustenbonbons bewaffnet herumlaufen zu müssen. Also jetzt ist es gut.
Mich haben alle beruflichen Sachen sehr interessiert. Ich will jetzt aus Zeitmangel nicht näher darauf eingehen. Sie wissen ja, dass auch mir alle die Dinge nie ganz aus dem Sinn kommen, nur sind sie zeitweilig ein bisschen im Hintergrund + ich werde besser darüber nachher mit Ihnen *reden* können, als jetzt *schreiben*. „Antimos" ist doch ein Witz.[7] Traurig, empörend + zum Lachen gleichzeitig.
Vielen Dank für Ihr liebes Bildchen. Sie sehen *doch* so aus, aber es ist auch so schön genug.
In Düsseldorf bei Ihrer lieben Schwester war ich nur wenige Stunden, die aber sehr nett + erfreulich für mich waren. Die Kinderchen sind reizend. Ich habe hübsche Bildchen + sonst noch allerlei für Sie. Allzu grosse Sorgen brauchen Sie sich wegen Ihrer Leute dort nicht zu machen. Es ist zur Zeit nicht besonders *schön* im besetzten Gebiet.[8] Aber doch nicht besorgniserregend. Man ist doch immer sicher dort, wenn man nicht unvorsichtig ist + alles sieht von aussen viel schlimmer aus als von innen. Ihre Schwester ist *sehr* vergnügt + die Kinder prachtvoll. Ihre verschiedene Bitten erfülle ich mit Freuden; ich freue mich direkt, es tun zu können. Sie haben damals so viel Schlepperei für mich gehabt. Für mich ist es natürlich viel leichter, alles zu besorgen, als für die Ihrigen.
Gestern war ich bei Erich Mendelsohn. Der Besuch hat mich ebenso angeregt wie aufgeregt. Er ist doch ein Kerl, wenn auch von Herzen unsympathisch. Er war unglaublich nett zu mir, versicherte mir, wie leid es ihm tue, mich *nur* im Büro + nicht zu Hause zu haben. Seine Frau[9] hätte mich so „lieb gewonnen" (??) (Ich hasse solche Bekenntnisse!!) Wenn's wahr ist, so ist es eigentlich beschämend für mich, denn an einer so falschen Reaktion kann doch nur ich selber schuld sein. Halten Sie für möglich, dass Mendelsohn sehr genau berechnet was er sagt, + lieber einem zu viel den Hof macht, als einem zu wenig? Ich ein bisschen!
Richard, dies ganz im Vertrauen. Es ist hässlich, dass ich so argwöhnisch bin, denn seine Herzlichkeit gestern hatte direkt was spontanes + warmes. Aber ich bin bei ihm nicht sicher, ich kann's nicht ändern. Ich sage es ja auch nur zu Ihnen + ganz mit Vorbehalt. Vielleicht tue ich ihm sehr unrecht. Er zeigte

7 ‚Antimos Garden' bezeichnete ein Areal außerhalb der Altstadt Jerusalems, das sich vormals im Besitz des Griechisch-orthodoxen Patriarchats befand. 1922 wurde das Terrain von der PLDC erworben und Kauffmann mit der Planung beauftragt. Es entspricht der Gegend um die heutige Ben-Jehuda-Straße in Jerusalem.

8 Düsseldorf war während der Ruhrbesetzung 1923 von französischen Truppen besetzt.

9 Luise Mendelsohn.

mir (+ Trude Ferchland, die gerade bei mir zu Besuch war) viele schöne Dinge + vieles dumme Zeug mit nichts als bluff. Und ich war, wie immer bei ihm, ganz erschlagen vor so viel Kraft + ganz unsicher in meiner Urteilsfähigkeit. Ich finde mich nicht heraus. Es ist zu viel Mieses immer dabei.
Nun die Hauptsache: Er zeigte mir die Karmeltypen[10], teilweise recht gut, mit einem Fehler, den ich ihm auch sagte: Schlafzimmer nicht gut durchlüftbar! Sonst recht gut äusserlich. Dagegen hat er Ihrem Siedlungsplan etwas Gewalt angetan. Vermutlich schreibt er Ihnen selbst darüber. Er wollte es selbigen Tages oder jedenfalls so bald als möglich tun, denn selbstverständlich wird er nicht über Sie weggehen. Ich hatte keine Gelegenheit genauer zu prüfen, wollte es auch nicht, weil gerade ich an diesem Plan nichts gearbeitet habe.
Was er mir an theoretischen Begründungen für seine Abänderungsvorschläge auseinandersetzte, war z. Tl. nicht so dumm, z.Tl. etwas literarisch. Die Skizze, die ich sah, scheint sehr gewalttätig + rücksichtslos auf die Karmelberge loszugehen. Ich habe ihm das auch gesagt, sehr deutlich, dass ich Bedenken hätte wegen der Wirtschaftlichkeit der Ausführung der Strassen. Auch, dass er Ihnen nicht einzureden versuchen sollte, dass der Plan noch der gleiche wäre, es wäre offenbar ein anderer als der Ihre. – Lassen Sie sich auf keinesfalls auf persönliche Zankerei mit ihm ein. Er ist sehr unsicher in bezug auf sein städtebauliches „Können" + Sie sollten ihn dabei kriegen. Ganz sachlich Fehler nachweisen + auf jede Kritik des Persönlichen verzichten. Es ist ja das Recht solcher Menschen, sich alles zuzutrauen, sonst wären sie weniger! Ich bin neugierig, was Sie zu dem Vorschlag meinen.
Lieber Richard, liebe Schewa, ich grüsse Sie beide sehr herzlich + freue mich auf ein baldiges Wiedersehen.

Lotte
Ich habe Holliday[11] einen prachtvollen Zirkelkasten besorgt.

[*Am Rand*]
Dank für die Wendigen Sachen![12]
Lieber Richard! Geld lag in diesem Brief, der *offen* ankam, nicht bei!!! Ich weiss nicht?!

10 Dabei handelt es sich um Typenhäuser sowie einen Siedlungsplan, die Erich Mendelsohn 1923 für die Carmel-Gartenstadt bei Haifa im Auftrag des Industriellen Adolf Sommerfeld entwarf, die jedoch nicht zur Ausführung kamen.

11 Clifford Holliday war seit 1921 beratender Architekt der im selben Jahr gegründeten Central Town Planning Commission der britischen Mandatsregierung in Jerusalem.

12 *Wendingen* war ein niederländisches Kunstmagazin, das von 1918 bis 1932 monatlich erschien und sich an Architekten und Innenarchitekten richtete.

1923–1927 Palästina

[9] An Käthe Jacob

o. D. [Ende November 1923]

Mein liebes Käthchen!
Ich stehle mir, (wirklich stehlen!) eine Stunde im Büro, um den Brief an Dich endlich anzufangen. Heute Abend zu Hause soll er beendet werden. Ihr habt sehr recht, böse zu sein, wegen meiner Schreibfaulheit. Ihr müsst schon einfach glauben, dass es nicht ging. Ich habe viele Entschuldigungsgründe, aber alle sind nichts gegen den einen, dass ich gar + gar keine Lust + keinen Mut zu einem Brief hatte.
Nun lass Dir erst mal gratulieren, liebe Kleine! Ich bin zufrieden mit Dir + stolz auf Dich + freue mich für Dich, dass es glatt geklappt hat. Im Grunde halte ich nichts von Examen, aber man freut sich halt, wenn einer eines überstanden hat, besonders wenn der in bezug auf Examenstüchtigkeit ein Sorgenkind ist, so wie Du.[1] – Im ganzen hat aber diese Sorge doch sehr im Hintergrund gestanden gegen die anderen, die mir von meinem deutschen Vaterland kommen.[2] Ich bin so verzweifelt zeitweilig gewesen, dass ich an Zurückfahren gedacht habe, ich weiss gar nicht, wie die Mutter es aushalten soll + meine Gedanken rasen wie in einem Käfig ohne Tür hin + her, weil alle die Möglichkeiten, ihr zu helfen, eigentlich keine sind. Zuerst dachte ich, es müsste + müsste doch irgendwie gehen, dass ich auch *dort* materiell für sie sorgen könnte, aber inzwischen scheint es mir nach allem, was ich höre, ganz ganz hoffnungslos. Sie hierher zu holen,

1 Käthe Jacob bestand im September 1923 die Abschlussprüfung im Fach Rhythmik und Gehörbildung vor dem Reichsverband deutscher Tonkünstler und Musiklehrer.

2 Die Inflation in Deutschland erreichte im November 1923 ihren Höhepunkt.

ist zur Zeit, der alten Grossmutter wegen, nicht diskutabel. Aber auch wenn dieser Grund einmal wegfallen wird,[3] so legt es sich mir ganz schwer aufs Herz, sie hierher zudenken. Sieh', ich lebe hier, für meine Begriffe, so hübsch (äusserlich) wie man nur leben kann. Und wenn ich eine gewisse Sicherheit oder auch nur Wahrscheinlichkeit fühlte, dass meine Lebensbedingungen annähernd so blieben, so würde ich mich eher an die Vorstellung gewöhnen, sie hier zu haben. Ich weiss, dass Mutter schrecklich leiden würde, dies Junggesellen- oder Altjungfern-Dasein, das natürlich unserem Zusammenleben den Charakter geben würde, vor sich zu sehen. Sie war immer schon unglücklich (natürlich!), dass ich nicht heirate, aber in Berlin war dieser Zustand doch nicht so augenfällig wie hier. Und ich kann ihr so gar nicht versprechen, dass das ein vorübergehender Zustand sein wird + noch weniger, dass ich eine sogenannte „Ehe" eingehen könnte, die nach Gemütlichkeit + gut-Leben aussieht + ihr gefallen würde. Sie ist halt 70 Jahre, da ist es schwer, sich an eine neue Weltanschauung zu gewöhnen. – Aber nun kommt noch dazu, dass ich ebensogut über kurz oder lang mit Sorgen zu kämpfen habe werde. Nichts, was in *meinen* Augen welche sind, denn man gewöhnt sich hier an andere Massstäbe + jemand, der nur alle Lebensmittel eines einfachen Lebens kaufen kann, ist schon *„reich"* und solange man noch bei den Krämern Kredit hat, ist man nicht *„arm"* + der ist erst berechtigt, von Sorgen zu reden, der durch Monate keinen Piaster verdient hat. Aber Mutter wäre doch verzweifelt, wenn ich mir eines Tages Geld borgen müsste für Brot. Kann man ihr das zumuten?! Hat sie es nicht besser, wenn sie dann mal in Bonn oder in London leben wird?[4] Oder höchstens auf ½ Jahr mal herkommt? Ich weiss mir gar nicht zu helfen damit!
Neulich hatte ich von Käte Wiener einen Brief, der war richtig dünn + armselig; nicht an Umfang aber an Gehalt oder vielmehr war der Ausdruck so. Ich bin traurig geworden; Käthe, sie muss + muss heiraten, es ist ein Jammer, sie ist ja schon gar nicht mehr auf der Höhe; oder ist es nur eine zeitweilige Unfrische? Ich kann die Vorstellung gar nicht ertragen, dass dies Mädchen nicht zu ihrem Recht kommen soll? Ich finde es schrecklich traurig. Ist ihr gar nicht zu helfen? Ach Gott, das alte leidige Kapitel. Und Cläre?? Und Du? Seid Ihr beiden wenigstens froh?
Ich habe wieder einmal allerhand Zores mit einem meiner Freunde. Und was mich am meisten dabei bedrückt, ist meine eigene karge Veranlagung. Und dann die romanhafte Leidensform, in der sich die Angelegenheit zeitweilig abspielt!

3 Großmutter Regina Sabersky starb wenige Wochen später, am 10. Dezember 1923.

4 In Bonn lebte Lottes Bruder Emil Cohn mit Familie, in London ihr Halbbruder Hans Cohn mit Familie.

Die bringt mich ganz an den Rand meiner Nerven- + Widerstandskraft. Oh, Käthchen, Du kennst so was vielleicht, aber ich erlebe es zum ersten Mal, dass jemand wirklich in mich verliebt ist, + ich finde, dass es eine schreckliche Sache ist. Eigentlich sollte man sich doch wohl freuen, wenn man für jemanden überhaupt der einzige Mensch auf der ganzen Welt ist. Ich freue mich ja wohl auch, aber es ist doch mehr als meine Tragfähigkeit aushalten kann. Ich muss doch wohl ein erotisches Manko haben + das macht mich wieder ganz unglücklich. Der arme Junge z. B. behauptet, „nur von der einen Stunde am Tag zu leben, in der er mich sieht"! Aber ich tue das gar nicht. Ich bin genau so sehr bei meiner Arbeit oder bei anderen Gedanken wie bei ihm + jede Stunde am Tag hat ihren eigenen Inhalt. Obwohl mich die Sorgen um diese Dinge naturgemäss ein bisschen verfolgen + oft meine Gedanken binden + absorbieren. Ist das eigentlich ein Minus in der Veranlagung? Ich sträube mich so sehr, das zu glauben. Aber wenn man bis zu 30 Jahren niemals wirklich stark geliebt hat, so dass alles andere versinkt, so *muss* es doch eigentlich symptomatisch sein! Ich kann mich so nicht an den Gedanken gewöhnen, dass ich seelische Defekte habe. Diese eine Vorstellung übrigens allein veranlasst mich, von den Tatsachen mit Dir zu reden. Ich kann sonst recht gut allein damit fertig werden; sie ist in allen Erscheinungen gut begreiflich + ich nehme sie mal mehr, mal weniger leichtsinnig, mit allem Fröhlichen + allem Gefährlichen + allem Bedrückenden, + hoffe auf die Zeit, die sie irgendwie zu einem Ablaufen bringen wird. Warum schreibe ich es Dir nur?! Ich glaube, weil Du so weit fort bist; das vermindert das Gefühl der Schamhaftigkeit. Und dann bist Du es ja, der ich es schreibe!
Ich hatte viele Wochen lang ungeheuer viel zu arbeiten. Diesmal hat es mich sogar angestrengt. Jedenfalls fühlte ich mich erschöpft, wovon, kann ich natürlich nicht feststellen. Im Ganzen habe ich es gern, fest zu arbeiten, obwohl die Zwischenpausen auch wundervoll sind. Ich glaube, man arbeitet deswegen gern, weil man dann erst zum wahren Genuss der Freizeit kommt. Die Arbeit selbst ist sehr schwierig, immer der gleiche entmutigende Kampf. Die Juden sind ein mieses Volk! – Aber nun will ich hier aufhören, abends soll es weitergehen!

Zu Hause
Du willst gewiss auch wissen, wie ich mir äusserlich mein Leben eingerichtet habe, seit ich von Lene getrennt bin.[5] Ich habe ein ganz nettes Zimmer, das an sich *sehr* hübsch ist, aber da es für zu viele Zwecke herhalten muss, mit Raumkunst nicht mehr zu bewältigen ist. Ich habe mir zwar sehr hübsche Möbel teils neu anfertigen, teils herrichten lassen, die sehr hübsch geworden sind + für

5 Helene Cohn hatte die wirtschaftliche Einrichtung einer orthopädischen Klinik übernommen und wohnte auch dort. Lotte Cohn zog in eine eigene Wohnung.

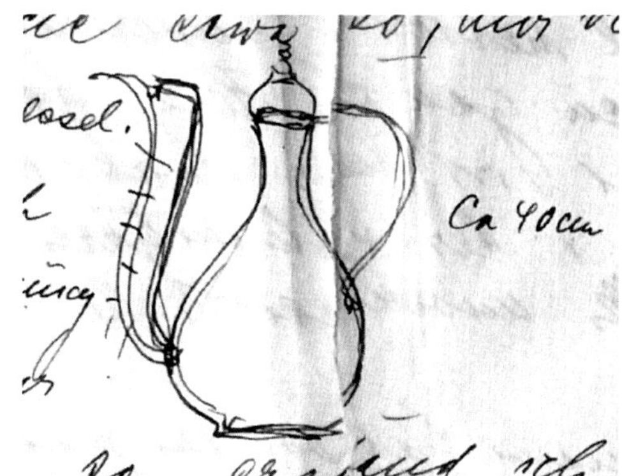

Abb. 2
Lotte Cohn:
Skizze einer
Messingkanne,
1923.

hiesige Begriffe geradezu tadellos geraten sind. Kleiderschrank + Tisch (klein + rund) sind neu. Kleiderschrank besassen wir bisher noch nicht + der Tisch, den wir bisher hatten, war für das eine Zimmer zu umfänglich. Der Bücherschrank ist bei der Teilung mir zugefallen, ausserdem eine nette Bank mit Lehne (mit Quersprossen!), die wir schon früher einmal machen liessen. Diese Dinge sind passend gestrichen worden, + zwar sind die Farben ein warmes dunkles Blau + alle Profile orangefarben abgesetzt. Ich habe auch das im Zimmer befindliche Holzwerk, Türen, Fenster, Fensterschränkchen + eingebaute Schranke blau gestrichen + bin zufrieden mit dem Ergebnis. [*Am Rand ergänzt*: Aber ausser den Möbeln sind noch Besen, Schrubber, Aufwischeimer, Waschschüssel, Kochkiste + Kocher etc. allerdings hinter einem Vorhang versteckt, da + das stört den Eindruck.] Auf einem Fensterschränkchen steht der blaue Leuchter, auf dem andern die gelbe Vase auf einem gestrickten Deckchen. Sonst habe ich eine ganze Menge Messingsachen aufgebaut; neulich bekam ich von Max + Agnes eine wundervolle arabische Messingkanne, etwa so,[6] nur viel hubscher. Sie ist mein Teekessel. Mein besonderer Liebling ist noch eine Aschenschale, ursprünglich ein Öllämpchen, dem nur leider der Deckel verloren ging; so erstand ich sie + benutze sie für Asche + hauptsächlich als Schmuckstück. Sie ist ganz besonders fein + zart in den Formen, sicher ziemlich alt + entsprechend liebevoll hergestellt; ganz schmucklos, aber „seelenvoll" in der Form.

Dies die Umgebung, die Lillith[7] + mich aufnimmt. Ja, Lillith ist bei mir, denn erstens verträgt „Lenes Klinik" so einen Köter nicht + zweitens muss ich doch

6 Der Brief enthält an dieser Stelle eine Skizze (siehe Abb. 2).

7 Ob es sich aufgrund der Namensgleichheit „Lillith" um dieselbe Hündin wie bei Richard Kauffmann handelt, konnte nicht ermittelt werden. Möglicherweise fand ein Besitzerwechsel statt.

auch einen Menschen um mich haben. Wir sind beste Freunde, Lillith + ich; sie macht ein bisschen Mühe, aber uns zu trennen wäre schon nicht mehr möglich. Ich bin wirklich jetzt oft sehr froh, dass sie da ist, sie ist so nett + ich bin schon alte Jungfer genug, um einige Beziehungen zu ihr zu haben. Leider hat Lene sie wieder einmal schlecht in der gefährlichen Zeit behütet. So hat sie sich einen Manni gesucht, + nun müssen wir abwarten, ob es Folgen gehabt hat. Ich tröste sie immer damit, dass „wir es halten wollen, als wäre es unser eignes" + einerseits freue ich mich auch wirklich auf diese liebe Kleinkinderstube. Du glaubst nicht, wie nett die Tiere sind, viel netter + unverbogener als die Menschen! Mein ganzes Herz gehört dieser Rasse. Aber manchmal ist mir doch etwas bänglich vor der Arbeit + Schmutzerei + Lilliths Bissigkeit; alles unvermeidliche Begleiterscheinungen.

Schewi Kauffmann hat vor ein paar Tagen ein Mädchen[8] bekommen, ein sehr süsses sogar, blond + zart; ganz der Papa. Es geht ihr gut; sie sieht reizend + glücklich aus. Ach, inzwischen sind noch ein paar Babies eingelaufen. Bärbl Feinberg ein Mädchen (es geht ihr gut!) + Grete Theodor einen Sohn[9]. Grete hat nebbich 60 Stunden entbunden. Ich war zum Brith[10]; das Kind ist ganz entzückend + Grete glückselig. Ich war so froh, sie mal wieder zusehen. Oskar + Grete sind mir doch die Allerliebsten hier.[11] Das ist beinahe wirkliche Freundschaft. Hier mit den Leuten stehe ich ein klein bisschen abgerückt, obwohl sie keine Ahnung davon haben. D.h. zu den Frauen, Schewa Kauffmann + Sina Kornberg, unverändert, sie sind beide sehr lieb + fein + ich bin gut Freund. Eigentlich stehe ich ja in beiden Fällen den Männern näher oder vertrauter + bin verbundener mit ihnen. Einfach aus der Situation des gemeinsamen Arbeitskampfes. Aber in letzter Zeit ist vieles in mir kaputt gegangen. Und zwar merkwürdigerweise bei beiden aus dem gleichen Grunde: Ich habe noch nie eine so brutale Form gesehen, dass Männer ihre Frauen behandeln. Nun, sie prügeln sie nicht gerade, zumal sie sie beide unglaublich gern haben, vielmehr stark lieben. Aber die Form des Zusammenlebens grenzt, besonders bei Kauffmann, näher an Sklavenhalterei als an Ehe. Fritz hat zu Sina wohl fester begründete Beziehungen als Richard zu Schewa. Ich glaube schon, dass seine Ehe in guter Freundschaft fundiert ist, aber mitunter ist er einfach gemein + brutal, geradezu schlecht + unmenschlich in seinen Äusserungen. Derart, dass er „Erziehungsmethoden" anwendet, die ich mich schämen würde, bei einem

8 Ruth Kauffmann wurde am 16. November 1923 geboren.

9 Daniel Theodor wurde am 5. November 1923 geboren.

10 Die Brit Mila (Bund der Beschneidung) wird im Judentum als Eintritt eines männlichen Nachkommen in den Bund mit Gott angesehen. Sie findet am achten Tag nach der Geburt statt.

11 Für Grete und Oskar Theodor baute Lotte Cohn 1928 im Jerusalemer Vorort Bet Hakerem ein Haus.

5-jährigen Kinde anzuwenden, weil ich fände, dass das die Menschenwürde auch bei so einem kleinen Menschen verletzt. Ich habe Diskussionen erlebt, die ich nur mit Rücksicht auf Sinachen ertragen habe, die so fein + klug + gross ist, viel, viel menschlicher + bedeutender als Fritz. Dabei habe ich Fritz wirklich gern + weiss, dass ihn eine wahnsinnige Nervosität aus Arbeitsüberlastung entschuldigen kann. Ich finde nur, dass die Eigenschaften, die sich in der Nervosität offenbaren, doch gerade die typischen + eigentlichen sind; und bin sehr enttäuscht. – Viel viel schlimmer ist die Sache bei Kauffmann, der sich in dauernden Demütigungen seiner Frau gefällt. Das tut mir doppelt weh, weil mir eigentlich damit ein lieber Freund verloren + eine Freundschaft entweiht ist. Und weil ich so gut weiss, dass Richard viel viel zu schade für so etwas ist + weil ich weiss, dass er sich selbst, der eigentlich fein + gut ist, unrecht damit tut. Es ist manchmal grotesk anzusehen + anzuhören, + Schewa, die mir wirklich sehr lieb ist, tut mir masslos leid. Jetzt allerdings ist Richard rührend zu ihr, aber mir hat es den Anschein, als ob ihre Ehe von dem bisschen Erotik lebt, die zwischen ihnen besteht + sich über das Kind weiterfristen wird, bis sie Gewohnheit wurde. Ist das nicht zu wenig? –

Du fragst nach Max Hirsch's[12] Adresse: Er ist an der Schule für Waisen des Joint Distribution Committée in Schepheja. Ich denke, es kommt an, wenn Du schreibst per Adresse Calvary[13], Schepheja bei Sichron Jacob/Palestine. Bellas Baby ist noch nicht da.[14]

Was Du alles von den Zuständen schriebst, ist ja inzwischen durch noch Schlimmeres überholt. Ich bin ganz ausser mir. Könnt Ihr Euch von 1 Dollar mal einen vergnügten Tag machen? Früher ging das, aber jetzt? Sonst verwende ihn für *Dich* zuerst, wie Du ihn brauchen kannst. Es ist Examensgeschenk + musste ein bisschen nebbich ausfallen. Aber ich habe jetzt allerhand Sorgenkinder in Deutschland.

Sag doch mal Deinen Geschwistern, dass sie mir irgendwelche philosophischen Abhandlungen von Erwin versprochen hatten, die ich jetzt brauchen kann; ich möchte gern mal wieder was lesen. Dann waren mir eigentlich noch Photographien versprochen, sowohl von Erwin + Alice als auch von Hans.[15] Auf diese letztere lege ich sehr Wert, weil ich sie liebe + keine von ihm habe. Ich bin bereit, die Unkosten darauf zu decken. – Weisst Du noch, Hans' Geburtstag damals? Ich glaube, das vergesse ich nicht, und wenn ich 1000 Jahre alt würde.

12 Max (Zwi) Hirsch arbeitete als landwirtschaftlicher Instruktor im Jugenddorf für Waisenkinder Meir Shepheja.

13 Moses Calvary war seit 1923 der Leiter des Jugenddorfes Meir Shepheja.

14 Bella Hirsch.

15 Konnte nicht ermittelt werden.

Max + Agnes haben sich gut eingelebt.[16] Heti auch, sie ist ein süsser Fratz, neulich hat sie uns besucht. So ein drolliges Kind ist mir noch nicht begegnet.
So, liebes Käthelchen, damit habe ich alles + alles erzählt; denn es wird Dich wohl nicht interessieren, dass ich neulich mit den ganz feinen Leuten zusammen war. Die „Architekten-Vereinigung", in der Hauptsache wir 3, waren beim Governor Mr Storrs, jenem Antisemiten vielmehr Anti-Juden, zum Tee geladen + es war so fein, dass man dort zusammen knickte.[17] Der Sohn vom High Commissioner Edwin Samuel, der übrigens sehr nett + frisch ist, bat um die Ehre, mir vorgestellt zu werden, denn ich bin doch „die Architektin". Eigentlich war die ganze Sache ziemlich zum Kotzen, da sie aber für unsere Vereinigung politisch wichtig ist, so haben wir uns doch gefreut.
Leb wohl, Du Liebe, Grüsse alle von mir. Auch Hyne, von dem ich seit Europa kein Sterbenswörtchen gehört habe. Echt! Wie? Bis Venedig hat es halt gerade gereicht. Na, er hat wohl genug Zores. Ich bin ihm nicht böse.

Billionen Küsse
Lotte.

Anlage
1 Dollar-Note

[10] An Käthe Jacob

Jerusalem 31.12.[1924]

Mein liebes Käthchen!
Eben kam ein Brief von Cläre mit der Nachricht, Du seist krank. Hoffentlich ist das inzwischen schon wieder so viel besser, dass Du eigentlich keinen Trostbrief mehr brauchst. Immerhin soll dieser einer vorstellen.
Gestern kam der kleine Löwenson[18] mit Grüssen von Euch hier an. Ich freue mich immer, mal direkt von Euch zu hören, obwohl man im Grunde von Briefen viel mehr hat, als einem ein fremder Junge, mit dem man sich zunächst doch nur formell unterhalten kann, in einer halben Stunde beim Tee erzählen kann.

16 Bruder Max Cohn, seine Frau Agnes und Tochter Heti (eigentlich Hedwig) wanderten im Frühling 1923 in Palästina ein. Sie lebten in Tel Aviv.

17 Die Audienz bei Gouverneur Ronald Storrs, bei der neben Richard Kauffmann, Fritz Kornberg und Lotte Cohn auch weitere Architekten und Persönlichkeiten des öffentlichen Lebens Jerusalems teilnahmen, fand am 12. November 1923 statt.

18 Möglicherweise ein Bruder von Erwin Loewenson.

Clärchens Brief ist schrecklich gut gemeint, aber trotz bester Absicht wäre er nicht imstande mich zu beruhigen, wenn ich unruhig wäre. Ich bins aber offen gestanden nicht so sehr. Ich bin so seelenruhig – ganz im Grunde – in bezug auf Dich, wie man nur sein kann. Das schliesst ja natürlich nicht aus, dass ich mit tausend Gedanken bei Dir bin + so gern mal mit Dir zusammen wäre, um Dir schneller auf Deine zwei Beine zu helfen. Aber es wird schon auch ohne mich gehen. Ich freue mich unglaublich auf Dich + den nächsten Sommer hier mit Dir zusammen; Käthchen, es *muss* gehen, trotz Urlaubsfragen + Finanzkrisen. Es muss, es muss, + *es wird auch*. Es wäre doch wundervoll! Ich schiebe alle meine sommerlichen Ausflüge, die ich machen wollte, bis dahin auf + dann ziehen wir zusammen los. Hoffentlich habe ich dann ein bisschen Geld frei. (Zur Zeit bin ich so im Druck, ich weiss nicht recht warum, aber bis Juli kann ich doch wieder ganz viel sparen!)
Es ist ja doch ein prachtvolles Land + ich bin so begierig, was Du zu allem sagen wirst. Am meisten begierig bin ich darauf, mit Dir ein bisschen philosophieren zu können über so vieles hier, was mir an Problematik am Herzen liegt. Die Palästinenser deutscher Zunge sind nämlich nicht tauglich dazu. Ich weiss nicht, sie sind alle so zum Überdruss über einen Leisten geschlagen, reden alle das gleiche + meinen dann, sie verstehen einander. Kunststück, sich zu verstehen, wenn man auf nichts weiter Wert legt, als sich der gleichen Phraseologie zu bedienen! Ich kann es schon gar nicht mehr anhören. Überhaupt, wenn diese deutschen Gänse die Probleme in ihre Fäuste nehmen, dann wächst kein Gras mehr. Jede Feinheit + Empfänglichkeit des Gefühls geht dabei flöten. Neulich traf ich mal irgendwo mit einer חלוצה[19] zusammen, frisch importiert. Sie fragt mich, wie lange ich im Lande sei + ob ich immer in der Stadt gewesen wäre; ich gebe ihr Bescheid, ja, ich wäre die ganzen 3 ½ Jahre in Jerusalem. „Ach, sagt sie, so was gibt es also auch!" Dies mit vollem Ausdruck ihrer Verachtung meiner so minderwertigen Bourgeois-Existenz. Gott, es sei ihr gegönnt; aber kann man mit so was reden? Es lohnt doch nicht mal die Muskelanstrengung des Mund auftuns, geschweige den geistigen Aufwand. Ich bin schon ganz nervös über solche Beschränktheit; + gar nicht unbefangen + frei den Menschen gegenüber. Übrigens sind nur die Deutschen so borniert. Wir haben jetzt ein russisches Mädchen hier, die Lene im Haushalt ein paar Stunden am Tag hilft.[20] Die ist ganz anders + viel grösser angelegt. Sie ist eine echte Communistin, nicht bloss pseudo-Communistin. Ist offensichtlich genug fanatisch, aber dabei fein + klug, + alles was sie sagt, ist von Gefühl + Verstand belebt.

19 Chaluza.

20 In ihren Erinnerungen „Die zwanziger Jahre in Erez Israel" erwähnt Lotte Cohn den Namen des Mädchens: Rositschka. Vgl. Sonder: *Lotte Cohn*, S. 199.

Neueste Note im Deutsch-Zionismus hier ist Anti-Blau-Weissianismus.[21] Das machen die *ganz* Klugen. Und da alle ganz klug sein wollen, werden es bald alle machen. Übrigens, alles was recht ist, es lässt sich ungeheuer viel gegen die Blau-Weiss-Siedlungen hier sagen. Die Leute sind wirklich ahnungslos im Gebiet des Zionismus + das ist die Grundlage schrecklicher Faux-pässe im politischen Leben.[22] Zudem ist die Persönlichkeit, an dem die Sache hängt, Hans Simon,[23] höchst fragwürdig in bezug auf die erforderliche Selbstbeschränkung; er hat einen kleinen Cäsarenwahnsinn, wie es scheint. Ich war neulich bei den Jungens oben (meine Lillith sollte nämlich Pascha Simon heiraten! Oh, diese Verschwägerung!) + war geradezu erschlagen über die Physiognomie dieser Gemeinschaft. Die ganze verfehlte Politik ist direkt ablesbar auf fast jedem Gesicht; ich habe so eine sonderbare Auswahl von unentwickelten, halbfertigen Menschen, die von irgendwem oder irgendwas an der Strippe gezogen werden, noch nicht beisammen gesehen. Apropos Blau-Weiss: Was macht Gerhard[24]?

Neulich Schabbath, habe ich einen prachtvollen Weg gemacht mit Schlomo Krolik, kennst Du ihn? Er kennt Dich oder weiss doch von Dir! Es war ein winterlicher Tag, klingend scharfe Luft, sogar ein bisschen Frost (das erste Mal in den letzten 3 Jahren!). Die Luft war unerhört klar + blank, man sah die Ferne ganz greifbar. Die ersten Krokus sind schon da, rosenfarbig + duftig, ach das ist so unbeschreiblich schön, diese Wintertage, die eigentlich unserem Vorfrühling gleichen, nur noch grüner + blumenbunter! Wir sind ganz weit gelaufen, vorüber an einem alten Kloster + immer weiter zwischen Weingärten + Olivenhainen bis zu einem arabischen Dorf, das den Berg heraufklettert bis zu seiner runden Kuppe! Ja, es war sehr schön!

Was ist noch zu erzählen? Eigentlich nichts. Doch, Rosa kommt wahrscheinlich nach Jerusalem ins Büro des קרן קיימת[25]: Dann sind wir alle drei zusammen.

Nun will ich noch fragen, wie es Dir geht, abgesehen von der Krankheit! Cläre schreibt, Ihr hättet alle keine Lust auf Bälle; ihr komischen Mädchen! Ich

21 Der Jüdische Wanderbund Blau-Weiß wurde 1912 von zionistischen Studenten parallel zu der um 1900 aufkommenden deutschen Jugendbewegung gegründet.

22 Ende 1924 war es zwischen den in Palästina gegründeten Blau-Weiß-Werkstätten und der sozialistischen Gewerkschaftsorganisation Histadrut zu einer politischen Kraftprobe gekommen, da sie sich einer Zusammenarbeit widersetzten und dem von Ben-Gurion eingeforderten Primat der sozialistischen Arbeiterschaft beim nationalen Aufbauwerk in Palästina entgegenstellten. Vgl. Jörg Hackeschmidt: *Von Kurt Blumenfeld zu Norbert Elias. Die Erfindung einer jüdischen Nation*. Hamburg: EVA 1997, S. 252–262.

23 Hans Simon war Diplom-Ingenieur und Mitglied der Bundesleitung des Blau-Weiß in Deutschland, der die Siedlungen des Bundes in Palästina koordinieren sollte.

24 Gemeint ist nicht Gershom Scholem, der sich zu dieser Zeit im Land aufhielt.

25 Keren Kajemet Leisrael.

hätte schon welche, aber hier gibt's sowas nicht! Die kleine Käte[26] hüllt sich seit Jahren in Schweigen. Was ist ihr? Was macht Hyne? Siehst Du ihn mal? Er ist so ein komischer Junge, man hat keine Ahnung, wo er eigentlich steckt + was er tut + wie ihm dabei zumute ist. Dabei liegt doch der Fall gar nicht so einfach + mich würde so brennend interessieren, wie rasch er Palästina näher rückt + so vieles möchte ich wissen über Einzelheiten seiner Arbeit. Aber er schweigt. Und wenn er alle halbe Jahr einmal schreibt, so stehen Närrischkeiten da! Was machen Deine Geschwister?
Liebes Käthchen, wenn Du immer noch Zeit hast, so schreibe mir mal, wirst Du?
Lass Dich innigst küssen!
Lotte

[11] An Käthe Jacob

o. D. [Anfang 1925]

Meine liebste Käthe!
Vorige Woche kam Dein Brief, auf den ich nur schwer eigentlich antworten kann. Ich weiss so wenig, was Dir geschehen ist, dass ich schlecht mitreden kann. Ja, ich hoffe sehr auf Dein Kommen, Du kannst recht gut Juli August fahren, obwohl es anstrengend ist; aber wenn keine Wahl bleibt, so *muss* es doch gehen. 800 Mark reichen sicher! Ich freue mich unbändig schon jetzt. Und es wird Dir auch sicher helfen. Nicht gerade ich selber, denn ich bin untauglich, habe so wenig suggestive Kräfte, aber Palästina an sich ist eine Sache, die einen um + um drehen kann, und das tut Dir nötig. Käthelchen, zieh Dir Dreckstiebeln an + frisch durch den Mist, es muss + muss wieder besser kommen + ich will, dass Du Dich + den Glauben an alle guten Geister nicht verlierst. Ich hoffe, bald Besseres von Dir zu hören + endlich ganz Gutes.
Was es von mir gibt? Du lieber Gott, es lebt sich so hin. Man dreht sich, wie sie hier sagen! Ich kann nicht sagen, dass ich „glücklich" bin, aber unglücklich ist wieder viel zu viel, denn ich bin so ziemlich vergnügt. Ich weiss eigentlich nicht, was es ist; alt werden würde ich denken, wenn ich mich nicht gerade sehr aufgelegt + „geladen" fühlte. Aber irgend eine Nuance in dieser Richtung ist es bestimmt + ich bin beinahe entsetzt, dass ich mich dieser Situation nähere, denn es ist so völlig verkehrt innerlich, so blödsinnig + verirrt, dass ich schon alt geworden sein soll. Und leider, da liegt es, man wird eben alt, aus äusserem

26 Konnte nicht ermittelt werden.

Zwang, nämlich wenn die anderen einen so finden, ganz egal, wie man selbst zu dieser Frage steht!
31 Jahre ist 31 Jahre, die wäscht kein Regen ab, und jeder zählt sie einem nach. Ich muss Dir bekennen, dass ich unglücklich darüber bin, oder eigentlich in der Tiefe über alle Massen traurig, zum Weinen elend bisweilen. Ich glaube, ich habe kein gutes Geschick gehabt + so wenig tragisch das alles aussieht, – nicht wahr, ich bin ganz fern von irgendwelcher Verbitterung – so sehr empfinde ich, dass mir das Beste entgangen ist + vorenthalten wurde von neidischen Göttern! Es ist nicht das Äussere meines Lebens, das mir als Misserfolg erscheint, sondern irgendeine blödsinnige Seelenkonstruktion, Mangel + Fülle in falscher Verteilung, Abnormitäten in verborgener Tiefe, die mich ausserhalb der Reihe derer stellen, die im wirklichen Leben stehen. Komische Sache, solche Erkenntnisse! Ich werde so schlecht fertig damit, + daneben stehe ich selber mit Skepsis + Ironie + schmeisse mich um! Ach, wie verdorben + verloren ist das alles! Siehst Du, die klugen Leute würden nun sagen: „Du musst eben heiraten". Wenn sie wüssten, wie verfehlt das ist! Das ist irgend ein kleines Eckchen dieses Gesamtproblems auf eine unendliche tiefere Basis gebracht, aber begriffen haben sie's nicht.
Natürlich ist das *auch* an den Kern gerührt, Frauenproblematik ist immer auch von dieser Seite anzupacken, aber gerade das Heiratsproblem fasst das Ganze so schrecklich oberflächlich. Ach lassen wir's, es ist ja unergründlich! Ich habe es mit vielen Dingen sehr schwer jetzt, aber vermute bitte nicht Liebeserlebnisse, nichts ist falscher.
Äusserlich sieht es gar nicht hässlich oder missmutig um mich aus. Ich arbeite mit frischer Kraft, ob ich gerade wesentlich weiter komme, sei dahingestellt. So richtig intensiv ist es alles nicht. Wir haben grosse Arbeiten vor im Büro, + ich bin ziemlich gut eingearbeitet + stecke bis über beide Ohren mitten drin.[27] Ich lese auch viel, Berufliches + auch Belletristisches. Augenblicklich bin ich bei Anatole France, der mir grosse Freude macht. Der Mann ist so klug + hat eine Dramatik + zugleich einen Humor!!! Es ist prachtvoll zu lesen. Kennst Du ihn gut? Beruflich stecke ich in sozialen Problemen, Bodenspekulationsstudien + dergleichen. Es geht einem durch + durch zu sehen, was hier angerichtet wird, aber ich kann nicht dagegen an; man steht so vereinzelt. Die Juden sind ja auch gar kein bisschen klug; ich weiss nicht, von all meinen Kollegen bin ich die Klügste – wie müssen die anderen sein!! Auf die Art ist auch von der Gesamtheit der Berufsgenossen nichts zu erwarten.

27 Zwischen 1923 und 1925 planten Lotte Cohn und Richard Kauffmann gemeinsam eine Industrie-Gartenstadt nahe Afuleh (heute Afulah) im Auftrag des AMZIC. Der Plan kam wegen Problemen mit der Bodenspekulation nicht zur Ausführung.

Du fragst nach Mirjam Zlocisti. Ich sah sie neulich in Tel-Aviv. Sie ist gar nicht mehr hübsch, nur noch elegant + in ihrem Auftreten mir wenig sympathisch, obwohl sie so beim Gegenüberstehen ihren gewinnenden Charme nicht ganz verloren hat. Sie ist eigentlich recht alt geworden, kurz ich habe keine Freude an ihr. Was man von ihr „Schreckliches" zu erzählen hat, ist mir unklar. Sie lebt in gutem Einvernehmen mit den Eltern[28] + der Kleinen + so sieht alles ganz glatt + gut aus. Sie amüsiert sich sozusagen wie Bolle, glaube ich. Scheint übrigens kurz vorm Heiraten zu stehen.[29] Der Mann ist ziemlich zweitklassig, Typ „fesch", aber mittlerer Eleganz. Was wirklich an ihm ist, weiss ich natürlich nicht, aber gefallen tut er mir weiss Gott nicht. Vielleicht ist aber gerade das das Richtige für Mirjam, die ich keinem wirklich feinem Manne wünschen möchte. Es ist doch eigentlich nichts an ihr dran.
Wie die Chronique skandaleuse. Ich erzählte es nur, weil Du fragst.
Was Du von Hyne schreibst, ist mir schmerzlich, obwohl auch nur noch halb so wichtig wie in früheren Zeiten. Er tut mir übrigens schrecklich leid bei alledem + ich wünsche ihm besseres Geschick.
Was macht die kleine Käte, die sich seit langem in Schweigen hüllt?
Käthchen, leb wohl, ich bin müde + habe auch keine Aussicht mehr, diesen Brief zu rühmlichem Ende zu führen; er ist sowieso missglückt.

Leb wohl, lass Dich herzlichst küssen! Vergiss das Kommen nicht.
Gute Besserung
Lotte.

[12] An Käthe Jacob

d. 24.II.1925
Jerusalem

Mein liebes Kätchen!
Ich bin froh, dass Du ernstlich kommen willst, denn offen gestanden, bisher habe ich es nicht zu glauben gewagt. Es ist sehr sehr schön, + ich hoffe das Allerbeste für Dich und mich davon. Es wird, nach allem Schweren, eine wundervolle Erfrischung für Dich sein, denn, glaub' mir nur, Palästina ist mehr als eine

28 Hulda und Theodor Zlocisti.

29 Mirjam Zlocisti war seit 1919 mit dem Chemiker und Bakteriologen Arthur Felix verheiratet, das Paar trennte sich bereits 1923. Aus der Ehe stammte die Tochter Tamara Felix. Arthur Felix war ein persönlicher Vertrauter von Chaim Weizmann und von 1921 bis 1925 für die Hadassah Medical Organization in Jerusalem tätig.

schöne Reise, es zeigt jedem, und *uns* ganz gewiss, die Welt von einer neuen Seite, + das geht an niemandem ohne Spur vorüber, selbst wenn er unempfänglich + sorgebeladen hierherreist.
Du brauchst Dir keine Sorgen zu machen, dass Du + ich es irgend wie schwer miteinander haben werden, trotz dem wir Bewohner zweier Welten sind + das Schicksal uns verschiedene Dinge aufgegeben hat. Ich freue mich genau so + noch viel unbändiger auf Dich, als Du Dich auf mich freuen kannst. Ich kann Dir keine Liebeserklärung machen. Du weisst ja doch, dass Du eine von den zweien oder dreien bist, die mir wirklich nahe stehen + jedes Wort mehr darüber ist schon eine Herabminderung alles dessen, was darüber zu sagen ist.
Was Du mir schriebst, hat mich allerdings recht stark berührt + ich fühle wohl, dass es ohne tiefste Erschütterungen für Dich nicht durchzukämpfen gewesen ist + noch ist. Ich kann natürlich gar nichts dazu sagen, aber selbst wenn ich die Situation übersähe + was zu sagen hätte, so würde ich es lassen, weil ich finde, dass dritte in solchen Fragen nicht mitzureden haben + schliesslich + endlich eben doch nichts wissen + sehen.
Ich bin ganz froh, dass Du körperlich wohler bist, das ist das Allerwichtigste! Ich bin selbst zur Zeit nicht ganz auf der Höhe, ohne dass ich sagen könnte, was mir fehlt. Ich habe eine abnorme Kopfempfindlichkeit, unendlich häufig Kopfschmerzen, + auch wenn ich keine habe, ein starkes Abspannungsgefühl, das aber nur im Kopf lokalisiert ist. Ich war eine Zeitlang ganz ängstlich, aber nachdem die Doktors mich als gesund befunden haben, habe ich mich beruhigt, obwohl es mir durchaus noch nicht gut geht. Die Mediziner, zweie, eine Kinderärztin + ein Nervendoktor, haben mich unter den Fingern + bemühen sich, meine zerrütteten Nerven – weiss Gott, woher sie das sind! – wieder aufzupulvern. Ich hatte schon vor, jetzt 8 Tage Ferien zu machen, habe aber jetzt natürlich beschlossen, bis zum Juli auszuharren, dann geh'n wir zusammen auf Fahrt oder טיול[30], wie man hier auch auf gut Deutsch sagt. Ich glaube auch, dass mir die Behandlung so weit helfen wird, dass ich nicht die Laune verliere; mehr ist ja nicht nötig.
Von hier ist so wenig Neues zu berichten. Lene geht's sehr gut, verhältnismässig, sie arbeitet sehr fleissig an ihrem neuen Unternehmen, das viel Arbeit + auch viel Spass macht.[31] Lene ist sehr geschickt dabei; ob es Erfolg haben wird, bleibt abzuwarten. Ich bin auch tüchtig an der Arbeit; neulich habe ich in einem Kampf um einen neuen Gehaltstarif den Sieg davongetragen, d.h. Zulage

30 Ausflug.
31 Helene Cohn gründete eine Nähwerkstatt für jemenitische Mädchen und Frauen.

bekommen. Ich verdiene eigentlich ganz gut, jedenfalls für hiesige Begriffe. Wie ist es eigentlich jetzt in Deutschland damit; wieviel z. B. verdienst Du im Monat, + wieviel braucht man normaler Weise zum Leben als alleinstehender Mensch? Es kann doch auch so schlecht nicht mehr sein, wenn Du rechnest, die Palästinareise in einem halben Jahr etwa ersparen zu können.
Wir haben hier jetzt schon den Touristenrummel; eine schreckliche Sache ist das! Man hofiert diese Leute in einer würdelosen Weise für meine Begriffe. Palästina Arbeiterleben mit Reklame; aber es ist so mies, wenn man die Blüte sozialistischer Ideen sich ansieht + daneben das krämerische Schielen nach jedem miesen Parvenü, ob er nicht vielleicht einige Pfündchen im Lande lassen wird. Neulich waren auch illustre Gäste da, nämlich Franz Werfel + Gustav Mahlers Witwe, welche zusammen ein Freundespaar sind.[32] Käthe, was für Knalltypen! Und diese unter der Jerusalemer Intelligenz! Sie wurden natürlich sofort mit Beschlag gelegt + bearbeitet, denn Franz Werfel soll doch Gedichte auf uns machen, die wieder von so + sovielen Outsidern gelesen werden können. Mein Gott, was für ein Apparat! Die Mahlersche Witwe ist übrigens eine gut gemachte Weltdame höchster, allerhöchster Eleganz. Sie ist robust, beinahe ordinär, nicht nur äusserlich, sondern in ihrem gesellschaftlichen Auftreten, das in hohem Masse routiniert, und zwar mit einem starken Stich ins burschikos-frech-Wienerische (Berliner nennen diese Nuance kess) wirkt. Ist das zu glauben? Und dann Mahler! Sie ist natürlich Busenfreundin sämtlicher lebender Künstler, Literaten, Musiker, Maler, Architekten + was Du noch willst. Warum, ist mir schleierhaft; sie ist nicht nur nicht klug, sondern ausserdem ziemlich gröblich, obwohl ihr eine gute Portion Mutterwitz zur Verfügung steht + sie die Situation damit durchaus + ziemlich herrisch meistert. Nun erzähle ich Dir so viel davon; aber es war wirklich interessant, sie kennen zu lernen, + ich meine, auch Dich wird es interessieren. Werfel ist 99 prozentig feminin. Übrigens ein blendender Literat mit allem Positivem + allem Negativem, was dieser Begriff einschliesst. Es macht durchaus Spass, mit ihm zusammen zu sein.
Bleibt mir noch, von Cläre zu reden. Es ist bei ihr genau das, was ich vorausgesehen habe. Aber ich sehe nicht, wo *Deine* Schuld dabei liegt. Glaube doch nicht, dass Erziehung + Beeinflussung so viel macht. Cläre ist ein schwächlicher zarter Mensch + wird nie glatt durchs Leben kommen. Und wenn Du nicht gewesen wärst, wäre sie eben schon früher einmal zu Fall gekommen. Ich finde das Schicksal dieser Art Mädchen unsagbar traurig, aber die einzelne muss sich

32 Franz Werfel und Alma Mahler waren von 9. bis 22. Februar 1925 auf ihrer ersten Palästinareise. Vgl. Ines Sonder: Reise ins Heilige Land. Die Palästinafahrt von Franz Werfel und Alma Mahler im Jahre 1925. In: *DAVID. Jüdische Kulturzeitschrift* 25,96 (2013), S. 56–58.

doch schliesslich abfinden; die Welt läuft nun mal heute so, und man muss sich darauf einstellen + das beste heraussuchen. Ich finde nicht, dass gerade Cläre so ganz vis à vis da rein steht. Sie hat doch was gelernt, nicht nur ihren Beruf, sondern auch 1000 andere Dinge in der Welt, Musik + Literatur + ein Stückelchen Philosophieren. Damit kann sich einer ganz gut helfen, wenn ihm das Eigentliche, nämlich ein ganz volles Leben, versagt ist. Wer von uns muss es nicht! Ich auch + so viele noch. Ich kann nicht finden, dass Cläre so besonders benachteiligt ist. Im Gegenteil!
Aber Käthe, wir werden es nicht ausdiskutieren. Und ich will das Ende des Briefes als Zeichen nehmen hier abzubrechen.
Gruss + Kuss + auf gesundes Wiedersehen, Du Liebe! Lotte.

[13] An Hannah Meisel-Schochath

The Palestine Land Development Co. Ltd.
London – Jerusalem
P. O. B. 456

Jerusalem, 7. Februar 27

Liebe Frau Meisel Schochath!
Entschuldigen Sie die Verspätung, ich hatte sehr viel zu tun + kam nicht eher zur Bearbeitung der kleinen Zeichnung. Ich habe nur eine Art Skizze gemacht, entsprechend den gegebenen Hauptmassen. Für die Einzelheiten gilt die alte Zeichnung.[33]
Was die Bearbeitung des zweiten Hauses betrifft, so habe ich mit Dr. Thon folgendes besprochen: Sie müssen so gut sein, eine schriftliche Auftragserteilung an die Palestine Land Development Co. geben. Man wird Ihnen dann antworten, zu welchen Bedingungen diese Arbeit von unserem Büro übernommen wird. Wir verrechnen ja nur unsere eignen Ausgaben darauf.
Wegen der Schulbänke habe ich nach Deutschland geschrieben.

Mit bestem Gruss
Ihre Lotte Cohn

33 Lotte Cohn hatte 1923/24 die Gebäude der Landwirtschaftlichen Mädchenschule im Moschaw Nahalal geplant. Haus Aleph wurde 1925 eröffnet, Haus Bet erst zehn Jahre später (siehe Abb. 3).

Abb. 3: Lotte Cohn: Entwurf für die Landwirtschaftliche Mädchenschule im Moschaw Nahalal, 1924.

[14] An Hannah Meisel-Schochath

Jerusalem, d. 24.II.27

Liebe Frau Meisel-Schochath!
Ich bekam mit der heutigen Europa-Post den beiliegenden Katalog für Schulmöbel. Ich bitte Sie, sich mit Ihrem Tischler zu beraten, welches Modell er in der Lage ist anzufertigen. Auch müssen Sie selbst überlegen, welches für Ihre Zwecke am geeignetsten ist. Wenn Sie sich entschlossen haben, so würde ich Sie bitten, mir den Katalog zurückzusenden mit einer entsprechenden Bemerkung, ich kann Ihnen dann eine Zeichnung mit allen Massen anfertigen. Ich glaube gerade, dass man die Bestimmung der einzelnen Masse dem Tischler nicht überlassen darf. Zugleich würde ich Sie auch bitten, mir eine genaue Zeichnung des Raumes, in dem die Mobel stehen sollen, so wie sie auf Seite 5 des Katalogs steht, zu geben. Die Masse müssen ganz genau sein!
Auf alle Fälle will ich den Katalog zurück erhalten!
Wie steht es mit der Bearbeitung der Pläne für das zweite Haus?

Mit bestem Gruss
Ihre Lotte Cohn

Katalog geht extra!

Abb. 4: Interieur mit Treppe im Haus Aleph der Landwirtschaftlichen Mädchenschule im Moschaw Nahalal, 1927.

[15] An Hannah Meisel-Schochath

Jerusalem, 9. März 1927

Liebe Frau Meisel-Schochath!
Besten Dank für Ihren Brief vom 2. März. Wenn der Tisch dort an der Treppe stört, so können Sie ihn auch in die andere Ecke, die *Sie* vorschlagen, stellen, und dort auch die Eckbank anbringen, die ich zuerst gezeichnet habe.
Ich würde aber an der Treppe statt Lehnstühle lieber auch eine Bank, ohne Tisch, hinstellen. Gerade dort wird die Bank besonders hübsch aussehen, sie gehört mit zum Entwurf der Treppe, und nimmt auch wenig Platz weg.
Wegen der Schulmöbel warte ich noch auf Ihre Antwort.

Mit bestem Gruss
Ihre Lotte Cohn

1927 Deutschland

[16] An Richard Kauffmann

d. 18. Mai [1927]

Lieber Richard!
Es ist sehr schäbig von mir, dass ich erst heute an Sie schreibe. Sie können sich aber nicht vorstellen, in was für einen Betrieb ich hier hereingeraten bin, ich werde halb zerrissen. Es ist natürlich schön, mal wieder alle + alles wiederzusehen, wenngleich ein bisschen schmerzlich diesmal. Alles ist so sehr anders + die Menschen, auch ich, recht verändert, das macht das Wiedersehen in gewissem Sinne schwierig. Aber gut ist doch, dass die wirklichen Freunde sich nie verändern: ich habe so wunderschöne Tage mit der Trude Ferchland in Dresden gehabt. Und nun freue ich mich auf Anni Roer in Köln, bei der ich auch ganz zuversichtlich bin, dass keinerlei Komplikationen in unserer alten Freundschaft entstanden sind. Genau ebenso nett ist auch mein kleiner Freud Hyne Caro geblieben, von der ersten Minute an so völlig einfach die Verständigung zwischen uns, als wären nie die vielen Meere + Welten zwischen uns gelegen.
Berlin im grossen + ganzen ist ja nun nicht mein Geschmack. Trotzdem muss ich gestehen, dass es schon mal Spass macht, ein bisschen elegante Welt zu besehen. Es ist alles noch um eine Nuance oberflächlicher + blasierter geworden, aber ich glaube doch, im Grunde gibt es nichts Neues unter der Sonne. Das Problem der Liebe steht immer noch im Vordergrund, aber es rollt sich, wenn man den Kern aus all den lächerlichen Schalen des Zeitgeistes herausgeschält hat, genau im gleichen Kreislauf ab, wie seit Generationen.
Es gibt allerhand Kunstgenüsse sehr mittleren Genres hier. Die Theater sind sehr sehr zweifelhaft, dabei aber hervorragend gespielt, sowohl in Einzelleistung wie besonders in einem unendlich feinen + geist- + kunstreichen Zusammenspiel.

Das ist eine helle Freude für den Kunstliebhaber – aber dem „Menschen" gibt die innere Leere dieser prachtvollen Leistungen zu denken. Die menschliche „Güte", „Grösse" + „Wahrheit" (falls Sie mir nachfühlen können, was ich damit meine) ist ein bisschen heruntergekommen.
Übrigens ist alles viel weniger schlimm, als ich befürchtete. Die „Leute" sind zu 99 % sehr simpel + das vereinfacht auch das ganze Problem der Dekadenz, das sich einem da auftischt. Wissen Sie, es lohnt einfach nicht, das alles so tragisch zu nehmen.
Gestern habe ich Mendelsohn besucht, der mir diesmal viel besser gefällt, als damals. Er ist ja schlau + klug + ich glaube, er hat mir diesmal besser abgefühlt, wie er mit mir reden soll. Er war jedenfalls richtig nett zu mir, natürlich + herzlich, wie ich ihm überhaupt manche Herzenswärme glaube. Etwas fabelhaftes ist sein Büro, Richard, es ist zum Lachen. Echt Erich Mendelsohn der Grosse. Er ist ja nun der *meistbeschäftigte Architekt* des Kontinents + so auch aufgemacht. Er hat eine kleine, nein, eine grosse Villa in Westend gekauft, eigentlich auf Abbruch, um sich ein Wohnhaus darauf zu bauen. Dann aber brauchte er plötzlich ein grosses Büro von 35 Angestellten, die z.Tl. Ministergehälter beziehen, + richtete sich also dort ein. Man muss also erst einen Meldeposten passieren, ehe man in ein Wartezimmer eingelassen wird. An allen Türen Schilder, „kein Eingang", „kein Ausgang", „Entwurf I", „Entwurf II", „Post", eine ganze Legende irgendwo an der Wand, die einem das Gewirr von Räumen verdeutlicht, + vorschreibt, wo man herein darf, + wo nicht + wann + wann nicht. Eine Telefonanlage mit 8 Nebenanschlüssen. Kurz ein Büro, dass einem das Herz im Leibe lacht. Und dazu der Chef. Er zählt einem so 10–12 Riesenentwürfe auf, die er gerade in Bearbeitung hat, diverse Grossfabriken, 2 Kinos, 1 Theater, 1 Wohnblock, 1 Hochhaus, 3 Villen, 1 Friedhofsanlage + noch + noch! Richard, ich war erschlagen. Dabei hat er sich auf die amerikanische Note hin auffrisiert, er zeigt einem nicht mehr Stösse von expressionistischen Skizzen: Chaconne von Bach oder 7. Beethovensche, sondern herrliche, unbeschreiblich prachtvoll durchgearbeitete Konstruktionszeichnungen in Massstäben, wie nur ein Handwerker sie lesen kann. Ich nicht! Er ist daneben aber ein liebenswürdiger Unterhalter, fragt so nett nach allem + allen + erzählt recht klug + mit leiser Selbstironie. Kurz, er hat einen Eindruck auf mich gemacht. Er ist ein Kerl, wenn er nichts weiter ist, aber ich glaube, er ist auch noch ein bisschen mehr. Natürlich lässt er herzlichst grüssen, er sprach mit grosser Wärme von Ihnen, ob es nur guter Instinkt mir gegenüber war, weiss ich nicht. Ich bin fast sicher, dass er etwas für Sie übrig hat, es war so viel Einfachheit darin, dass ich ihm doch zu glauben geneigt bin. Dies das Kapitel Erich Mendelsohn der Grosse. Ich kann ihn nicht mehr anders nennen.

Er hat was von einer Majestät, das Imponierende + auch das Lächerliche. Aber er gefiel mir. Sie werden mich ja auslachen, aber ich bin eben eine Frau, + Leute wie Mendelsohn wirken, auch wenn man sich dessen bewusst ist. Mir macht er einfach einen ganz sportlichen Spass.

Ich war auch bei Korn & Weitzmann.[1] Komisch, alle Leute sind zu Palästinensern nett. Es ist mir etwas peinlich, denn ich fühle mich nicht ganz als die richtige Adresse, an die sich diese Form von Zionismus wendet. Ich kann nicht mit dem Nimbus von Persönlichkeit + Märtyrertum quittieren, den die Leute auf ihre Anteilnahme erwarten.

Also Korn war auch sehr nett, aber er ist nicht so erwähnenswert wie Mendelsohn. Mendelsohn ist persönlich auch 1000 x netter.

Was ich von Architekturdingen zu sehen bekam, erzähl ich Ihnen mal. Es ist zu weitläufig zu schreiben.

Bei Wasmuth war ich.[2] Die Leute setzten mir auseinander, dass die Bedingungen, die sie Ihnen gestellt haben, genau die sind, die sie überall stellen, + die so üblich wären, dass sie daran nichts ändern könnten. Verkauft hätten sie nichts, oder doch nur so vereinzelte Exemplare, dass es nicht der Rede wert ist. Ich hatte die Absicht, hier mal an die jüdisch-zionistischen Buchhandlungen zu gehen + die Leute zu interessieren. Aber nun weiss ich nicht, ob es Ihnen recht ist, oder ob Sie das Interesse der Leute lieber ganz auf Ihr Buch konzentrieren wollen.[3] Wenn Sie mir sofort schreiben, so kann ich vielleicht noch zu guter Letzt was darin tun. Ebenso bei Wasmuth. Sollte ich eine endgültige Bestimmung über Ihr Verhalten gegen Wasmuth nicht mehr rechtzeitig erhalten, so werde ich einfach eine grössere Teilzahlung dort machen, damit Ihnen noch alle Wege offen bleiben.

In Frankfurt war ich noch nicht, und will auf dem Rückweg erst hin. Es liegt mir dann sowieso direkt auf dem Weg, während ich auf dem Hinweg einen Abstecher hätte machen müssen. Ich habe Ihre Eltern[4] benachrichtigt + sie haben mich so freundlich eingeladen, dass ich doch bei ihnen wohnen werde.

1 Arthur Korn und Siegfried Weitzmann unterhielten seit 1922 ein gemeinsames Architekturbüro in Berlin.

2 1926 war bei Wasmuth Kauffmanns Artikel „Jüdische Siedlungen in Palästina" (*Der Städtebau* 21,9–10, S. 149–158) erschienen, der auch als Sonderdruck vertrieben wurde.

3 Bislang war von Kauffmann erschienen: Department für Landwirtschaftliche Kolonisation der Zionistischen Exekutive in Jerusalem (Hrsg.): *Die Bebauungspläne der Kleinsiedlungen Kfar-Nahalal und Kfar-Jecheskiel von Richard Kauffmann*. Jerusalem: Tamus 5683 (Juni 1923).

4 Helene und Heinrich Isaak Kauffmann wohnten im Röderbergweg 182, Frankfurt am Main.

Mit meiner Holland- + Englandreise wird es wohl nichts werden. Ich habe nicht das Herz soviel Geld auszugeben. Aber ganz entschlossen bin ich noch nicht. Sagen Sie nichts davon zu Lene + Rosa, hören Sie?
Wie geht es bei Ihnen? Ich war ganz gerührt über den Brief von Ihnen, den ich gleich mit der ersten Post bekam. Ich hoffe, dass die Kleinen gesund sind, + Schewa es nicht zu schwer hat. Dieser Brief ist natürlich für sie mitbestimmt.
Ich habe einige Bücher für Sie bei Wasmuth besorgt, + z.Tl. direkt schicken lassen, z.Tl. (den Neutra[5] + das Wasmuthheft) bringe ich, um Porto zu sparen, mit. *Was Sie von den gesandten Büchern nicht haben wollen, nehme ich!* Ich glaube, sie sind recht brauchbar.
Mutter + Emil nebst Familie grüssen Sie sehr, auch die Trude Kramer, die ich einmal sah.

Ihnen allerschönste Grüsse,
Ihre Lotte.

5 Vgl. Richard Neutra: *Wie baut Amerika?* Stuttgart: Julius Hoffmann 1927.

1927–1929 Palästina

[17] An Käthe Jacob

Jerusalem, 27.7.[1927]

Liebes Käthchen!
Ich muss Dir Telegrammstil schreiben, schreckliche Hetze ist heute: Lene morgens abgefahren, nach 2 anstrengenden Tagen, an denen ich die Arbeit übernahm + packte. Heute X Erdbebenbriefe zu beantworten.[1] Viel Arbeit mit Lenes Betrieb.
Laufereien in Privatgeschäften. Aufregungen mit Grete Theodor, die ich in einem schrecklichen Zustand vorfand: wieder mal dicht vor der Trennung von Oskar. Vorgestern war wohl eine schlimme Aussprache mit ihm – und heute bemüht man sich, sie vor den Folgen einer allzu starken Schlafmitteldosis zu retten. Ich glaube, sie wird es überleben, es geht ihr besser. Aber ich bin vollkommen verzweifelt über diese Tragödie. Ich hoffe, sie fährt in 14 Tagen nach Europa, – aber was dann weiter?! Man kann ihr ja nicht helfen, alles ist so verzweifelt, + hoffnungslos. Ich weiss nicht mal, ob man ihr wünschen soll, dass sie durchkommt, – soll man wirklich Menschen am Leben erhalten, die sterben wollen?? – Ach Käthchen!!
Erdbeben: es soll *fürchterlich* gewesen sein!! Zerstört ist eine ganze Menge, aber immerhin war es nicht *so* schlimm, dass auf einmal alles Leben stockte. Nablus + Lydda (Ludd) sind am stärksten berührt, dort sind wirklich viele Tote, aber doch muss man sich nicht vorstellen, dass die Städte nun eine Ruine sind. Alte baufällige Häuser sind wohl eingestürzt, neue + gute sind alle stehen geblieben. In Jerusalem ist es an einigen Stellen in der alten Stadt auch so, aber

1 Die Nachricht über das Erdbeben am 11. Juli 1927 in Palästina hatte Lotte Cohn auf dem Schiff während ihrer Rückreise von Europa erreicht.

man muss die Einstürze sehr suchen. Immerhin hat z. B. Kauffmann in seiner Wohnung die Wände, wo sein Kleinstes schlief sich ratsch spalten sehen + auf der Strasse konnte man das starke Schwanken der Mauern beobachten. Dazu soll ein schrecklicher unterirdischer Donner hörbar gewesen sein. Ein winziges Nachbeben dieser Art habe ich auch noch erlebt + man lebt wahrhaftig auf einem Vulkan, denn immer noch, d. h. gestern noch, bebte es spürbar ein bisschen. Tote sind sonderbarerweise *nur* Araber oder Gojim. Sehr merkwürdig ist, dass die Araber plötzlich zu einer Judenverehrung gekommen sind, weil sie das für ein Zeichen Allahs halten. Natürlich nur die primitiven Menschen! In Haifa sind die Araber nach Hadar Hacarmel[2] geflüchtet, weil sie glauben, den Juden passiert nichts.
Im allgemeinen ist bei nervenstarken Menschen die Freude an der Sensation grösser als die Aufregung. Umgekehrt haben die Nervenschwachen vielfach einen Schock davongetragen. Schewa Kauffmann ist absolut am Rande ihrer Kraft. Alle Kinder sind nervös bei jedem Auto, das über die Strasse rattert.
Lene wird Dir alles erzählen.
Schaden im Land ist recht gross, natürlich am schlimmsten an der Universität von allen jüdischen Bauten. Die Berichte der Berliner Zeitungen sind ganz richtig. Am Toten Meer sind ganze Erdeinbrüche + Spaltungen gewesen, dort war das Zentrum.
Kannst Du Dir meine Aufregung denken, als ich auf dem Schiff die Telegramme bekam?

Gruss + Kuss
Lotte

[18] An Käthe Jacob

Director of Public Works
P. O. Box 585
Jerusalem

29.I.28

Liebstes Käthchen! Ich bin heute so ungeheuer faul im Büro – es ist ja Sonntag + die „hohen Chefs" (nebbich, Du solltest die kleinen Jungchen sehen!) nicht da.[3] Infolgedessen tut hier keiner was. Ich komme mir vor, wie vor 25 Jahren, als

2 Die jüdische Vorstadt auf dem Zwischenplateau des Karmel-Bergs.

3 Nach der Schließung des Amtes für Architektur und Städtebau 1927 fand Lotte Cohn eine Anstellung im Public Works Department der britischen Mandatsregierung in Jerusalem.

ich in der Schule sass. Da war die Atmosphäre nicht viel anders. Meine kleinen Kollegen sind zu 90 % ein bisschen armselig + verängstigt.

Dass Du mit einem Libretto an die Öffentlichkeit trittst, ist ja fabelhaft. Ich glaube auch nicht, dass Du viel Geld dabei verdienen wirst – aber nicht, weil es nur so Spielerei war, sondern weil Du so, wie ich Dich kenne, wahrscheinlich ungeschickte Abmachungen getroffen hast, *Du* tüchtiger Geschäftsmann! Ich wünsch Dir aber alles Gute dazu!

Denke Dir, was mir neulich passiert ist: Ich bin zu einem Ball gegangen, nebenbei war er, wie alles hier, abscheulich. Aber ganz zum Schluss hat mich ein betrunkener Engländer vom Stuhl geworfen, in einige Glasscherben + ich habe 3 tiefe Schnitte an der Stirn bekommen, wurde zur Hadassah[4] gebracht, genäht + werde eine kleine Narbe behalten. Es ist aber so hoch, dass ich es durch das Haar verdecken kann, also die Schönheit ist gerettet. Aber was sagst Du zu diesem Gojim? Da heisst es nun: „mit Gojim ist gut trinken"! Das beste ist aber, dass mein Engländer, ein ganz hohes Tier, + persönlicher Bekannter von mir,[5] sich *nie erkundigt hat*, wie es mir geht! Feine Leute sind das! Das Schönste an der Sache war, dass ich auch sehr nett beschwipst war + kolossal ausgelassen, den miesen Ball ausserordentlich amüsant fand + überhaupt zum ersten Mal in meinem Leben alle Wonnen des Schwipses genossen habe. Was übrigens nichts mit dem Malheur zu tun hatte; ich sass ganz fest auf meinen 4 Buchstaben, als es passierte.

Du kannst Dir das Aufsehen, das diese Angelegenheit hervorrief, nicht vorstellen. Jerusalem ist doch ein so unglaubliches Klatschnest. In Stunden war das Gerücht herum + hier kennt einen doch jeder! Es *war* zum schiessen. Aber erzähle nur nichts: Mutter könnte noch nachträglich einen Schreck kriegen. So was kommt, wenn man im vorgerückten Alter noch auf Bälle geht, ich werde aber trotzdem wieder gehen, ich habe eben „Blut geleckt".

Was gibt es bei Euch für Bälle? Schöne? Ich werde vielleicht zu Purim einen arrangieren, zusammen mit Heinz Herrmann. Es muss doch einmal endlich einen schönen Ball in Jerusalem geben! Es ist sicher verdienstvoll, dafür zu sorgen. Ich fürchte nur, dass ich den nötigen Enthusiasmus nicht mehr aufbringe. Mal sehen!

Wie gehen jetzt Deine Geschäfte? Verdienst Du ausreichend? Wie ist der Kurs bei meiner Schwägerin? Wie ist meine Nichte Mirjam als Schülerin? Ich finde sie nicht so besonders interessant; aber ein ganz liebes + temperamentvolles

4 Das Rothschild-Hadassah-Hospital in Jerusalem.

5 Vermutlich Austen St. Barbe Harrison, der Leiter des Public Works Departments, den Lotte Cohn auch in ihren Erinnerungen „Die zwanziger Jahre in Erez Israel" erwähnt. Vgl. Sonder: *Lotte Cohn*, S. 189.

Kind, nicht wahr? Wahrscheinlich nicht weiter schwierig! Ist der Kurs bei meinen Geschwistern?[6]
Was hast Du für 2000 Mark – Pläne für den Sommer? Mit oder ohne Palästina? Du willst meine wissen? Ja, die sind sehr vage! Irgendwann will ich mal hier weg + nach Europa oder Amerika gehen! Aber wie + wann? Das sind die grossen Fragen, die ich hin + her wälze + drehe? Und wie soll ich wieder hierher zurückkommen? Denn das will ich unbedingt. Und das ist alles so schwer! Wenn man mal weg ist, so ist der Connex abhanden gekommen.

[*Schluss fehlt*]

[19] An Käthe Jacob

d. 12.4.28

Liebes Käthchen!
Vielen Dank für Deinen Brief. Ich bin schon zufrieden, wenn es Dir so leidlich geht, mein Kleines. Es ist ein Jammer, dass Du nicht herkommen kannst, offen gestanden ist es mir nicht so furchtbar überraschend, denn ich kenne ja Deine finanzpolitische Hilflosigkeit + habe nicht so recht zu hoffen gewagt, wenn ich auch zuweilen davon geträumt habe. Es tröstet mich ein bisschen, dass ich ja doch höchst ernst an Europa denke, + also den Zeitpunkt des Wiedersehens ins Greifbare rücken sehe. Feste Pläne habe ich noch nicht, nur eines steht fest: die innere Bereitschaft. Ich kann Dir nicht sagen, wie schwankend ich war über diesen Punkt, und auch jetzt gibt es noch Momente, wo Bedenken auftauchen. Sooft ich die Frage durch*denke*, ist mir höchst klar, dass ich es tun muss, aber im Gefühl ist so vieles dagegen, ein ganzer Herzbruch. Ich habe ein Heimatgefühl hier, ein ganz starkes, + das wird schrecklich verletzt durch meinen Entschluss. Du willst Genaues wissen. Darauf kann ich nur antworten: ich auch. Geld habe ich ein bisschen + hoffe, dass es über kurz oder lang noch mehr sein wird. Wenn meine Rechnung sich erfüllt, so muss ich zum Frühherbst ca. 150£ –175£ bereit haben + darauf gründet sich alles. Wenn ich das nicht habe, so muss ich halt bis zum Frühling warten. Auch nicht so schlimm. Also dieses Kapital soll mir ermöglichen, ein Jahr lang in Europa zu leben, in höchster Sparsamkeit – einen Teil der Zeit kann ich bei Emil + Grete sein – + nur Geld für's Lernen zu verausgaben. Auch überhaupt nichts anderes zu denken, zu tun oder träumen, als für mein geistiges Weiterkommen. Ich hoffe nicht,

6 Um welchen Kurs es sich hierbei handelt, konnte nicht ermittelt werden.

dass ich die ganze Zeit in Berlin werde sein müssen. Ich täte das sehr ungern. Nach diesem Jahr will ich noch eine Weile in Europa arbeiten, aber dann schon für Geld, was ich hoffe einrichten zu können. Und dann will ich eben zurück. Ob ich es solange aushalte, ist nur fraglich. Aber ich will es versuchen. Das ist alles, im grossen + ganzen! Wahrscheinlich für Deine Phantasie sehr wenig, in Wirklichkeit aber sehr viel. Zu viel beinahe. Im einzelnen weiss ich noch gar nichts. Ich lasse vorläufig alles so laufen, + geniesse noch die Zeit, die ich hier bin, ohne mich mit Gedanken zu belasten. Ende des Sommers werde ich der Sache wieder nähertreten. Im Sommer, in den Ferien, krieg ich viel Besuch: ich rechne ziemlich bestimmt mit Grete Ascher, + dann kommt vielleicht auch Trude Ferchland her. Das wäre herrlich.

Jetzt mach ich eine Konkurrenz mit, für das zionistische Verwaltungsgebäude[7] ein Ideenentwurf. Hoffentlich gewinne ich ein bisschen was, ich wäre sehr vergnügt! Und könnte es brauchen. Kneife den Daumen!

Hier ist wieder mal viel Mieses + alles wie immer auf mein Haupt. Mirjam Zlocisti ist natürlich schwanger geworden + es ist eine heillose Geschichte, Verzweiflung in der Familie David + ganz Tel-Aviv soll Kopfstehen + den Ernst David verdammen! Sie wird es ja wegbringen lassen, wenn es noch geht, aber Du kannst Dir den Zustand wieder mal vorstellen. Und dann sind ja die Weiber eine zu miese Sorte, so im Innersten verlogen. Was da an falschem Gefühl + Verworrenheit + innerem Betrug an die Oberfläche tritt, das kann einen zum Kotzen bringen. Der Ernst benimmt sich recht reichlich mies + schwach + feig. Es scheint ja, dass alle Männer ungemütlich werden, wenn die Frau ihnen antut, zu störendem Zeitpunkt in Umstände zu kommen. Es ist ja doch zum Dreinschlagen, wie? Alles in allem, eine miese, unsaubere eklige Geschichte; ich will nur froh sein, wenn das Kind ohne Komplikation aus der Welt geschafft ist. Mir ist übel davon, + ich habe schon erklärt, dass ich nichts mehr hören mag (Ernst spricht natürlich nicht davon; aber umso mehr die Lotte David, die ja nun unbedingt eine Vertraute braucht, + Du weisst ja, solche Rollen fallen immer auf unsereinen!) Habe ich nun nicht Pech mit meinen Freunden?! Mir ist ganz traurig zu Mute, wenn ich das bedenke! Mein Käthchen, dass Du gleich an Syphilis + Tb. gedacht hast, als Du hörtest, ich sei mit Ernst befreundet, ist doch ein Witz! Es kommt gar nicht auch nur im entferntesten in Betracht + abgesehen davon siehst Du ja, wie die Situation war. Die Lotte

7 1928 war von der Jewish Agency ein Wettbewerb für das Gebäude der Nationalen Institutionen in Jerusalem ausgeschrieben worden, das die Behörden der Zionistischen Organisation, des Keren Kajemet Leisrael und des Keren Hajessod beherbergen sollte. Lotte Cohn reichte zwei Entwürfe ein. Den ersten Preis und den Bauauftrag erhielt Eugen Ratner.

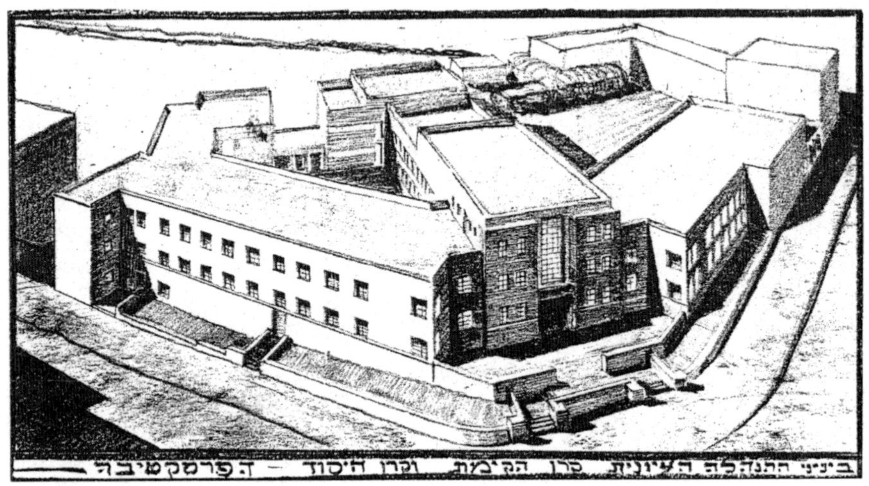

Abb. 5: Lotte Cohn: Ideenentwurf für das zionistische Verwaltungsgebäude in Jerusalem, 1928.

macht mir Vorwürfe, dass ich es nie geschrieben habe, aber ich finde, so was geht dritte nichts an. Wie komme ich dazu, mich einzumischen! Ernst + Lotte David sehen beide erbarmungswürdig aus, Ernst bei allem noch hochgradig überarbeitet. Es ist schon schön!
Siehst Du, Sensationen gibt's hier mal wieder genug. Ich bin schon zu alt dafür, kann es nicht mehr goutieren. Ich habe, kommt mir manchmal vor, jetzt schon der Welt entsagt. Das ganze Getreibe geht mich nicht mehr recht was an. Zum äusseren Zeichen habe ich mir auch wieder graue Haare wachsen lassen. Ich bin beinahe weiss! Hier ist ein grosser Kampf entbrannt unter meinen Freunden: hie die fürs Färben, hie die gegen Färben! Aber mir ist schon so schnuppe, ob ich um 10 Jahre jünger oder älter aussehe, dass es mir die Unbequemlichkeit und die Geldausgabe nicht mehr lohnt. Habe ich nicht recht?

Liebling, bin todmüde! Schluss für heute!
Gruss an alle!
Küsse Lotte.

1929–1930 Deutschland

[20] An Escha Scholem

Cohn
Berlin W 62
Kurfürstenstr. 118

Berlin, 28.8.1929[1]

Frau Escha Scholem
Hebrew University Library
Jerusalem

Liebes gutes Eschachen! Wir bekamen heute die Karte von Lillithchen[2] + danken tausendmal. Das klingt noch alles so aus tiefem Frieden, inzwischen sitzen wir in grosser Sorge + grossem Kummer + wissen nicht, wieviel wir von den traurigen Nachrichten glauben sollen, + sehen nur, dass es schrecklich im Lande aussehen muss.[3] Wir wollten nicht drahten, hoffen aber, dass Ihr uns gewiss schreiben werdet, sobald es nur geht. Ich habe Frau Bergmanns Adresse + habe sie gebeten, uns alle Nachrichten von Euch weiterzugeben. Mutter ist froh, dass wir drei hier sind, + wahrscheinlich ist es ja auch gut so. Aber wir sind doch in schrecklicher Verfassung. Lene + ich hatten für

1 Postkarte von Rosa und Lotte Cohn.

2 Gemeint ist Lotte Cohns Hündin, in deren Namen die Karte verfasst war.

3 Am 23. August 1929 begannen in Palästina die arabischen ‚Unruhen', die schlimmsten Ausschreitungen seit 1921. Auslösendes Moment war ein seit Jahren schwelender Streit über die Rechte der Juden und Araber an der Klagemauer, der sich nun in ausgedehnten Gewalttätigkeiten entzündete, die etwa eine Woche andauerten und sich von Jerusalem aus auf das ganze Land ausweiteten. Allein in Hebron wurden während eines Massakers am 23. und 24. August 67 Juden von Teilen der arabischen Bevölkerung Hebrons ermordet.

den 29.IX. ab Triest Karten bestellt; wir müssen nun abwarten, wie alles wird. Bleibt nur gesund + hoffen wir auf ein gutes Wiedersehen. Gebt uns Berichte, wenn es geht, ausführlich. Wir sind in Gedanken nur in Palästina. Tausend Grüsse an Euch beide und alle Freunde. Rosa

Bleibt gesund + seid 1000 mal innigst geküsst. Wir sind verzweifelt vor Sorge + Angst; ich wünschte ich wäre bei Euch! Schreibt, wenn Ihr könnt. Vor allem bleibt uns gesund! Grüsst alle Freunde! Lotte

Ich hoffe, die leere Wohnung ist Leuten aus Talpioth nützlich.[4] Grüsst, wer immer dort wohnt! Rosa

[*Undatierter Brief angeheftet*]

Inzwischen kam eben Euer Brief, der mich ein wenig beruhigte. Ich weiss es ja, es ist ein ausgesuchter Glücksfall, dass Ihr noch am Leben seid!

Wo ist mein Freund Hassan[5] denn hin? Wie habt Ihr mit Touflik[6] verhandelt? Hat er sich ins Haus getraut? Geht man auf den arabischen שוק[7] Gemüse kaufen? Kommen die Zwerge? Was tun Schammassens?[8] Kann man sorglos auf der Strasse an einem Araber vorübergehen? Ich habe damals wochenlang Furcht vor jedem Einzelnen gehabt.[9]

Wie ist im ganzen drüben die Meinung?

Lene, Rosa und ich wollen dem ברית שלום[10] beitreten. Gerhard, wollen Sie das für uns erledigen?

Gibt es drüben viel Revisionisten? Ist Herr Weisl[11] schon tot? Hier erzählt man, es wäre ernst!

Meine Guten, Allerbesten!

4 Der im Süden Jerusalems gelegene jüdische Vorort Talpiot war während des arabischen Aufstands angegriffen und geplündert worden. Gershom Scholem berichtete seiner Mutter, dass „in den Cohnschen Teil" des gemeinsamen Hauses zwei Familien aufgenommen wurden. Vgl. Gershom Scholem: Brief an Betty Scholem, 29.08.1929. In: Betty Scholem / Gershom Scholem: *Mutter und Sohn im Briefwechsel 1917–1946*, hrsg. v. Itta Shedletzky. München: Beck 1989, S. 199.

5 Der arabische Advokat Hassan Boudeiri war der Vermieter und Nachbar des Hauses in der Abessinischen Straße 139 in Jerusalem.

6 Touflik Boudeiri, Partner von Hassan Boudeiri.

7 Markt.

8 Konnte nicht ermittelt werden.

9 Die ersten arabischen ‚Unruhen', die Lotte Cohn nach ihrer Einwanderung miterlebte, ereigneten sich im November 1921 aus Anlass des 4. Jahrestags der Balfour-Deklaration im Jüdischen Viertel der Jerusalemer Altstadt.

10 Brit Schalom.

11 Der Journalist Wolfgang von Weisl war während des arabischen Aufstandes von einem Araber mit einem Messer angegriffen worden. Der *Manchester Guardian* berichtete am 24. August 1929, er sei erstochen worden, doch er überlebte.

Ich habe so furchtbare Sehnsucht nach Euch, wie ich nie geglaubt habe, nach irgend wem haben zu können.
Grüsst mein altes Lillithchen! Ihr dürft sie schlachten, wenn Ihr nicht mehr zu essen habt. Sie war ja immer unsere „eiserne Ration“.
Und schliesslich sind ja noch die kleinen Katzen da!
Tausend Grüsse + Küsse. Ihr sollt gesund + am Leben bleiben, ich will Euch noch mal wieder sehen!
Lotte.

[21] An Escha Scholem

d. 11.9.29

Meine liebste Escha!
Vor ein paar Tagen habe ich Hugo Bergmann in den Prager Zug gesetzt – es ist ja lächerlich, aber es ging mir richtig ans Herz, ich musste kämpfen, um nicht zu weinen! Ich habe hier, trotz beruhigender Nachrichten, die ständige momentane Angst um Euch alle noch nicht ganz überwunden, und bei jedem, von dem ich mich vor seiner Abreise nach א״י[12] verabschiede, denke ich mit Angst daran, dass ich wer weiss wie lange noch nicht wegkann + fürchte mich vor meinen traurigen Gedanken.
Ich las Ihren Brief an Bergmann – leider fuhr der Zug, bevor ich ans Ende kam. Ich kann Euch so gut alles nachfühlen – ich weiss, wie das ist, obwohl ich ja nur einen kleinen Bruchteil von dem erlebt habe, was Ihr jetzt durchgemacht habt. Was wissen die Berliner hier! Es ist ja überhaupt eine scheussliche Sorte, aber man merkt es so besonders in solchen Momenten, wie unter Blitzlicht sieht man auf einmal diese bodenlose Gefühlsleere. Es ist, als ob man unter Steinen und nicht unter Menschen lebt. Die Leute fangen dann auch immer gleich an, so saudumm + verantwortungslos zu kannegiessern – es ist zum brechen, weil man nebenbei auch immer das Gefühl hat, dass viel von dem Schmus eigens dazu hergerichtet ist, sich um eine anständige Stellungnahme + Gefühlsreaktion zu drücken. Hier hatte man von keinem (den ich gesprochen habe) den Eindruck, dass er innerlich Verantwortung lasten gespürt hat. Ich weiss ja, man kann nie viel in dieser Hinsicht erwarten, aber was in aller Welt bleibt denn noch, wenn *Zionisten da* nicht reagieren!

12 Abkürzung für Erez Israel.

Natürlich verliefen trotzdem Protestversammlungen mit dem nötigen Ekstase Aufwand auf allen Seiten! Man versteht natürlich überall sofort, das richtige Register zu ziehen. Das ganze erinnerte grässlich an 1914, nur, dass man gewisse Fehler von damals schon zu vermeiden gelernt hatte. Es wird ja wohl auch anderes gegeben haben, vor allem sind die Palästinenser ganz anders, was ja auch nicht wundernimmt. Aber das Gesamtbild „der Zionistenheit" war sehr böse.
Grossen Eindruck hat Eckertz[13] auf mich gemacht. Er ist einer der anständigsten Menschen, die ich kenne – abgesehen davon, dass ich verliebt in ihn bin! Er hat nicht nur Verstand, sondern auch ein fühlendes Herz, das warm + heftig + geradsinnig reagiert! Die Deutschen! Wirklich, *wenn* sie anständig sind, so sind sie's in hohem Masse; ich weiss schon, warum ihnen in irgend einer Ecke meine Liebe gehört.
Hingegen die Partei- + Propaganda-Zionisten. Die wahren Teufel! Wir sollten doch aufpassen, dass wir an diesen Gewächsen nicht zu Grund gehen!
Wie sieht es inzwischen bei Euch aus?
Wir hatten heute Brief von Käthe Dan, die böse Tage hinter sich hat.[14] Sehr verzweifelt. Direkt habe ich wenig gehört. Aber wir lauschen hier unsere Nachrichten aus, und so weiss man das Wesentliche. Habt Ihr zu essen?
Von uns, falls Ihr Raum dafür in Eurem Interesse habt, nichts von Belang. Rosa ist abgereist, nicht gerade heiter, aber es war doch nötig. Lene hat zu arbeiten begonnen, ich noch nicht, aber es ist allerhand in Vorbereitung. Gesund sind wir. Lene + Rosa waren neulich mit Gerhards Mutter zusammen. Sie war stolz auf Ihres Sohnes (?) Geistreichtum in den herrlichen Briefen! Ich schreibe im Liegen, daher unleserlich. Gestern waren wir bei Davids[15]. Ihm geht es schlecht, + sie ist wie immer. Das Kind gesund.
Sagen Sie, kann man hier irgendetwas persönlich Direktes für jemanden drüben tun? Lebensmittel? Kleidung? Was?

Gruss + Kuss Lotte

[*Am Rand*]
Gerhardchen! Ihnen besonderen Gruss + Kuss, mein Liebling! Schreiben Sie mal, wollen Sie? Lotte

13 Der Musiker Herbert Eckertz war von 1923 bis 1928 Konsularangestellter in Jerusalem, wo er die Bekanntschaft Lotte Cohns gemacht hatte.

14 Käte Dan unterhielt in Safed die Pension Achsania Galil, die während des arabischen Aufstandes am 30. August 1929 demoliert wurde.

15 Vermutlich Ernst und Lotte David.

[22] An Batschewa Kauffmann

d. 18.12.29

Meine liebste Batschewa!
Zu Ihrem Geburtstag viele schöne Grüsse + alle guten Wünsche für Ihr Ergehen. Es soll ein besseres Jahr werden, als das vorige war, das vor allem! Und auch sonst denke ich mir das Allerschönste für Sie aus, und wenn nur irgend eine gute Fee sich danach richten würde, wie *ich* es mir für Sie denke, so dürfen Sie mir glauben, dass es wunderschön werden würde!
Ich habe lange nichts weder von Ihnen noch von Richard gehört, und ich finde deshalb, dass es Zeit wird, Ihr schreibt mal. Rose erzählt mir zwar von allem + allen, aber das ist mir zu wenig.
In diesen Tagen wird einen kleine Bekannte zu Ihnen oder vielmehr zu Euch beiden kommen. Es ist ein junges Mädchen, das sich drüben eine Existenz suchen will, und, Richard, ich bitte Sie, für sie zu tun, was Sie können. Ich weiss selbst, es ist nicht viel Hoffnung, und das Mädchen – Ilse Wolf – weiss es auch. Aber nicht wahr, Sie helfen ihr, soweit es geht. Es handelt sich dabei nur [*darum*], ihr die Beziehungen zu verschaffen, die sie anderswoher nicht kriegen kann. Sie ist Cousine von Ernst + Fritz Simon, und ist also so weit untergebracht.
Ich habe Ilse W. ein ganz ganz winziges Kleinzeug für Eure Kinder mitgegeben. Ich weiss, es hätte eigentlich mehr sein sollen; aber erstens kennt Ihr ja meine Finanzen, und wisst, dass ich geizen muss. Und zweitens gebe ich auch ungern Reisenden was mit, das Platz weg nimmt. Es wächst ja den Leuten über den Kopf. – Wie geht's denn Ruth + Estherchen? Habt Ihr nicht mal ein Photo für mich?!
Von mir soweit alles Gute zu berichten, oder besser: nichts Schlechtes. Ich arbeite ziemlich fleissig, obwohl ich ganz gut noch intensiver schaffen könnte. Aber es wird auch noch mehr werden, und ich hoffe überhaupt, die Zeit gut auswerten zu können. Im ganzen fühle ich mich nicht schlecht hier; zwar ist vieles hier, was für Palästinenser wirklich beinahe unerträglich ist; aber schliesslich, dafür gibt es doch auch Positives; und Sie wissen ja selber, dass auch א״י nicht nur das „Paradies" ist, sondern seine Schattenseiten hat. Wir alten Palästinenser, wir wissen das ja nur zu gut! Nicht wahr? Eigentlich fängt man ja erst nach vielen Jahren an, zu begreifen, was es mit dieser „Auswanderung" und „Umstellung" eigentlich für den einzelnen auf sich hatte – am schwersten + drückendsten sind hier für mich die furchtbar krassen sozialen Unterschiede, die einem auf jeden Schritt in lebendigsten Mahnungen deutlich gemacht werden. Es lässt sich gar nicht beschreiben, was für fürchterliche Not + jammervolle

Existenzen es hier gibt. Und dicht daneben der wahnsinnigste Luxus + Reichtum mit allen Exzessen des luxuriösen Raffinements. Ich habe doch eigentlich kein überempfindliches Gewissen in diesen Dingen – aber hier werde ich den Albdruck, den der Irrsinn dieser Welt mir verursacht, nie ganz los. Ich wundere mich, wie stumpf die Leute hier daran vorübergehen, ich kann das nicht, ich bin ausgesprochen erschüttert davon + kann nicht recht froh sein. Sie wundern sich gewiss, warum ich das so theatralisch mitteile, aber so meine ich es nicht. Natürlich hat es das immer + überall gegeben, auch in א״י, aber so wie hier + wie jetzt, ich meine in dieser masslosen + krassen Gestalt, habe ich es noch nie erlebt.
Persönlich habe ich nicht zu klagen. Ich muss gestehen, ich hatte mir das Leben ohne Einkünfte leichter gedacht. Jetzt bedrückt es mich doch, dass ich jeden Groschen umwenden muss, bevor ich mich entschliesse, ihn auszugeben. Vor allem bin ich privat nicht so sehr angenehm untergebracht; ich wohne bei Mutter, aber da ist im Grunde kein rechter Platz für mich, und das ist doch ein elementares Bedürfnis, ein brauchbares Zimmer, ungestört + für sich allein, zu haben! Mit der Arbeit geht es so ziemlich, es kann immer noch besser werden, aber es wird es auch. Sehr viel Glück habe ich hier nicht entwickelt; die Leute hier sind keineswegs gefällig – und dabei ist es doch so wenig, was ich verlange. Etwas ist sehr schön hier, das sind Theater + vor allem Konzerte, die ich trotz alles ziemlich geniesse; Theaterbillets kriege ich öfters mal von meinem Bruder geschenkt, die kann ich mir sonst nicht leisten. Konzerte sind spottbillig hier, wenn es nicht gerade die ganz grossen Kanonen sind!
Mit den Menschen, d. h. meinen Freunden, komme ich ganz gut aus. Es sind zwar immer nur vereinzelte, an denen mir liegt, aber viele brauche ich ja auch nicht. Fast am liebsten bin ich mit der Trude Kramer + Krolik zusammen. Zu denen fühle ich mich doch mehr zugehörig als zu den Berlinern. Aber auch da + dort stosse ich noch mal auf erfreuliche Menschen, und so habe ich im Grunde, was ich brauche.
So, Schewi, nur darf ich noch an Ihren Geburtstagsbrief ein paar Zeilen an Richard anfügen. Sagen Sie, warum haben Sie mir nie geantwortet, in bezug auf Ihre geschäftlichen Absichten?! Wie steht's denn eigentlich mit Ihnen? Haben Sie ausreichenden Verdienst + nette Arbeit? Oder ist vieles von Ihren Aufträgen durch die Unruhen zurückgezogen worden? Haben Sie noch die Absicht, her zu kommen? Ich glaube nicht, dass Sie sich das übermässig schwer vorstellen müssen. Ich gebe zu, dass Ihnen kein Mensch eine Sicherheit geben kann dafür, dass Sie sich hier eine Existenz schaffen können. Die Zeiten hier sind zudem auch nicht gut, und Bauen ist ja immer nur eine Sache des geschäftlichen Optimismus! Am leichtesten, glaube ich, wäre es, wenn Sie sich in Frankfurt

niederlassen würden. Sie haben dort Beziehungen – und das ist nicht nur das Wichtigste, sondern das Einzig wichtige. Sie brauchen sich nicht etwa einzureden, dass Sie für Europa zu wenig können oder zu sehr heraus sind. Das ist alles Unsinn; Sie glauben nicht, mit wie wenig Können man hier seinen Weg machen kann – wenn man nur Beziehungen + ein bisschen Geschäftssinn hat. Zudem wird hier der Architekt sehr gut bezahlt. Mit ganz wenig Arbeit kann man sich schon seinen Unterhalt erwerben. Honorare betragen hier für Villen z. B. 10 % + für Inneneinrichtungen (d. h. nicht einmal Möbel, sondern nur den Ausbau der Wohnung) 15 %. Wie es bei anderen Objekten ist, weiss ich nicht. Aber ich habe den Eindruck, dass man von einer bisschen anständigen Villa schon beinahe ein Jahr leben kann. Jedenfalls mit Euren Lebensansprüchen! Natürlich liesse sich auch sehr wohl denken, dass Sie eine Stellung finden. Aber schliesslich sind die grossen Stellungen (1200–1500 Mark p. Monat) nicht so dicht gesät + von heut auf morgen lässt sich das bestimmt nicht finden. Wieder sind da das Wichtigste die Beziehungen. Leicht ist es bestimmt nicht, aber andererseits sind Sie doch Jemand, der was zu geben hat, was hier nicht gleich bei jedem zu finden ist. Ich sollte meinen, dass das auch ins Gewicht fällt. Ich würde gern Ihretwegen mal herumfragen, ich halte es aber für sinnlos. Sie sollten die einflussreichen Bekannten hier mal alarmieren + mobil machen; wenn Sie selbst dem oder jenem schreiben: „ich will mir in Deutschland eine Existenz schaffen, was kannst Du für mich tun", so ist das ganz was anderes, als wenn ich wem auch immer erzähle: „da ist ein Bekannter von mir u.s.w. …" Sie verstehen das?!
So sehe ich die Sache – und nun schreiben Sie mal, was Sie denken. Sie sollen auf keinen Fall den Mut verlieren + denken, dass es nun nicht mehr geht. Das ist Unsinn. Es ist bestimmt keine einfache, aber auch keine hoffnungslose Sache. Sie müssen nur Mut fassen, und den Sprung riskieren! Also lassen Sie mal hören, was Sie von der Sache halten.
Ich habe Sie schon X mal um die Photos (eines oder zwei genügt) Ihres Mütterheimes in Tel Aviv gebeten. Schicken Sie sie mir doch bitte. Rosa ist angewiesen meine Schulden an Sie zu bezahlen.

Grüssen Sie alle Bekannten + Freunde, vor allem auch Ida W.
Euch beiden alles Gute + Schöne!
Einen herzlichen Gruss + Kuss von Eurer alten
Lotte.

[23] An Escha Scholem

d. 22.I.[1930]

Mein liebes Gutes Eschachen!
Sie sehen, wie treu ich bin – ich denke an Geburtstage![16]
Feiern Sie ihn recht schön, ernten Sie reichlich, und beginnen Sie das neue Jahr mit dem rechten Fuss! Wie's nachher weiter geht, ist ja eine andere Frage, wenn *ich* dazu was tun könnte, so würde ich es *sehr* schau für Sie einrichten; aber leider fragt mich ja niemand.
Ich wollte Ihnen ein Geschenk (nebbich!) mit beipacken, da es aber bis zu diesem Augenblick noch nicht besorgt ist, so wundern Sie sich nicht, wenn nichts da ist! Es käme dann nach!
Neulich war ich bei Ihrem Schwiegermuttchen, ein heiterer Abend, verschönt durch die Anwesenheit von Erich nebst Gattin[17] und insbesondere von Isolde Weissbauch[18]! Die alte Dame + ich haben Pläne geschmiedet über unsere nächste Reise nach א"י, und wie man sie verbilligen könnte. Aber ich glaube, wir werden uns doch nicht auf den gleichen Termin einigen können, ich werde wohl nicht so lange warten können, bis Muttchens Mammon wieder so weit angewachsen ist, dass sie ans Ausgeben gehen kann. Ich für meine Person habe nämlich Heimweh + will je schneller je lieber nach Hause, wo ich hingehöre!
Abgesehen davon geht's mir recht gut hier. Ich arbeite sehr viel zur Zeit + meine Laune ist dadurch wesentlich verbessert. „Mein Büro" ist wieder mal sehenswert komisch – ich habe weiss Gott noch nie normale Mitarbeiter gehabt. Mein einer Chef ist Arthur Korn, der Gerhard zu kennen behauptet. Er ist hinreichend anormal, um den Betrieb mit kleinen Pikanterien zu versehen, z. B. leichte Tobsuchtsanfälle + was ein richtiger Architekt so braucht. Er ist überdies eine gesunde Mischung von Heldentenor + monomanem Architekt – wogegen Kauffmann nur ein Waisenknabe ist. Ich war heute mit ihm auf dem Bau – er benahm sich heldisch + sprang über Bauzäune + kletterte wie ein Affe leichtbeschwingt über Gerüste – was er zweifellos nur tut, wenn weibliche Augen auf ihm ruhen. Mir kam das alles so bekannt vor! Asoi seinen sie![19]
Übrigens kann er was, und darauf kommt es mir ja an!
Abgesehen von meiner Arbeit finde ich es ein bisschen dürftig hier. Gerhard legt mir seine Freundin Dora Benjamin ans Herz – mir wurde ein bisschen trübselig

16 Escha Scholem wurde am 27. Januar 1896 in Hamburg geboren.

17 Edith Scholem.

18 Isolde Weißbauch war die Hauskatze Betty Scholems.

19 Jiddisch: Ach so sind die!

zu Mut, als ich das las. Sagen Sie ihm, dass ich mit solcherlei Beschäftigungen hinreichend versehen sei, ich tue tatsächlich schlechterdings nicht anderes hier, als unglückliche Lieben + Ehen zu assistieren, d. h. nicht etwa als altera pars, sondern nur als hilfreicher Engel aus Jerusalem! Ich habe schon das Gefühl, dass sich mein Leben damit erschöpfen wird, + das ist doch eigentlich sehr armselig! Mein Verkehr beschränkt sich hier auf 2 Damen meines Jahrganges, die mich infolge unglücklicher Verliebtheit stark zur Hilfeleistung beanspruchen – eine fatale Sache für mich, die mir sehr gegen den Strich geht.
Aus diesem Grunde, nämlich weil ich vollkommen mit derlei vernommen bin, kann ich weder bei alten noch neuen Verehrern Bücher für Gerhard stehlen! Ein für allemal! Aber mit Dora Benjamin in Verbindung zu treten, werde ich vielleicht doch mal den Mut fassen. Ich war neulich mal mit unserer Freundin Gusta[20] zusammen, die auch nicht in bester Verfassung ist. Sie kommt wohl bald nach א״י zurück.

Eschachen, ich muss mich jetzt niederlegen + Mittagschlafen!
Grüssen Sie Ihre Familie + auch meine! Und auch Hugo Bergmann!
Ihnen ein sehr schönes Lebensjahr!
Herzlichst
Ihre Lotte Cohn

[24] An Gershom Scholem

d. 20.II.30

Lieber Gerhard!
Es ist nett von Ihnen, dass Sie sich über meine Schreibfaulheit beklagen. Ich weiss bei meinen Verehrern nie so genau, ob sie merken, wenn ich schreibe oder nicht schreibe, ich meine, ob es ihnen auffällt – und daran liegt's wohl!
Die Sache ist übrigens in diesem Spezialfall die, dass ich zu allem noch nicht so übermässig bei Stimmung bin, was ich gern vor Leuten, die ich liebe (!) geheim halte. Daran, dass ich es schreibe, sehen Sie schon, dass es nicht mehr so schlimm ist, nur noch der Nachklang einiger Miesigkeiten, die ein bisschen im Kopfe herumgehen. Ansonsten war ich krank, der gemeldete Schnupfen war eine Kehlkopfentzündung, die zum Kotzen war; ich habe 14 Tage lang mich ehrlich gequält, bis ich den Spezialisten meine Nase auslieferte. Nun ist es fast gut, jedenfalls fühle ich mich so; der objektive Befund soll noch nicht

20 Gusta Strumpf.

ganz befriedigend sein, aber da der betreffende Spezialist K.J. Ver[21] ist + auch so ist, traue ich ihm nicht ganz + gebe nichts auf ihn. Was das übrige anbelangt, so waren es keine Liebesmisshelligkeiten, wie Ihre Schamlosigkeit sich wahrscheinlich ausmalt, sondern poschete Zores[22] in Haus + Hof, auch nicht gerade zum Aufhängen, aber ich bin eben nur ein schwaches Weib!
Im übrigen bilde ich Handwerk und Charakter aus, genau so, wie sie mir anempfehlen. Ich verliere einige Minderwertigkeitskomplexe, was ja Zweck der Übung war, und bin im grossen + ganzen nicht mehr mit der Reise unzufrieden. Ich habe natürlich nicht den besten Zeitpunkt für sie ausgesucht. Hier ist „Wirtschaftskrise“ und man fühlt es sehr. Unsereins sogar als Unbezahlter ist nur geduldet. Ich denke schon sehr stark an Heimkehr, ich glaube nicht, dass ich nach dem Herbst erst fahren werde, sondern fange bereits jetzt an, alles vorzubereiten für א״י. Es müsste denn wer weiss was geschehen, wenn ich noch ganz was Grosses vornehmen sollte.
Ich habe neulich, – es ist schon ziemlich lange her, ungefähr an Eschas Geburtstag – Ihr Muttchen besucht und die neue – aber wirklich *sehr* schöne Wohnung in Augenschein genommen. Habe auch Erich + die dazugehörige Dame (sie heisst wohl Edith, und von „Frau“ in diesem Fall zu sprechen, verbietet mir mein Stilgefühl) genossen. Muttchen und ich haben neue Reisepläne nach א״י geschmiedet. Sollte ich wider Willen erst im Frühjahr 31 fahren, so werde ich sie mitnehmen, damit sie nicht so viel Geld ausgeben muss. Ich bin Fachmann in ihren Augen für billigen Reisetransport.
Hedwig[23] habe ich ewig nicht gesehen; sie ist aber nun die Allernächste auf dem Besuchszettel. Ich musste ihr, meiner Krankheit wegen, neulich schon mal absagen, aber nun soll es bald werden.
Ihre Freundin Dora B. aufzusuchen, habe ich noch keine Kraft, Mut + Zeit aufgebracht. (Siehe letzten Brief an Escha!) Krolik + Gertrud Kramer, die nun wohl nicht mehr zu trennen sind; am allerwenigsten in meinen Briefen – sehe ich zuweilen + wir halten dicke Freundschaft. Sonst beschränkt sich mein Verkehr auf einige ältere Fräulein meines Jahrgangs, und einige Kollegen, die nicht umhin können, sich von mir belästigen zu lassen. Und die Familie! –
Ich habe bei alledem aber doch manches Positive in beruflichen Dingen eingeheimst. Aber da Ihnen ja mein Architektentum nicht glaubhaft ist, will ich Sie nicht weiter damit behelligen. Es geht Sie ja nichts an, mich aber sehr viel, und solche Differenzen kann man durch Briefe nicht überbrücken.

21 Mitglied im Kartell Jüdischer Verbindungen (KJV).
22 Jiddisch: Einfache Sorgen.
23 Hedwig Scholem.

Ihre Freundin Anni Rosenblüth sehe ich zuweilen bei gemeinsamen Bekannten. Wenn ich die Beziehung mehr pflegen würde, so könnte ich sie öfters sehen, aber ich traue ihr – ich meine der Beziehung – nicht so recht. Überhaupt ist mein Aktenstück über diesen Fall noch nicht ganz abgeschlossen. Ich habe ein bisschen Angst vor ihr!
Ich höre von Lene, dass Schlössingers[24] für dauernd in Jerusalem eingezogen sind. Schade, ich wollte sie gerade ausbeuten, und gelegentlich einer eventuellen Hollandreise ein paar Tage dort wohnen. Nun ist es damit nichts.

Kommen Sie im Laufe des Sommers mal nach Europa? Eigentlich sind Sie doch fällig! Es wäre hübsch, ich habe zuweilen Sehnsucht, auch nach Ihnen, und möchte Sie schon mal wiedersehen und לשון הרעה[25] mit Ihnen reden. Wie ist es damit?

Setzen Sie bitte meine Familie von diesem Brief in Kenntnis. Denn sie wird dran glauben müssen, und heute nur Geschäftliches zu hören kriegen.
Grüssen Sie mein liebes Eschachen, und behandeln Sie sie gut. Ihnen einen sehr herzlichen Kuss!
Ihre Lotte.

Ist mein Geburtstagsgeschenk an Escha angekommen? Ein winziges Päckchen Photos?
Sagen Sie ihr, dass ich die von Karola[26] gesandten Photos mit Dank als empfangen bestätige und grüssen Sie insbesondere Karola auch! Aber schreiben tue ich ihr nicht.

[25] An Richard Kauffmann

Berlin, d. 17.9.30

Lieber Richard!
Ich habe lange nichts von Ihnen direkt gehört. Nun ist es auch nicht mehr so wichtig: noch ein paar Wochen, und ich bin wieder zu Hause. Alles in allem war es zwar nicht besonders schön hier, aber ganz gut, dass ich diese Zeit hier

24 Max Schlössinger war ein ehemaliger Kommilitone von Emil Cohn an der Hochschule für die Wissenschaft des Judentums in Berlin, die Familie gehörte zum Freundeskreis der Cohn-Geschwister.

25 Spitze oder lose Zunge.

26 Vermutlich Karola Lorch.

hatte, ich habe doch sehr viel zugelernt + wieder einmal den Horizont ein bisschen erweitert.
Ihr letzter Brief ist schon eine Ewigkeit her. Ich fand eigentlich Ihre Antwort damals nicht sehr eingehend; ich hatte Sie was ganz bestimmtes gefragt, und überhaupt darauf keine Antwort bekommen. Es war ja allerdings im Moment wohl nicht so wichtig; immerhin hätte ich schon gern gewusst, wie die Dinge aussehen + was Sie prinzipiell dazu sagen, Sie wissen ja, aus Harzfeld[27] ist nicht Exaktes herauszuhören. Ich bin eigentlich immer noch so klug wie vorher, obwohl ich mehrmals über den Gegenstand mit ihm gesprochen habe. Offen gestanden hat es mir auch hier erschwert, dass ich immer nur sagen konnte, Voraussetzung für alles weitere wäre, dass ich Ihnen nicht dazwischenfahre; dabei war ich so ganz unorientiert von Ihrer Seite.
Sie haben sich so völlig ausgeschwiegen! –
Wie dem auch sei, ich bin also im Laufe des Oktober zurück. Genau weiss ich das Schiff noch nicht.
Natürlich liegt mir mehr als je daran, baldigst in eine Arbeit hereinzukommen. Ich sehe voraus, dass das schwierig sein wird, aber da ja kein anderer Weg bleibt, lohnt es ja nicht, viel darüber zu reden. An sich, wie Sie ja wissen, neige ich am meisten dazu, mich selbständig zu machen. Aber natürlich wird das nicht von heute auf morgen gehen, und mir ist schliesslich jede Art recht, auf die ich mich über Wasser halten kann, bis ich in die selbständige Praxis hereinkomme.
Sie werden ja inzwischen wissen, dass die neuen Siedlungen, von denen Harzfeld mir schon vor einem halben Jahr sprach, inzwischen ein wenig näher an die Grenze des Realen gerückt sind. Harzfeld tat so, als ob zumindestens die Vorbereitungsarbeiten sofort begonnen werden, nur Senator[28] äussert sich wesentlich vorsichtiger, woraus ich annehme, dass er recht hat. Beide fanden, dass, falls ich an einer Mitarbeit interessiert bin, ich bald nach Hause fahren sollte. Ich habe das aber nicht getan. Ich habe hier gerade für die nächsten 2 oder 3 Wochen noch einige wertvolle Arbeiten mitzumachen, ich glaube, davon werde ich viel haben. Ich bat aber Harzfeld mir zu telegrafieren, falls er meine, mir könne durch meine Abwesenheit der Anschluss verloren gehen. *Ich* bin im allgemeinen etwas skeptisch in bezug auf die Schnelligkeit, mit der sich palästinensische Arbeiten abwickeln und glaube also, dass es noch nicht so brennt. Wir kennen das ja.
Ich bin nun auch noch gar nicht im klaren – wahrscheinlich ist das auch noch nicht geklärt – wie die Planungsarbeiten vergeben werden. Was mich anbelangt,

27 Abraham Harzfeld.
28 Werner David Senator war der Leiter des Department of Settlement of German Jews.

so würde ich das gern mit Ihnen zusammen machen, und in welcher Form das geschehen könnte, darüber müssten wir uns einigen. Ich kann mir zwischen uns dabei keine Schwierigkeit vorstellen, grösser werden die von aussen her sein. Überhaupt ist ja wohl alles noch in der Schwebe. Ich bitte Sie nun nur um eines: Sollten vor meiner Rückkehr diese Dinge zur Verhandlung kommen, so denken Sie daran, dass ich interessiert daran bin, mithinein zu kommen (falls ausser für Sie da noch Platz ist). Harzfeld würde ebenfalls gern mich dabeihaben. Sollten also Widerstände von anderer Seite gegen mich (d. h. es wird wohl so aussehen, dass irgendwo noch ein anderer hereingebracht werden soll) auftreten, so bitte ich Sie, mein Interesse zu vertreten. Ich schreibe Ihnen das nur für den Fall, dass gerade diese Dinge zur Sprache kommen. Ich nehme an, ich bin längst zu Hause, wenn es so weit ist. Übrigens möchte ich dazu noch sagen, dass ich ausserordentlich viel im Siedlungsbau zugelernt habe. Ich habe hier eine Reihe von Monaten bei einem Architekten, der nur solche Dinge macht, gearbeitet. –
Wie geht's Ihnen nun persönlich? Adelchen Bawly hat mir viel erzählt. Ich bin aber nun schon neugierig auf Euch alle. Die Kinder sind doch inzwischen richtige Menschen geworden! Was macht Schewi?
Mir geht es so mässig. Sie können sich denken, wie es einem in Deutschland geht, wenn Hitler der grosse Mann ist.
Gesundheitlich ist alles in Ordnung. Ich bin schon im Reisefieber, der Abbau macht mich ein bisschen nervös. Ich freue mich rasend aufs Heimfahren. Man ist doch ein bisschen entwurzelt hier. Hoffentlich kann ich mich bald drüben ernähren, das ist jetzt meine grösste Sorge.
Lieber Richard, sein Sie mir nicht böse, dass ich diesmal nur von meinen Sorgen schreibe. Ich bin ja nun bald wieder in Jerusalem + dann will ich von allem erzählen + mir auch vieles erzählen lassen.

Grüssen Sie Schewa + die Kinder innigst
Ihre getreue Lotte

1930–1948 Palästina und Israel

[26] An Richard Kauffmann

Lotte Cohn
Pension Käte Dan (formerly Hotel Svorai)
Tel-Aviv
Jarkon Str. 109 – Phone 576

d. 21.12.30

Architekt Richard Kauffmann
Jerusalem
near Y. M. C. A. Building

Lieber Richard!
Entschuldigen Sie das Briefpapier!
Ich möchte gern eine Sache mit Ihnen besprechen.
Das, wovon ich Ihnen damals von Berlin aus schrieb, ist nun aktuell geworden: Harzfeld will mir einen Siedlungsplan in Auftrag geben. Nun hat er *damals* die Sache so dargestellt, als ob diese Arbeiten sozusagen unter Ihrer Oberkontrolle vorgenommen werden sollten, ich bin nicht ganz klug dabei aus ihm geworden, in welcher Form, Sie wissen ja, dass ich Ihnen damals gleich davon schrieb. *Heute* bin ich noch weniger orientiert, wie die Sache läuft + laufen wird – habe aber den Eindruck, als ob Sie im Augenblick von dem Stand der Dinge nichts wüssten. Und da mir daran liegt, die Sache im Einvernehmen mit Ihnen zu machen, so wollte ich Sie in Kenntnis setzen.
Wenn Sie den Wunsch haben, in dieser Sache etwas zu unternehmen, – ich habe keine Ahnung, wie weit Harzfeld mit dieser Vergabe des Auftrages in Ihre bzw. die Kompetenzen der Executive eingreift – so möchte ich Sie nur bitten, mit mir

dabei in Verbindung zu bleiben. Es ist schade, dass wir es nicht gleich mündlich besprechen können.
Mir geht es wieder gut. Ich habe mich sehr gut + rasch nach der Operation erholt. Ich hatte immer gehofft, Sie würden in der Zwischenzeit mal hier in Tel-Aviv zu tun haben + mal zu mir hereinsehen.
Wie sieht es bei Ihnen aus? Alles in Ordnung?

Herzlich Ihre Lotte

Noch etwas: Wie berechnen Sie Ihre Honorarforderung für solche Siedlungssachen? Es sind ca. 60 Parzellen von 1 ¼ Dunam[1] Grösse, um die es sich dabei handelt. Und, wie gesagt, für die Arbeiterschaft.

[27] An Käthe Jacob

Jerusalem, d. 21.V.33

Liebes Kätchen!
Ich hoffe, dies ist mein allerletzter Brief an Dich, ich nehme an, dass er Dich noch erreicht, erwarte aber bestimmt, dass Du so ungefähr in der Abreise bist.[2] Ich denke, Du kannst mit Grete[3] fahren, die, wie ich höre, auch so weit ist.
Ich habe kürzlich trotz Deines Briefes doch noch die Eingabe für ein Certificate für Dich eingegeben. Hyne hatte es mit grosser Anstrengung Deinem Onkel Bleichrode abgeluchst.[4] Verwandte kann man nämlich anfordern, + ich dachte doppelt hält besser. Ich bin ziemlich sicher, dass es klappt. Die Sache geht vermutlich noch diese Woche an das Berliner Palästina-Amt. Du musst dort nachfragen. [*am Rand*: Sprich mit Georg Landauer.]
Nun noch einmal den Fall Yellin[5]. Ihr lag ausserordentlich viel daran, Dich schon im Juli hier zu haben. Sie möchte vor Semesterbeginn, der ist zu Roshhashana, einen Versuch machen. Es handelt sich dabei um Kurse in einer Schule in Jerusalem + um Ausbildungskurse für Lehrer (im Emek glaube ich!) Das

1 Vorderasiatisches Flächenmaß: Das metrische Dunam entspricht 1.000 m².

2 Käthe Jacob wurde am 30. April 1933 aus ‚rassischen' Gründen aus ihrer Stellung an der Staatlichen Hochschule für Musik in Berlin entlassen. Sie erhielt ein „Arbeiterzertifikat" der britischen Mandatsmacht und traf im Juni 1933 in Palästina ein.

3 Vermutlich Grete Turnowski.

4 Käthe Jacobs Mutter Jenny war eine geborene Bleichrode, ihre Brüder waren Jaques Bleichrode und Hermann Bleichrode, die Onkel von Käthe Jacob.

5 Thelma Yellin war eine der führenden Persönlichkeiten bei der Entwicklung des Musiklebens in Palästina.

alles hat natürlich nur Sinn, wenn die Monate Juni Juli ausgenutzt werden. August sind schon Ferien. Es lag ihr sehr viel daran. Ich gebe ja zu, sie hätte Dir das direkt mitteilen können, aber ich habe es für so selbstverständlich angesehen, dass Du auf meinen Brief hin Deine Abreise beschleunigst. Du hast ihn wohl gerade bekommen, nachdem Deiner abgegangen war.
Liebes Kind, noch einmal: schiebe Deine Reise keinen halben Tag länger auf als unbedingt nötig. Deine Angelegenheiten dort können andere für Dich regeln, Cläre oder Henny oder wer immer. Versteh, dass jeder Tag unter Umständen Deine Chance zunichte machen kann. Es *muss* nicht sein, aber man setzt das nicht aufs Spiel. Hyne ist ganz derselben Meinung; ich bitte Dich, richte Dich nach unserem Rat. – Ich war gestern bei Grünfelder + habe gleich gestern noch an Ostrowski geschrieben. Käte Dans ehemaliger Freund Dr. Krieger wird viel mitzureden haben. Ich werde ihn aufsuchen, sowie ich in Tel-Aviv bin. Leider bin ich ja nicht die Richtige für solche Mission, aber ich werde es versuchen. Das Beste wäre, O. käme schnellsten her, es ist ein Risiko, aber vielleicht lohnt es doch.[6] Versprechen kann man da nichts. Aber in Berlin sitzen + abwarten ist bestimmt falsch!
So, nun glaube ich, habe ich nichts mehr zu sagen. Doch, noch eine Bitte, möglicherweise wird mein Bruder Dich bitten, einige von Mutters Sachen als Dein Umzugsgut mitzunehmen.[7] Keine Möbel, nur Kisten mit Wäsche etc. Betten, Geschirr! Wirst Du das tun? Dank Dir schön. Noch eines: es gibt in dem Korsettgeschäft Neumann ganz leichte Strumpfbandgürtel „Valeria" aus Gummischnur. Kosteten früher 3 M. Bring mir einen mit.

Gruss Kuss Lotte

[28] An Helene und Rosa Cohn

30.7.[1935]

Liebe Kinder!
Ich habe Euren Brief schon wieder ewig unbeantwortet gelassen. Grund die Hitze! Es ist zur Zeit unbeschreiblich, eben doch ganz anders als Jerusalem + wenn ich auch nicht sehr drunter leide, so bin ich doch sehr unlustig zu irgendwelcher Beschäftigung, ausser der, alle viere von mir zu strecken. Dabei bin ich beruflich gerade viel auf den Beinen, + muss wieder nach Feierabend. [...]

6 Siegfried Ostrowski, der spätere Lebensgefährte von Käthe Jacob, emigrierte erst 1939 nach Palästina.

7 Cäcilie Cohn lebte seit Herbst 1932 in Palästina.

Abb. 6: Lotte Cohn: Typenhaus in Kfar Schmarjahu bei Herzlia, 1937.

Ich habe inzwischen einen kleinen Auftrag bekommen, Siedlerhäuser für die Rassco.[8] Wenn die Siedlung in Herzlia, für die sie bestimmt sind, wird, d. h. sich gut entwickelt, so ist es sogar ein sehr guter Auftrag.[9] Vorläufig bekomme ich die Typen bezahlt, nicht ganz schlecht sogar. Und später von jedem Haus, das danach gebaut wird, eine Summe, etwa 3 Pfund, vielleicht auch etwas mehr. Da vermutlich 20–40 Häuser auf mich fallen können, so wäre es schön. Natürlich kann auch alles nichts werden! Wer weiss das heute! Ausserdem habe ich ein paar Möbelsachen so rein zufällig bekommen. Frau Araten z. B.,[10] auch ganz schön, wenn's auch nicht viel ist. Eine ganz kleine Chance ist auch da, dass ich in die Schätzungen hereinkomme. Sie ist aber so schwach, dass ich es nicht berufen will.

Sonst geht's mir gut, wenigstens in dieser Abendstunde, wo ein Lüftchen weht. Über Tag ist es fürchterlich. Velikowsky ist zur Zeit in Cypern, es ist ein

8 Die RASSCO (Rural and Suburban Settlement Company) war 1934 von der Deutschen Abteilung der Exekutive der Jewish Agency für den sogenannten Siedlungstransfer jüdischer Emigranten aus Deutschland nach Palästina gegründet worden.

9 Bei der Siedlung handelte es sich um Kfar Schmarjahu bei Herzlia, die 1936 als sogenannte Mittelstandssiedlung für mittelständische Einwanderer aus Deutschland geplant wurde. Lotte Cohn und Josef Mahrer entwarfen hier Typenhäuser im Auftrag der RASSCO.

10 Konnte nicht ermittelt werden.

wahres Glück. Der Mensch ist unerträglich. Wenn wir uns mal sehen, habe ich zu erzählen. Neulich mal hat er uns mit ersterbender Stimme + mehrmaligen Atemnotanfällen (ganz hysterisch!) erzählt, er wüsste jetzt, dass er das Ende des Baus[11] nicht erleben würde, er würde daran sterben, er hätte auch schon Testament gemacht, seine Frau[12] dürfte das gar nicht wissen!!
Überhaupt sieht unsere Beziehung so aus, dass entweder ich bzw. Mahrer grob werden, dann kriegt er Anfälle von Hysterie, Herzkollapse, Tränen, – oder wir beherrschen uns, um das zu vermeiden, dann geht alles reibungslos + in Freundschaft, bloss hinterher erleben *wir* die Zusammenbrüche, ebenfalls bis zu Tränen! „Interessantes aus dem Leben eines palästinensischen Architekten!" Wie? Sowas gibt's bei Gojim nicht! [...]

So, schreibt mal wieder!
Gruss Kuss Lotte

[29] An Helene und Rosa Cohn

Schabbath [Mai 1936]

Meine Besten!
Es ist wirklich traurig, dass Ihr da so eingeschlossen sitzt + die Fahrt so bedenklich ist; sonst wäre es so gut, dass Ihr mal wieder herkämet. Wie auch immer, man merkt hier nicht so viel von „Unruhen"[13], damit ist zwar wenig geholfen, aber für den einzelnen ist es leichter zu ertragen. Die ganze Situation ist ja mies genug; immerhin glaube ich doch, dass es sich irgendwie einrenken wird. Ich bin nicht so optimistisch in bezug auf den positiven Ausgang der Sache für die Juden, aber ein friedliches Dasein ist mir persönlich wichtiger als ein nationaler Gewinn. Ich bin ein Ketzer in dieser Hinsicht. Na, man wird doch da sehen!
Die alte Frau Scholem ist abgereist,[14] es war ganz spassig mit ihr, sie ist ausserdem so ein dankbarer + schnell zufriedener Gast, dass es angenehm ist, ihr Gastgeber zu sein. Sie war ausgesprochen glücklich hier. Es hat auch alles gut geklappt + ich nehme an, sie schwimmt nun [*unleserlich*].

11 Emanuel Velikowsky war Bauherr des von Lotte Cohn entworfenen Büro- und Geschäftshauses in der Allenby-Straße 56 in Tel Aviv.

12 Elischewa Velikowsky.

13 Der Arabische Aufstand begann im April 1936 und dauerte bis 1939. Während dieser Zeit kam es zu zahlreichen Gewaltakten von Arabern gegen Juden und die britische Mandatsmacht.

14 Betty Scholem weilte von April bis Mai 1936 zu Besuch in Palästina.

Ich habe trotz der traurigen Zeiten Entschlüsse für die Einrichtung meines zweiten Zimmers gefasst. Ich bin fast (nicht fest) entschlossen, das süsse Sofachen aus *Cultivated Home* zu kaufen.[15] Es steht augenblicklich auf Probe bei mir + ist noch süsser, als ich es in Erinnerung hatte. Dass ich mich dazu entschliessen werde, hat gute Gründe. Es kostet zwar viel Geld, ist aber doch סוף סוף[16] nicht nur bei weitem hübscher + praktischer, sondern auch billiger als alles andere.
Wenn ich mir als Liegegelegenheit was anderes billigeres gekauft hätte, so hätte ich damit noch nicht die Frage des bequemen Sitzens gelöst, d. h. ich hätte noch in einen „sauren Sessel“ beissen müssen. In Summa teurer als dieses Sofachen, das geradezu eine ideale Lösung aller meiner Möbilierungsprobleme darstellt: Ich habe eine bezaubernde zweisitzige Sitzecke, habe ein herrliches gefedertes Gastbett, habe trotzdem viel Platz im Zimmer. Kurz + gut – ich bin glücklich damit. Schon Geld wert! Ich hätte an einer zweiten „Couch“ (mir steigt das Wort schon hoch!) kein bisschen Spass gehabt. Nun kaufe ich – d. h. habe ich bestellt – mir nur noch ein Tischchen (1.15 x 75) zugleich für Essen + Schreiben, passend zu dem Sofachen – und allerhöchstens noch einen richtigen Stuhl dazu, wenn ich mal ungepolstert arbeiten will – und fertig ist der Lack! Ausserdem habe ich mich getröstet, dass ich ausser den Stahlsesseln mir so gut wie kein Möbel je angeschafft habe, alles andere ist doch Bruch. Vielleicht noch das Wäscheschränkchen kann ich rechnen. Das Sofachen ist auch genau, was für unser Altenheim passt, es hat Bauernhausstil + ausserdem den Komfort eines „Schlosses“, in so einer herrlichen Federung. Man sieht ihm aber das „Schloss“ nicht an, es ist ganz anspruchslos. Es ist Eichenholz, kann auch mal mit Röses Sachen kombiniert werden. So nun aber genug von der Sache, es ist ja beinahe eine „Hymne auf mein Sofa“ geworden!
Was den Chintz anbelangt: Ich will mich noch darüber bedenken. Es hängt ab von dem Stoff, den ich sonst in dem Zimmer haben werde. Lass ihn also vorläufig bei Euch.
Soviel ich weiss, habt Ihr ein paar überzählige Grossmutterliche Mutter-Bilder, *in schwarzen ovalen Rahmen?* Ich hätte sie gern, aber nur solche! Ebenso das rostbraune Gedeck von Lise Ruppin, das sehr gut in meine Wohnung passt. Alles ist gar nicht eilig. Es wird noch viel Zeit hingehen, bis ich mit allem anderen in Ordnung komme. Pinner ist jetzt fest entschlossen, doch zu bauen.[17] Mir

15 Das Möbelgeschäft *The Cultivated Home* war 1934 in Tel Aviv von Artur Wachsberger gegründet worden, der bis 1933 eines der führenden Einrichtungshäuser in Köln unterhielt. In Palästina galt Wachsberger als Pionier einer neuen Wohnkultur.

16 Schließlich.

17 Lotte Cohn hatte 1932 für Ludwig Pinner ein Apartmenthaus an der Mapustraße 1 in Tel Aviv geplant, das er später erweitern ließ. Vgl. Ines Sonder: Kamele vor „Bauhaus-Architektur“.

Abb. 7: Lotte Cohn: Haus Pinner, Mapustraße 1 in Tel Aviv, 1932.

sehr angenehm, es ist genau das, was ich brauche, in jeder Beziehung. Und eben doch fast 2 £ billiger. Das ist schon ein point. –
Eben erzählt mir Männe[18], er hätte aus allerdings *nicht zuverlässiger* Quelle gehört, ich habe – mit noch *drei* anderen – das Examen bestanden! Ich weiss von gar nichts. Also erzählt es noch nicht. Aber es ist ja möglich + denkbar. Wäre sehr schön – und ich finde, es wäre sehr tüchtig von mir! Wenn! – So auf meine alten Tage!
Vorläufig lebt wohl + sehr vorsichtig! Gebt mal Nachricht. Ich schreibe auch mal wieder. Ich arbeite schrecklich viel, aber was besseres kann mir ja gar nicht passieren.

Eure Lotte.

Sonntag: Heute habe ich auch die offizielle Mitteilung von dem bestandenen Examen bekommen.[19]

Was eine Postkarte aus Tel Aviv erzählt. In: *DAVID. Jüdische Kulturzeitschrift* 25,99 (2013), S. 46–47.

18 Konnte nicht ermittelt werden.

19 Lotte Cohn bestand als erste Frau bei der britischen Mandatsbehörde das Examen als Licensed Valuer – Vereidigter Bodenschätzer. Den Titel führte sie fortan in ihrem Briefkopf.

[30] An Arieh Sharon

dipl. ing. lotte cohn dipl. ing. josef mahrer
tel-aviv, 1, gordon street, phone 4091

22. März 39

Lieber Scharon,
warum verlangen Sie eigentlich, dass ich das Hundehüttchen „ausstelle"? New York hätte es vermutlich nicht vermisst![20] Zu einem zweiten Häuschen reichten meine Cäuches[21] nicht, nehmen Sie eines von Ihren, die sind beinahe ebenso prächtig, und für Uneingeweihte nicht von meinen zu unterscheiden, nicht wahr?
Aber nun will ich von keiner Ausstellung wieder was wissen.

Im übrigen herzlichst Ihre
Lotte C.

[31] An Helene und Rosa Cohn

28.9.43

Meine beiden Allerbesten oder vielmehr Einzigen – denn so gut seid Ihr gar nicht, aber mangels anderer, die ich eben nicht hab, seid Ihr die Besten!
Ich bekam eben Euren Brief + will auch noch schnell לשנה טובה[22] sagen, damit es noch zur Zeit kommt. Es soll noch viel viel besser in diesem Jahr werden, so gut auch das letzte schon im Vergleich zu dem vorangegangenen war – mir reicht es lange noch nicht. Ich will endgültig Frieden haben + diesen Albtraum los werden, der mich je länger je mehr drückt! Und das wünsche ich Euch auch vor allem!
Natürlich komme ich erst frühestens kommende Woche, leider kann ich so schlecht voraussagen, wann es geht. Mittwoch oder Donnerstag vielleicht. Ich bin so sehr angebunden, seit es keinen Joschi mehr gibt für mich.[23] Und da ich sowieso ja nur halbe Tage für die Welt der Auftraggeber vorhanden bin, so ist das alles nicht so einfach. Ich kann nicht behaupten, dass ich etwa so schrecklich

20 Auf der Weltausstellung in New York 1939/40 wurde im Jewish Palestine Pavillon eine Architekturausstellung gezeigt, die von Arieh Sharon koordiniert wurde.

21 Jiddisch: Kräfte.

22 Glückliches Neujahr!

23 Josef Mahrer, mit dem Lotte Cohn seit 1932 in einer Bürogemeinschaft assoziiert war, wurde im Sommer 1943 Leiter der Entwicklungsabteilung der RASSCO.

belagert bin, aber ich kann umso weniger riskieren, viel wegzubleiben. Ich komme aber bestimmt, schon weil ich es nötig habe + weil es später eher noch schlechter passt. Hoffentlich ist es nicht doch zu viel für Lene – ich habe kein gutes Gewissen. Ich bringe den Couchstoff mit.
Ich bin ein bisschen kaputt – die letzten Sommerwochen sind hier immer so schwer zu überstehen. Dabei war der Sommer dies Jahr weder lang noch schwer! Aber das machen die runden fünfzig! Ich bin ganz überzeugt davon. Ich bin eine klapprige alte Makrone geworden, Ihr werdet sehen!
Heti + Günter sind beide hier.[24] Günter ist nicht Offizier geworden; weil er den military engineering-Kurs nicht bestanden hat. Na – ne Wichtigkeit!! Ich habe sie noch nicht gesehen. Ich freue mich für Agnes, dass sie sie hier hat. Zum Glück sind die Untermieter verreist, so dass sie dort bequem wohnen können.
Ich werde noch sehr viel runterarbeiten in meinen ימים טובים[25], damit ich nachher freier bin. Heute gehe ich noch nach Jaffa an den שוק[26], morgen geschäftlich nach Ranana[27], kurzum besetzt bin ich – zum Glück auch ohne Einquartierung. Das Wirtschaften wird immer schwerer – was kocht man bloss: kein Fleisch, kein Gemüse, keine Eier! Wollen mal sehen, ob ich Fische + Hammel einhandeln kann heute. Denn Restaurant ist undenkbar, ich esse für 18 Piaster + dann stehe ich vollkommen hungrig auf. Wie geht das auf die Dauer!?
So, nun lebt mir wohl, bleibt + werdet gesund.

Kuss Lotte

[32] An Helene und Rosa Cohn

24.IV.[1947]

Liebste Beide!
Hierbei ein Brief aus Amerika, der heute ankam. Schickt ihn zurück, gelegentlich. Ich bin in Sorge, hoffentlich kann mir Dora Strauss Bescheid geben, ob Ihr wieder so leidlich beieinander seid.
Ich habe meine Wettbewerbsarbeit[28] jetzt beendet + bin ein bisschen freier, habe aber auch reichlich laufende Arbeit – es ist kein leichtes Leben! Mein

24 Heti (Hedwig Schott), geborene Cohn, eine Nichte Lotte Cohns, und ihr Mann Günter Schott.

25 Feiertage.

26 Markt.

27 Ra'anana ist eine Stadt in Zentralisrael, südwestlich von Herzlia.

28 1947 beteiligte sich Lotte Cohn gemeinsam mit Ernst Yehuda Lavie an dem Wettbewerb für den Platz der Könige in Tel Aviv (heute Rabin-Platz).

neuer Mitarbeiter ist endlich die Perle, nach der ich schon lange gesucht habe.[29] Leider will er ja nach England, es wird noch Monate dauern, so Gott will, aber mal wird er fahren. Man soll sich nie an was klammern, ich sage immer: wer weiss, wozu es gut ist. Es ist ein sehr gut passendes Zusammenarbeiten, er ist ein bisschen verdreht, aber es stört nicht.
Vera hat heute Wohnung gemietet + Heinz wird wohl so Mitte bis Ende Mai hier mit einziehen auf 2–3 Monate.[30] Ende August hoffen sie, in die neue Wohnung hereinzukommen. Das kommt mir aber nicht darauf an. Ich erwarte Rosa nun bald, kann sein, dass ich vorher nochmal in J. bin.
Was macht die Weberei?[31]
Lebt wohl, bleibt oder werdet gesund!
Wenn wieder mal so was ist, ruft mich, dass ich Euch ein bisschen helfen kann.

Gruss Kuss
Lotte.

Heute folgendes komisches Erlebnis in der Bank.
Ich: Ich möchte Geld abheben, ich weiss aber nicht, wie hoch mein Guthaben bei Ihnen noch ist, können Sie das mal feststellen?
Die Beamtin: Hier ist Ihr Saldo: 278 £
Ich: Ach! Ich brauch nun 10.–
Die Beamtin: lacht!
So komisch, wie es klingt, ist es nicht, ich wusste schon, dass ich 10 £ noch haben würde, wollte aber wissen, wie es bis Ende des Monats steht, wo ich Gehälter zahlen muss. Und zweitens hat sich nachher herausgestellt, dass ein grosser Scheck von ca. 80 £ noch irgendwo schwimmt + nicht abgehoben ist. Aber tatsächlich hätte ich nicht sagen können, ob ich 50 oder 200 £ habe! Das bin ich! Aber schadet nichts, es ist eine nette Eigenschaft, finde ich.
L.

Noch was! Seht mal nach, ob sich zufällig in unseren Akten ein sogenannter Extrakt aus dem Grundbuch über unsere Parzelle befindet.[32] Smoira schreibt mir nämlich, dass unsere Akte damals mit verbrannt ist, und es würde die

29 Der Architekt Josef Patrick (Percy) Cohn, der 1947 einige Monate in Lotte Cohns Büro arbeitete.

30 Vera Weltsch war die Tochter von Lotte Cohns Freundin Ella Roer, die bis zu ihrer Heirat mit Heinz Weltsch mit in ihrer Wohnung lebte.

31 Helene Cohn hatte mit dem Weben angefangen.

32 Das Grundstück in der Abarbanel-Straße 28 in Rehavia, auf dem Lotte Cohn 1932 das Wohnhaus für sich und ihre Schwestern baute.

Wiederherstellung des Folio erleichtern, wenn man ihn hätte. Ich nehme an, wir haben ihn nicht. Dann braucht er Angaben über die No. von Block + Parcel unserer Parzelle + die Mortgage, die darauf steht, von Käthe Jacob[33]. Wenn Ihr keinen Extrakt, das ist ein amtlicher Grundbuchauszug, habt, so werde ich bei South-African anfragen, vielleicht ist er dort.

[33] An Julius Posener

lotte cohn, architect – townplanner – lic. valuer
tel aviv, 15 shivtei ysrael street, tel. 4092

20. July 47

Lieber Posener!
Vielen vielen Dank für die „gesammelten Gedichte". Es hat mir richtigen Spass oder vielmehr + treffender „Freude" gemacht, sie zu lesen. Was soll ich noch dazu sagen? Es ist ein Jammer, dass das so herumliegt, ungekannt + nicht einmal von Ihnen richtig ausgewertet. Was machen Sie bloss für Dummheiten mit sich selber + Ihren Gaben? Sie gehören bei den Ohren genommen + geschüttelt – aber es wird ja nichts nützen!!
Ich war ein paar Wochen verschollen wegen Wettbewerb + dann haben wir abgegeben – + schon sind wir durchgefallen. Dabei waren wir ganz zufrieden mit uns, es waren zwei vernünftige Arbeiten, die wir abgeliefert haben. Aber was hilft's? Man muss das nehmen, wie eine Lotterie-Ziehung, bei der man nicht herausgekommen ist. Aber eine halbe Stunde grämt man sich ja doch!! Zu allem bin ich sehr kaputt vom Sommer. Jedes Jahr greift er mich ein bisschen mehr an. Man wird alt + das ganz rapide.
Diese Woche fährt ein Haufen Bekannte ins Ausland: 3 Freundinnen von mir in die Schweiz + meine Schwester ebenfalls. Und meine kleine lange Kollegin nach Berlin, zu ihrer Mutter. Ich wollte, sie wäre schon wieder da!
Käthe Dan hat Euren Plan mir gezeigt.[34] Wir finden ihn beide sehr schön. Natürlich hat Käthe auch allerhand Wünschchen, aber da alles sowieso schon sehr teuer wird, so weiss ich nicht, ob sie sie äussern wird. Ist der Plan Ihr Werk? Er ist wirklich ausgezeichnet. Käthe kann das ja gar nicht so goutieren, vor

33 Käthe Jacob hatte den Schwestern seinerzeit Geld für den Kauf der Parzelle geliehen.
34 Vermutlich der Entwurf für ein Privathaus für Käte Dan, die 1947 ihre „Pension Käte Dan" in Tel Aviv verkauft hatte.

allem nicht das interessante Bauwerk, ihr geht's nur um die Plankombination! Sagen Sie Loeb[35] – oder sich selber – dass ich das ganze *sehr* geglückt finde.
À propos! Darf ich die Wizoologie an Ort + Stelle weitergeben? Wohl nicht?!
Ich bin ganz begeistert. Es hat meiner verwundeten Seele wohlgetan!
Und sonst? Ich gräme mich um die Politik + ich bin nicht sehr zufrieden mit dem Stand meiner Geschäfte + ich bin zum Umfallen müde, + so geht es „immer so weiter."
Was wird aus Ihnen? Wann + wohin dampfen Sie ab? Ich beschwöre Sie, überlegen Sie es sich noch mal gut!!

Herzlich
Ihre Lotte C.

[34] An Richard Kauffmann

14.III.48

Mein lieber guter Richard!
Dank für Ihre Zeilen! Ja, ich weiss, Sie werden verstehen, wie sehr getroffen + traurig ich bin. Ich habe Emil sehr lieb gehabt, hatte immer gehofft, ihn nochmal wiederzusehen![36] Ach, man wird so alt! Einer nach dem anderen! Jetzt habe ich keinen Bruder mehr!
Und wie sieht die Welt aus?! Sie könnte so schön sein, + ist so bodenlos gemein + schlecht, wo sind wir hingeraten, nicht nur wir, die ganze Menschheit! Alles Edle, Schöne, Wertvolle ist wie alter Plunder billig verkauft, + die niedrigsten Instinkte stehen ganz hoch im Kurs!! Ob man noch einmal zu einem schönen Aspekt gelangt?!
Wie geht es Ihnen allen? Sind Esther + Ruth auch Soldaten geworden? Die armen Mädchen alle, es passt so gar nicht, + sie müssen so mit herein in den Hexenkessel? Sind sie wenigstens nicht gefährdet?
Gruss an alle Lieben
Ihre alte Freundin Lotte

35 Der Architekt Max Loeb, bei dem Julius Posener von April bis Juli 1947 als Assistent in Haifa gearbeitet hatte.
36 Emil Cohn starb am 28. Februar 1948 bei einem Verkehrsunfall in Los Angeles.

[35] An Julius Posener

lotte cohn, architect – townplanner – lic. valuer
tel aviv, 15 arthur ruppin street, telephone 4092

d. 3.9.48

Mein lieber Freund Posener!
meinen allerallerherzlichsten Glückwunsch![37] Ich hätte Ihnen schon längst gratuliert – aber offen gestanden, ich wollte nicht ins Fettnäpfchen treten, es hätte doch sein können, dass alles wieder auseinander war, wenn meine Gratulation eintraf. „Engagement", das ist doch gar nichts, + bei Ihnen immer noch eine ängstliche unsichere Sache, so schien mir, bei Ihrer notorischen Scheu, sich irgendwo + wie festzulegen. Umso mehr hat mich Ihr Brief gefreut – mich + noch einige Freunde, Löwisohn[38] z. B., der lebhaften Anteil an Ihrem Schicksal nimmt.[39]
Also noch einmal: Alles Allerbeste! Was lange währt, wird gut – + so gebe ich Ihnen die beste Prognose. Grüssen Sie Ihre liebe Frau, sagen Sie ihr, ich glaube, sie würde es sehr schwer mit Ihnen haben, + ich hätte alles Mitgefühl! Übersetzen Sie das bitte ebenso ironisch, wie es gemeint ist, ja? Schicken Sie mal ein Bildchen von der Frau Posener, ich bin doch sehr neugierig!
Ich brauche Ihnen ja nun keinen Bericht von hier zu geben, Bruder + Schwägerin[40] haben Sie sicher auf dem Laufenden gehalten. Das „Laufende" lief mir ein bisschen zu rasch + stürmisch. Ich bin keine so ganz wahre Patriotin, noch weniger ein echter Soldat. Dies unter uns – man darf es hier nicht so laut sagen. Alles in allem – so ungeheuer sorgenvoll + bedenklich für mich diese „grosse Zeit" immer noch + wohl noch auf lange ist, so hat sie doch manche erfreuliche Überraschung gezeitigt: Nie hätte ich geglaubt, dass es so ausgehen würde, nie ein solches Sich-Bewähren für möglich gehalten. Es ist bewundernswert + gibt einem natürlich auch eine gewisse Beruhigung. Aber ich fürchte, dass die Dinge „Aussen" uns noch viel zu schaffen machen werden. Ich glaube, *Sie* gerade werden mich ganz gut verstehen, wenn ich Ihnen sage, dass ich nicht zu denen gehöre, die glückselig + berauscht sich zu „Ysrael" bekennen. D. h. ich bekenne mich schon – ganz selbstverständlich bekenne ich mich – aber mit schwerem Herzen. Ich hätte es mir anders gedacht, eine Gemeinschaft oder doch Eintracht mit

37 Zur Hochzeit von Julius Posener und Elisabeth Charmian Middleton.

38 Ernst Loevisohn, später Yehuda Lavie.

39 Julius Posener, der 1935 nach Palästina emigriert war, ging im Anschluss an die Staatsgründung Israels nach England.

40 Ludwig und Lotte Posener.

den Arabern + *kein* Krieg und auch *kein* Rausch für einen eigenen Staat. Aber ich bin eine alte Frau – es ist meine Zeit nicht mehr. (Die meine war – wie das immer so ist – viel schöner!) Nun sollen die anderen sehen! Trotz dieser Einstellung fühle ich mich zugehörig, + werde von Herzen froh sein, wenn meine Sorgen sich als unbegründet erweisen sollten.

Nun zu Ihnen. Vor mir brauchen Sie sich weiss Gott nicht zu entschuldigen. Es wäre töricht, wenn Sie in Ihrem hohen Alter unter den gegebenen Umständen hierher gekommen wären. Zu niemandes grossem Nutzen. Es tut mir leid, dass Sie den Ihnen gemässen Weg in eine Arbeit nicht gefunden zu haben scheinen. Deutschland? Ich weiss nicht so recht! Aber ich kann nicht urteilen. Für mich wäre es völlig undenkbar, aber ich weiss ja, dass sich da unsere Wege trennen – ich habe dabei vor dem Ihren allen Respekt. Ysrael? Lieber Posener, würden Sie denn gerne wollen? (Später mal, in friedlicher Zukunft?) Wie sehr böse ich Ihnen bin, dass Sie die Architektur so nebenbei behandeln, wissen Sie ja. Es ist ein Jammer um Ihre grosse Kunst + Ihr Können!! Hier ist natürlich im Augenblick der Baumarkt tot. Es hängt von dem Ende des Krieges ab – + von vielem anderen noch –, wann er wieder auflebt. Wenn es wieder mit dem Aufbau losgeht, so werden wir wohl alle die Hände voll zu tun haben. Wenn …!! Arbeiten tut zur Zeit nur das Militär (Befestigungen) + die Regierung (Landesplanung). Sharon ist Leiter des Amtes unter dem Arbeits- + Bau-Ministerium geworden. Und hat einen Stab von ca. 35 Architekten bei sich, + es soll sehr anregend + noch ein bisschen ungeordnet dort sein. Die Leute, die er hat, sind alle unsere alten Freunde, die ganze Chewre[41] sozusagen. Wenn Sie hiergewesen wären, so sässen Sie auch dort, aber das will noch nicht sagen, dass es in 2 oder 3 Monaten noch eine Chance für Sie dort gibt. Einmal wird dies Amt sich schliessen + genügend Mitarbeiter haben. Vorläufig ist alles im Fluss. Wie alles weitergehen wird, weiss kein Mensch – man ist ungeheuer optimistisch + rechnet auf einen grossen Aufschwung über kurz oder lang – ich glaube *auch* daran, aber nur „über lang“!

Wenn ich Ihnen einen Rat geben soll – so ist es der, mit Bezug auf Palästina noch ein Weilchen zu warten. Da Sie aber, wie Sie selber sagen, Ihre Existenz aufbauen müssen, so untersuchen Sie *alle* Chancen, auch die, die möglicherweise Dauerchancen sind + Palästina noch weiter wegrücken. Ich fürchte, es gibt so was gar nicht, + es wird Ihnen immer mal wieder die Gelegenheit bleiben, eine andere Sache aufzugeben + herzukommen. Versuchen Sie bei der Architektur oder Verwandtem zu bleiben. Wir haben doch einen so wunderschönen Beruf, oder etwa nicht?!

41 Slang für: Bande, die jungen Leute.

Kennen Sie unseren gemeinsamen Kollegen Josef Patrick Cohn? Er arbeitet bei Sommerfeld (Andrew (!) Summerfield), seine Adresse ist:
Oakworth. Hadley nr. Wellington
Shropshire
Versuchen Sie mal, mit ihm in Kontakt zu kommen. Sie werden Freude von dieser Bekanntschaft haben + vielleicht kann er Ihnen Rat geben. Ich habe eine Weile mit ihm gearbeitet + das war sehr schön. Grüssen Sie ihn von mir.
Die Mendelsohn-Pläne werde ich suchen.[42] Ich fürchte aber, *Sie* haben die Originale an sich genommen!! Was ich haben sollte, schicke ich Ihnen.
So – nun erwarte ich wieder mal einen Ihrer charmanten Briefchen, die mir immer eine Freude sind.
Haben Sie wieder mal was Amüsantes gedichtet?
Und grüssen Sie Ihre liebe Frau, übersetzen Sie mich ihr recht vorteilhaft, was Sie sicher können. Und Euch beiden einen sehr herzlichen Gruss

Ihre
Lotte.

42 Lotte Cohn und Julius Posener hatten 1937 gemeinsam das Haus Mendelsohn in Kfar Schmarjahu geplant.

1954 Europa und Amerika

[36] An Helene Cohn

19.VI.[1954]

Mein liebes Lenchen!
Ich bin so vollkommen glücklich, wie ein anständiger Mensch eigentlich gar nicht sein darf. Alles ist so überwältigend schön, kein Märchentraum kann schöner sein.
Heute bis zur Wengernalp gewandert, aber es geht wie auf Gartenwegen, kein Vergleich an Leichtigkeit mit dem Kreuz-Kloster-Wäldchen, ich klettere wie ein Held – zurück bin ich allerdings mit dem Zügli gefahren, ich muss mein Knie erst bergab ausprobieren auf einer kürzeren Strecke. Das Wetter ist goldener Sommer, genau seit ich ankam hier oben.
In Zürich wars sehr sehr hübsch, Schwerins sowohl wie Kaufmanns sehr herzlich.[1] Ich blieb einen Abend länger als mein Programm: es war eine Theateraufführung mit meiner kleinen Bauherrin Orna Porat[2] in einer Gastrolle, die wollte ich nicht versäumen.[3] Ganz Israel war da, Nelly Gabriel mit ihrem jetzigen Mann, es war ganz ulkig gemütlich. Das Wiedersehen mit Orna Porat (die eine bezaubernde Deutsche ist, an einen Juden verheiratet + einer der Stars unseres Kammertheaters!) geradezu dramatisch – eine Szene, die leider von den Pressephotographen festgehalten wurde, hoffentlich ist die Aufnahme

1 Schwerins und Kaufmanns waren Verwandte von Margarete Cohn, der Frau ihres Bruders Emil Cohn.

2 Lotte Cohn plante 1953 für die Schauspielerin Orna Porat ein Doppelhaus in Givat Rambam, einem Stadtteil von Givatajim.

3 Am 17. Juni 1954 wurde im Rahmen der Züricher Festwochen das Stück *Die Barke von Gawdos* von Herbert Meier im Schauspielhaus Zürich uraufgeführt.

missglückt. Es ist doch etwas Warmes, wie die Israelis im Ausland zusammenhalten – so fühlt man sich zu Hause.

Fritz Kaufmann ist beinahe so beschäftigt wie etwa Dr. Foerder.[4] Er war nur einen einzigen Abend frei + da war ich denn bei dem zu Haus – eine gemietete Villa im Vorort Küstnacht. Seine Frau[5] ist sehr hübsch + süss, vielleicht auch gar nicht dumm, aber ein wenig primitiv. Sie erzählte übrigens, dass ihr Bärchens[6] Mirjam nicht gefiele, d.h. nett wäre sie, aber sie schiene Bärchen sehr, zu sehr zu beherrschen. Na, man wird doch da sehen! Es geht uns ja nicht so viel an. *Ihr* gefällt Hanna von den drei Kindern am besten, aber Bärchen wäre auch sehr lieb + warmherzig. Fritz gefiel mir sehr – eigentlich unverändert! Es scheint ihm sehr gut zu gehen + er ist – wie schon so oft – direkt davor, schwer reich zu werden, so sagt er etwa. Aber ein bisschen von einem Hochstapler hat er wohl doch! Dabei ungeheuer fleissig, + bestimmt enorm tüchtig.

Schwerins sind wie sie immer waren; ein erwachsener Sohn war gerade zu Besuch, Amerikaner, der hier wohl gerade seine Doktorarbeit schreibt. Nichts Besonderes – reiche Leute! Aber alle ungeheuer herzlich + auch interessiert an Israel. Es sagt, er hat uns mal besucht dort, noch zu Max' Lebzeiten.[7] Ich wäre gerade nicht dagewesen.

Auf einem meiner Wege fiel mein Blick auf ein Schild: Dr. phil. Charlotte Spitz, psycholog. Beratung. Ich habe gerade mal hingeschrieben, ob sie wohl meine Lotte Spitz aus der Kurfürstenstrasse wäre. Sie ist eigentlich Musikkritikerin gewesen, aber Psychologie ist ihr zuzutrauen. Woll'n mal sehen.

Ich bin reichlich mit Geld versehen. Fritz schenkte mir 200 Franken, aber ich hätte sie nicht gebraucht!! Es ist mir sogar unangenehm, es anzunehmen. Im Moment sehr schön, nicht so knapp zu sein. Ich habe in Zürich piekfein gewohnt, hier bin ich auch gut untergebracht. Ein sehr hübsches Hotel, nicht erste Klasse, aber auch nicht spiessig. Es wimmelt hier von Deutschen,[8] leider, aber da ich ja nun doch nach Berlin fliegen werde – schrieb ich Dir schon, dass ich das היתר יציאה[9] bekam? – so muss ich mich wohl dran gewöhnen. Vorläufig schüttle ich mich noch etwas.

Das Alleinsein macht mir gar nichts – ich fühle mich da in der allerpassendsten Gesellschaft! Es ist noch sehr still, kaum 1/3 belegt das Haus, aber auch das ist

4 Herbert Foerder war u.a. Vorstandsvorsitzender der Bank Leumi (später Bank of Israel).

5 Annemarie Kaufmann.

6 Bernhard Nathan Cohn, der Sohn von Emil Cohn.

7 Max Cohn starb am 28. Mai 1937 in Tel Aviv.

8 Im Juni 1954 fand in der Schweiz die Fußballweltmeisterschaft statt. Die BRD wurde am 4. Juli 1954 Weltmeister („Wunder von Bern").

9 Ausreisegenehmigung. Am 17. Juni 1954 erhielt Lotte Cohn die Ausreisegenehmigung nach Deutschland.

mir nur angenehm. Soll nur das Wetter schön bleiben – ein bisschen ärgere ich mich, dass ich nicht diesen herrlichen Tag zur Fahrt nach Jungfraujoch ausgenutzt habe – es war dumm! Jetzt ist es nicht mehr ganz so klar! Und morgen ist Samstag, wer weiss, ob da alle Züge gehen.
Ich fand bei Schwerins eine Karte von Margot Ilius[10] vor – ich habe nun sofort geantwortet, dass ich die Einreiseerlaubnis bekommen habe. Ich will auch gleich in Zürich das Deutsche Visum zu bekommen suchen. Mein Programm ist dann aber auch übervoll.
Hier werde ich mich schwer trennen – ich habe doch nicht mehr so gewusst, wie schön das ist. Und so eine Jahreszeit, alles voller Blüten + Blumen. Ich habe das Gefühl, alles hat sich schon erfüllt – Napoli videre et mori![11] So ist mir zumute! Ein erfüllter Traum.
Meinen Adressen hast Du ja wohl alle – mir ist ein bisschen unheimlich, so unerreichbar zu sein. Habe eben an Schwerins mein hiesiges Telefon geschrieben!
An Richard Schwartz schreibe ich auch noch von Zürich oder hier.
So, damit ist alles gesagt. Nächste Nachricht wohl erst aus New York.
Bleib mir gesund. Und 1000 Grüsse
Lotte.

[37] An Helene Cohn

Lotte Cohn
1317 ½ N. Fullerstr.
Los Angeles Hollywood/Californien[12]

17.VII.54

Miss Lene Cohn
28 Abarbanelstr.
Jerusalem – Rehavia
Israel

Mein liebes Lenchen – ein bisschen bin ich doch in Sorge um Euch wegen der Schiessereien![13] Nun scheint es ja wieder ruhiger zu sein! Ich hoffe, Du hast Dich nicht zu sehr aufregen müssen.

10 Margot Ilius war eine Freundin der Cohn-Geschwister aus Steglitz.
11 Videre Neapolim et Mori (lat.: Neapel sehen und sterben).
12 Der Brief wurde in New York geschrieben, aber erst in Los Angeles abgeschickt.
13 Am 1. Juli 1954 schossen jordanische Soldaten, die an der Altstadtmauer Jerusalems stationiert waren, aus dem Hinterhalt auf Bewohner in West-Jerusalem.

Mein erster Abschnitt U.S. ist nun zu Ende – heute Mittag fliege ich nach Utica – 2 Tage später nach Los Angeles. Ich nehme an, dass ich dort Post vorfinde, da sich meine Abreise von hier etwas herausgeschoben hat, so muss ich mich abfinden, ein paar Tage auf Post zu warten. Komisch, aber es regt mich nicht auf – bad news travel fast, keine Nachricht – gute Nachricht!
Hier war es sehr anstrengend, ich habe zu viel in diese Tage herein gequetscht, ich wusste es vorher. Alle Leute wollten mich ausserdem bei sich sehen, + es ist so schwer zu sagen, „nein, ich will nicht", sie meinen es doch nett. Wenn ich mal sehr reich bin, reise ich nur allein + per Hotel, ohne Verpflichtungen, so weit inkognito, wie mir der Sinn steht. Abgesehen davon war's ja auch wieder nett, die alten Leutchen alle wiederzusehen: Käte Wiener, Lotte Wolpe, Marie Frommer, Ismar David! Ruth Kaiser war ein Erlebnis für sich, ich fahre sehr beruhigt wieder ab, es geht ihr gut, so gut, wie's unter diesen Umständen sein kann, aber es ist durchaus ein befriedigendes Leben, die meisten Menschen müssen sich mit mehr abfinden. Die Beziehung zu ihrem Mann ist eine Freundschaft, keine Ehe mit grosser voller Liebe, aber eine Zusammengehörigkeit durchaus. Man kann nie wissen bei ihm, was noch kommt, das ist richtig! Zu mir waren beide reizend, ich hatte schöne Tage mit ihnen! – Alles in allem habe ich viel gesehen in New York. Ich will auf dem Rückweg noch einmal 3 Tage hier sein – es ist zu grossartig, um nicht noch den Wunsch zu erwecken, noch einmal einen Schluck aus der Pulle zu tun! Einiges, woran mir sehr liegt, habe ich noch nicht geschafft!
Sehr erstaunlich war's, Ismar David in seinem Heim zu sehen. Ich weiss nicht, ob Du je bei ihm zu Hause in Jerusalem warst: das war Bohème, wie man es auf der Bühne unterstreicht! Malzeug + Essreste + verdreckte Kleider in einem Haufen + *nie* das Zimmer saubergemacht. Wirklich nie! Seine Frau[14] ist das äusserste von verfeinerter Kultur, eine elegante Amerikanerin, aber eine echte, (keine Ahnung, ob sie Jüdin ist, kann sein, auch nicht!) d.h. wirklich kultiviert, umgeben von gepflegter Kunst, nirgends hier habe ich es annähernd so *schön* gesehen. Nicht übertrieben luxuriös, sondern wirklich kultiviert. Sie mag so alt sein wie er, eher etwas älter, Mitte 40, schloh weisshaarig, vornehme Erscheinung! – Mir blieb die Spucke weg! Sehr nett, sehr gescheit. Es hat mir Spass gemacht. – So, in Utica weiter. Mein Flug dauert 1 Stunde 20 Minuten.

Also angelangt – empfangen von Bärchen + Mirjam. Bärchen sieht Emil ähnlich – aber auch wieder nicht, *sehr* hübsch ist er – ein reizendes Paar, die beiden. Bärchen hat schon graue Haare – das hat mich ganz erschüttert – ja, die Cohns!
Utica liegt reizend – ganz grünes Land rundum.
1000 Grüsse + Küsse, Lenchen!
Deine Lotte

14 Hortense Mendel David.

1957–1982 Israel

[38] An Richard Kauffmann

20. Juni 1957

Mein lieber guter alter Richard!
Also wirklich 70 Jahre, wie konnte ich das nur vergessen! Aber beinahe wäre es geschehen, hätte ich nicht Heinz Raus' Artikel[1] soeben gelesen! Ich kann nur 1000 Mal unterstreichen, was er beschreibt + es hat mich tief gerührt – in bezug auf Sie + in bezug auf ihn selbst ebenfalls.
Aber das ist nicht das wichtigste, was ich zu sagen habe! Ich gratuliere Ihnen aufs innigste, mit wärmsten Gedenken all der Jahre, die uns gemeinsam gehörten! Es ist traurig, dass man die Zeiten nicht halten kann, + sagen: *Das* ist es was wir wollen + so soll es bleiben! Unmerklich rückt der Zeiger an der Uhr vorwärts + plötzlich nach einiger Zeit wird man gewahr, dass man alt geworden ist + alles sich verändert hat. Nicht wahr, wir haben das beide schon erlebt? Nur ganz unter uns zwei Alten: manchmal ist das recht trübselig.
Aber dagegen bleibt bestehen, dass im tiefsten Grunde jeder Mensch bleibt, was er ist. Und in diesem Gefühl weiss ich, dass wir beide die alten Freunde geblieben sind auch wenn wir nicht mehr nebeneinander hergegangen sind.
Ich denke heute an Sie, mit viel innigem Gefühl von Freundschaft – + auch mit ein bisschen Sentimentalität!
Ich denke, ich werde nächste Woche mal in Jerusalem sein, dann komme ich zu Ihnen herein + Sie bekommen den Kuss, den ich heute nur in den Brief mit einpacke!

Grüssen Sie Schewi + die Mädels!
Ich wünsche Ihnen noch viele gesunde Jahre und alles alles Gute!
Ihre alte, uralte Lotte

1 Vgl. Heinz Rau: An Appeal to Richard Kauffmann On His 70th Birthday Today. In: *Jerusalem Post*, 20.06.1957, S. 4.

[39] An Fania und Gershom Scholem

Lotte Cohn
15 Ruppin st.
Tel-Aviv Israel

6.7.57

Prof. Dr. G. Scholem
Hotel Hessischer Hof
Frankfurt/Main
Platz der Republik 40
Deutschland Germany

Liebe Fania und lieber Gerhard
Ich schreibe Euch noch einmal – ich habe das Gefühl, mein Brief war zu kurz und gewaltsam und ihr hättet gern mehr gewusst. Habt Ihr den Maariv[2] bekommen, den ich ein paar Tage später sandte? Mit Rayas Bild?
Das Wesentliche an Tatsachen steht ja dort drin, aber das persönlich Tragische fühlen ja nur die, die den Menschen gekannt haben, das Glück, das er selber erlebte und das er um sich verbreitete, mitgenossen haben und die nun plötzlich in der Leere stehen.
Ihr habt keine Vorstellung, mit welcher beinahe unheimlichen Verbundenheit Schlomo und Trudel dies letzte Entwicklungsstadium dieser süssen Tochter mitgelebt haben. Wenn man selber keine Kinder hat, kann man sich kaum da hineinversetzen – für Trudel und auch für Schlomo war das Liebeserlebnis dieses Kindes fast ein Jahr lang das ganze Leben, Trudel jedenfalls hat es mitgelebt und hat beinahe nichts anderes gelebt. Es hat mir manchmal zu denken gegeben, wie ausschliesslich sie das erfüllt hat. Das allerletzte Stadium war ein vollkommenes Glück, eigentlich auf allen Seiten mit einer einzigen Einschränkung: bei Trudel eine Animosität gegen Kibbuz überhaupt, gegen die Tatsache, dass ihre Tochter – *ihre Tochter* – da sich eingereiht hat, und gegen *diesen* Kibbuz, so nahe an der Grenze, sie war ständig in Angst, und ich muss gestehen, ich auch. Dann kam die Hochzeit, eine echte kibbuzische Hochzeit, für Trudel neue Nahrung dieser Animosität, denn sie zeichnete sich wirklich durch besondere Gefühlsärme aus, soweit der Kibbuz dafür verantwortlich war, und Trudel hatte so wahnsinnige Anstrengung gemacht, das Möglichste an Wärme und Familiengefühlen hineinzutragen, was ihr auch zum Teil gelungen ist, denn das Zusammensein der alten Freunde – Ihr habt gefehlt – war

2 Vgl. ישראל נקטה אמצעי־בטחון בגבול סוריה. In: *Maariv*, 25.06.1957, S. 1.

reizend. Dann war noch einmal, am letzten Freitag, ein Familienfest bei Kroliks, nur die beiden Familien und ich. Das war nun besonders harmonisch und hübsch, denn alles, was Trudel in die Hand nimmt, macht sie wundervoll, und wir alle zusammen haben uns so viel Mühe gegeben, das nachzuliefern, was die Kibbuz-Hochzeit versäumt hatte. Schlomo hat eine Rede gehalten und ich habe ein Gedicht gemacht, und alles war so harmonisch und Raya war so glücklich: "זה היה הסגנון שאני אוהבת."[3]

Nicht mal die Goldschmidts haben gestört, und Rayas Mann[4] war ganz besonders reizend, ein guter Junge und was ganz besonderes, so richtig ein guter Typus unserer Jugend. Am Sonntag sind sie nach Hause gefahren – und Montagabend war sie tot.[5] Die Schiesserei war kurz, kaum eine halbe Stunde, niemand sonst getroffen, nichts zerstört, seither wieder alles ruhig. Raya war in der Küche, die an einem gefährdeten Punkt liegt. Ihr Mann ist der מרכז המשק[6] hat zuerst die Kinder und die Jugend, die gerade zur Arbeit dort war, aus der Gefahrenzone evakuiert und ging dann Raya aus der Küche zu holen, in der Tür hat der Schuss sie getroffen, ihr Mann stand neben ihr. Sie hat noch sagen können, wo die Schlüssel der Marpeah[7] sind, dann das Bewusstsein verloren, wann sie aufgehört hat zu atmen, weiss man nicht. Heller, der sie noch in der Leichenhalle mit Kroliks zusammen gesehen hat, sagt, der Tod muss fast spontan gewesen sein, eine innere Blutung, von der es keine Rettung gab. Wie es um uns alle aussieht, wisst Ihr. Es ist eine Wunde, von der man sich schwer erholen kann – dies bezaubernde Geschöpf, das jeder liebte, der es nur ansah. Die personifizierte Anmut, äusserlich und im Wesen.

Kroliks halten sich bewundernswert. Die Sorge um die Kleine, die gerade im Abiturium steht, hält sie im Augenblick. Yael hat einen Teil der Prüfungen nicht machen können, das ist ja nicht so wichtig. Aber was nun weiter? Sie hat sich geäussert, dass sie den Eltern zuliebe nicht in den Nahal[8] gehen wird, aber diese schrecklichen zwei Militär-Jahre sind ja für sie, wenn sie ausserhalb der חברה[9] ist, auch nicht gerade sehr schön. Sie müsste was tun, was sie erfüllt, – wenn nicht Nahal, so bleibt פקידות[10] im Militär. An sich will sie Psychologie studieren,

3 Es war die Art, die ich liebe.

4 Jaakov Goldschmidt.

5 Raya Krolik-Goldschmidt, geboren am 30. Mai 1936 in Tel Aviv, starb am 24. Juni 1957 im Kibbuz Gadot.

6 Koordinator des Meschek.

7 Poliklinik (eigentlich Mirpaah).

8 Auch Nachal: Akronym der Worte Noar Chaluzi Lochem (Kämpfende Pionierjugend).

9 Chewre: Slang für Bande, die jungen Leute.

10 Bürotätigkeit.

aber sogar wenn sie שחרור[11] vom Militär bekommt, ist sie für jede Schule dieser Art oder für die Universität zu jung.
Kroliks sind in Sorge – und *ich* bin in Sorge um Kroliks, oder doch um Trudel: was wird aus ihr, wenn die Frage um Yael irgendwie gelöst ist, + Leere sich ihr auftun wird?!
Ich bin froh, dass Ihr bald zurück kommt. Trudel wird Dich sehr brauchen Gerhard. Du musst Ihr so viel Zeit widmen, wie Du nur kannst, hörst Du?[12]
Ich freue mich auch auf Dich!

Alle schönen Grüsse Euch beiden
Eure Lotte

[40] An Batschewa Kauffmann

30.XI.1958

Liebste Schewi,
Endlich schicke ich Ihnen zwei Skizzen für den Grabstein – vielleicht habe ich Sie so lange warten lassen, dass Sie schon ohne mich was unternommen haben??[13]
Die eine Zeichnung ist für ein Blumenbeet (oder grüne Pflanzung) mit einem kleinen Stein aufgelegt, die andere mit einer grossen Steinplatte über das ganze Grab + einen Busch oder Baum am Kopfende. Ich weiss nicht, ob das erlaubt ist, allerdings. Der grosse Stein ist natürlich viel teurer. In beiden Vorschlägen möchte ich die Steinbearbeitung ganz grob haben, möglichst natürlich, ich denke dabei an unseren armen Richard, der alles Natürliche liebte + gekünstelte Bearbeitung nicht. Aber Sie sollen entscheiden + die Kinder natürlich. Ich möchte gern heraufkommen + ev. gleich mit der Firma, die es machen soll, besprechen. Wer bezahlt es? die סוכנות[14] oder קקל[15] oder Sie? Lassen Sie mich wissen, wie Sie darüber denken. Ich bekam keine Antwort wegen der Gegenstände aus Richards Büro. Eventuell hätte ich auch Interesse an dem Zeichnungsschrank,

11 Befreiung.

12 Vgl. Gershom Scholem: Zum Gedenken an Raya Krolik. In: *Mitteilungsblatt* (*MB*), 02.08.1957, S. 4.

13 Richard Kauffmann war am 3. Februar 1958 in Jerusalem gestorben.

14 Jewish Agency.

15 Keren Kajemet Leisrael.

oder können Sie den nicht entbehren? Haben Sie vermietet? Ich meine das Büro schon abgegeben?
Ich erwarte Ihre Antwort. Ich würde dann heraufkommen.

Viele schöne Grüsse
Ihre Lotte

Die Zeichnungen sind nur Skizzen, wenn Sie sich entschieden haben, mache ich Arbeitszeichnungen.

[41] An Batschewa Kauffmann

o. D. [Ende 1958]

Liebe Schewi!
Hier ist die Arbeitszeichnung.
Ich würde gern haben, dass die מצֵיבה[16] nicht so furchtbar hoch wird, aber bitte sehen Sie sich das selber noch einmal an. Die Gesamthöhe, d.h. die Oberfläche des eigentlichen Steins, schlage ich auf 62 cm Höhe vor, wie es scheint, wollen beide Firmen schon den Sockel auf 65–69 cm machen. Mein persönl. Geschmack ist, dass es niedriger sein sollte. Entscheiden *Sie* das, ich glaube nicht, dass es eine Geldfrage ist.

1) Ich würde nicht gern den Sockel aus Beton machen, obwohl es sehr schöner sogenannter Kunststein ist, (aber wenn ich an Richard denke, so glaube ich, es wäre sehr gegen sein Material-Gefühl).

2) Auf den Extra-Rahmen oben kann man aber gut verzichten, wenn man die obere Stein-Reihe so ausarbeitet, dass sie den Rahmen für die Bepflanzung bildet. Ich stelle mir vor, dass der ganze Rand überwachsen sein soll, + der eigentliche Stein wie in ein grünes Beet eingebettet wirken soll.

3) Diesen eigentlichen Stein möglichst dick + grob bearbeitet, der Stein soll wirken. Wenn der galiläische Stein Ihnen viel besser gefällt, so nehmen Sie ihn, ich glaube, auch Castell kann sehr schön sein. Das wesentliche ist die Dicke + die Bearbeitung oder vielmehr, das Natürlich-Lassen des Steines. Die Firmen schätzen gern etwas auf, weil sie denken, „feine Leute“ wollen + sollen vor allem das Teuerste haben. Lassen Sie sich nicht überreden, wenn Sie nicht selber finden, es ist viel schöner!

16 Grabstein.

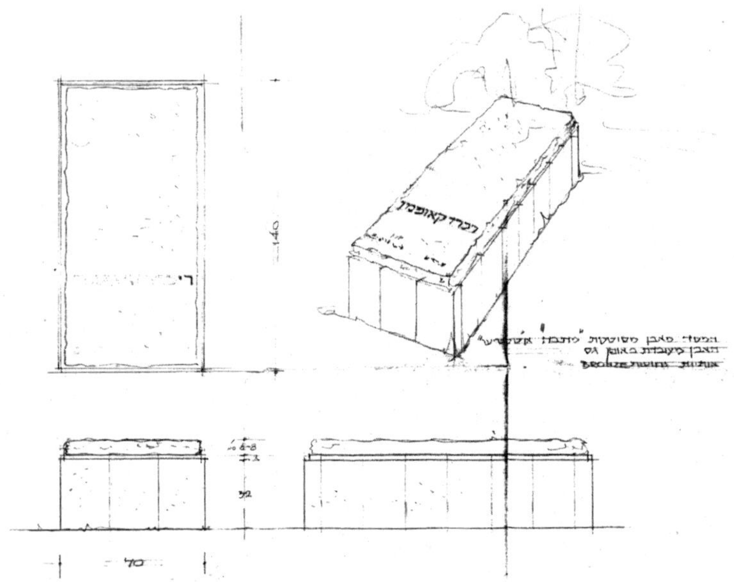

Abb. 8: Lotte Cohn: Entwurf für den Grabstein von Richard Kauffmann, 1958.

4) Mir scheinen 50 Buchstaben sehr viel. Mein Geschmack wäre *nur* der Name. So habe ich es bei Rosachens Grab gemacht + es ist sehr eindrucksvoll. Aber üblich ist noch Geburts- + Todesdatum, aber das alles zusammen kann nicht mehr als 30 Zeichen sein.

Ich schicke Ihnen alles, glaube aber es wäre gut, ich würde den letzten Abschluss machen. Sagen wir Dienstag oder Mittwoch? Einen dieser Tage – ich weiss noch nicht an welchem, muss ich hier zum Tabu[17] gehen. Sonntag werde ich das wissen + werde Sie dann anrufen. Aber wenn Sie wollen, besprechen Sie noch einmal alles vor. Überlegen Sie, was für Schrift Sie geben wollen, nicht die Typen, sondern ob Sie Text geben wollen oder nicht.
Ich melde mich Sonntag oder Montag.

Herzlichst
Ihre Lotte

17 Konnte nicht ermittelt werden.

[42] An Julius Posener

Lotte Cohn
6 Ben Amistr.
Tel-Aviv/Israel

17.II.62

Mr. Julius Posener
Franzensbader Str. 18 ½
Berlin/Grunewald
West-Deutschland

Lieber Julius!
Leider habe ich soeben Ihren Brief – bereitgelegt zur Beantwortung – mit den zum Wegwerfen aussortierten zerrissen. Aber da es so weit zurückliegt, werden Sie vermutlich eine Punkt–für–Punkt Beantwortung nicht mehr kontrollieren können. – Mein Lieber, es war töricht von Ihnen, zu glauben, dass ich Ihren Schritt, nach Deutschland zu gehen, moralisch so abwerten würde, dass ich nun nichts mehr von Ihnen würde wissen wollen. Wenn man über ein gewisses Alter heraus ist, so ist man, eine gewisse philosophische Einstellung vorausgesetzt, über den Standpunkt des „Unbedingten" hinaus, nicht wahr? Das Leben ist sowieso so kompliziert + schwierig, dass man sich zufrieden gibt, wenn einer einen modus vivendi herausfindet, der in irgendeinem Sinne zu einem fruchtbaren Leben führt. Ich bin also zufrieden, wenn Sie es sind, + ich wünsche aus freiem Herzen, dass Sie zufrieden bleiben mögen. Dass alles in diesem Punkte noch ein grosses Fragezeichen hinter sich schleppt, weiss ich, vielleicht besser als Sie. Aber das hängt nicht mit diesem einen letzten Schritt, nach Berlin zu gehen, zusammen, sondern an Ihrer eigenen innersten Natur – das Fragezeichen ist sozusagen bei Geburt in Ihrer Seele eingeschmiedet worden – + es gibt Lebensabschnitte, wo Sie selber es blutig spüren: Ihr Herkommen seinerzeit, Ihre Kriegserlebnisse in Deutschland, Ihre Heirat, die Taufen Ihrer Kinder – ich stelle mir vor, keines dieser Ereignisse war ohne Frage + vielleicht bittere Beantwortung zu überwinden. Es wäre auch nicht eindeutig für Sie gewesen, herzukommen, + praktisch ohne Zweifel viel viel schwerer, als Sie oder Charmian sich das ausgemalt haben. Es ist gut, dass die Kinder sozusagen die Entscheidung Ihnen abgenommen haben – so stelle ich es mir wenigstens vor. Man kann halbjüdische Kinder hierherbringen – aber *getaufte* halbjüdische Kinder nun mal nicht. *Damals* haben Sie eine Entscheidung getroffen, nicht jetzt, als Sie Berlin

gegen Haifa ausgekämpft haben,[18] + ich bin wohl nicht im Unrecht, anzunehmen, dass Ihre grossen Kinder Ihnen das zu Bewusstsein gebracht haben. Es ist gut, dass Sie nicht herkamen, + irgendwie ist mir ein Stein von der Seele, so leid es mir persönlich tut.

Ja, natürlich ist es schade, dass man nun auf Brief-Schreiben weiterhin begrenzt ist. Vielleicht – vielleicht auch nicht!! Ich möchte glauben, dass wir manche gereizte Auseinandersetzung vermieden haben – denn brieflich ist die obige Lebensphilosophie viel leichter – ich bin nicht sicher, ob ich sie „gekonnt" hätte, wenn ich Ihnen gegenüber gesessen hätte, + versucht hätte, Ihre komplizierte Seele zu verdauen. Sie hätte sich in jeder schwierigen Situation – + mehr als eine wäre aufgetreten! – hässlich nach aussen gedreht, + für einen einfältigen Menschen wie mich ist das gar nicht so leicht. Sie verstehen das?

Aber zu Besuch müssen Sie nun entschieden bald mal kommen + viel erzählen. Ihr avancement zum Was weiss ich? Professor? Macht mich sehr stolz – aber (wie man hier sagt): es kommt Ihnen zu, "מגיע לך!"[19]

Ich bin sicher, dass Sie mit deutschen Jungen + Mädels (?) leichter Kontakt finden werden, als zu unseren Zabres[20], so nett die auch sein mögen. Sprache ist nun mal das Medium des Kontakts + wenn die nicht ganz + gar funkt, so ist es ein handicap, besonders bei Menschen wie Sie es sind, so sehr auf kultivierten Ausdruck gestellt!

Schreiben Sie bald wieder mal, Ihre Briefe sind gut, besonders gut, + man hat ja auch viel von brieflichem Verkehr, schreiben + lesen gleicherweise geben einem viel, nein? Mir bestimmt – ein klein Stückchen Schriftsteller steckt, glaube ich, in uns beiden + will heraus + Briefe sind eben für mich der einzige outlet: zum Dichter bin ich ganz + gar nicht geboren. Sie ja!!

Von uns? Pfund-Devaluation! Mehr hört man nicht! Übrigens nimmt das Publikum es ganz gut – keine Shock-Reaktion, oder doch kaum. End-of-season-sales ohne Preiserhöhung, alle Läden sind voll Ware – bisher noch nichts vom Markt verschwunden, hoffentlich bleibt es so!! Das kann man nicht wissen. Es scheint nicht ganz so gut von der Regierung vorbereitet zu sein, wie es sollte. Die Erleichterungen, die Hand in Hand gehen müssen bei Zoll + Steuern sind noch nicht heraus + manches ist im Dunkel. Unternehmer geben keine Preise ab ohne entsprechende Klausel. – Ich persönlich lasse es an mir abgleiten. Da ich viel zu dumm bin, vernünftig in Geldsachen zu handeln, werde ich, wie immer, leiden müssen. Man ist nicht ungestraft dumm!

18 Posener hatte zeitgleich mit seinem Ruf an die Hochschule für Bildende Künste in Berlin (heute Universität der Künste) auch eine Professur am Technion in Haifa angeboten bekommen.

19 Du hast es verdient!

20 Siehe Glossar: Sabre.

Gesundheitlich alles in bester Ordnung – ein bisschen Arthrosis in den Knien, eine Schleimbeutelentzündung im Ellenbogen – ich habe es vom Silberputzen, feine Leute kriegen es vom Tennis-Spielen! Aber alles in allem ganz + gar aktionsfähig.
Wir bauen fleissig – der Ernst viel mehr als ich, denn die alte Schachtel ist natürlich doch nicht mehr so ganz up to date. So geht das eben, man muss da resignieren + mit den Naturgesetzen sich abfinden! Nicht jeder ist Churchill oder Adenauer! Ich bin eben bloss –
aber mit vielen Grüssen für Sie + Charmian –
Lotte Cohn

[43] An Julius Posener

Lotte Cohn
Tel-Aviv
Ruppinstr. 15

20.XII.63

Herrn Julius Posener, Architekt
Berlin W.
Franzensbaderstr. 18 ½
Deutschland

Meine lieben Poseners!
Was ist los? Vor einiger Zeit telefonierte ich mal an Lotte P. + wollte hören, ob Sie noch in Berlin sind + was sich tut. Ich hätte aber gern mal direct gehört (Ich schreibe deutsch, in der Annahme, dass Charmian inzwischen besser deutsch kann als ich englisch).
Also nun: wie geht's, wie steht's? Arbeit? Privatleben? Kinder? Ich wünsche einen detaillierten report, unterteilt nach A) B) C) usw., wie wir das mal in der Schule gelernt haben. Da ich einsehe, dass ich nichts verlangen kann, ohne Gegenleistung, so beginne ich den meinen:

A) Privatleben.
Julius ich bin in diesem Jahr 70 geworden!! Was sagen Sie dazu? Es ist + bleibt ein grosser Schock – obwohl es nun schon fast ein halbes Jahr zurückliegt, das ist kindisch, aber so ist es! Das Schlimme ist, dass kein Mensch selber merkt, dass er älter geworden ist, d.h., natürlich nur im letzten Winkel des Herzens oder der Seele, oder wo immer nun das eigene Selbst sein Local hat, ich weiss es nicht. Man merkt, wenn die Beine Arthrosis kriegen (wie bei mir) oder das

Bücken nicht mehr geht, wie früher, man nicht mehr Seil-Springen kann oder Dauerlauf machen, weil das Herz puckert, aber dies alles geschieht im Grunde nicht der siebzigjährigen Alten, sondern dem siebzehnjährigen Mädel, das man mal war, + das sich wundert, warum sie das nun nicht mehr kann. Ist das nun auch schon Senilität? Wahrscheinlich! Ich kann nur sagen, im Grunde bin ich dieselbe geblieben, unsicher + mit 100 Wünschen + Plänen für eine Zukunft, die ja gar nicht mehr da ist. Mein Verstand ist noch ganz scharf, + ich weiss, dass ich genau das erlebe + durchmache, das ich bei so vielen Alten beobachtet habe; sie merken eben nicht die kommende Senilität, + so wird's wohl bei uns auch sein, + wenn Sie mir jetzt schreiben werden (worauf ich warte!): „aber keine Spur sind *Sie* senil!" – so werde ich es zwar freudig hören + sofort denken, so hätte ich vor 15 Jahren zu meiner siebzigjährigen Freundin auch gesagt – + im Grunde mitleidig gelächelt!!

Ich lebe mein gewohntes Leben so weiter, wenn auch ein bisschen „auf Abbruch", habe mit dem Ernst verabredet, dass ich dies Jahr, endend März 1964, zu 2/3 mittue, dann noch weiter zu 1/3 + weiter ohne Plan, denn es steht ja noch zu hoffen, für alle Teile, dass ich in der Zwischenzeit abschramme. Im Augenblick bin ich sogar sehr fleissig + bearbeite ein Projekt ganz + gar, + fühle mich „als wie in alter Zeit". Ich habe mich ein bisschen auf Innenarchitektur geworfen, aber es bleibt mehr beim Wunsch als bei der Durchführung: wer zieht nicht einen dreissigjährigen Architekten vor? Dabei bin ich überzeugt, dass man gerade in diesem Zweig mir die 70 nicht anmerkt. (Bei der Architektur sehr, da kann ich mit dem „Neusten-Allerneusten" nicht mehr mit!) Wie z. B. der junge Sohn[21] von Arje[22] Sharon sich bei Mahrer damit einführte, dass er sagte: „Wir (eine avantgardistische Firma von jungen Architekten) arbeiten modern, machen nicht solch Zeug wie z. B. mein Vater!" Wie Sie sehen, bin ich schon zu *B) Arbeit* übergeglitten.

Julius, all dies sich-Zurückziehen ist furchtbar schwer. Ich bin leider zu klug, um mir einreden zu können, dass nicht ich, sondern andere oder widrige Umstände mich aus der Aktivität herausdrücken. Keinerlei widrige Umstände, sondern der natürliche Ablauf der Dinge tut das. Ich bin weder Adenauer noch Churchill noch sonst eine Koryphäe, nicht mal Frank Lloyd Wright, + der durchschnittliche Mensch ist eben mit 70 über den Haufen gerannt, besonders heutzutage + in unserem Beruf, der alle drei Jahre neue Modernismen treibt, + der so sehr auf Konkurrenz gestellt ist, + mit einem Publikum, das doch in keiner

21 Der Architekt Eldar Sharon.

22 Gemeint ist Arieh.

Weise gut von schlecht unterscheiden kann, + in jedem Falle Ah! sagt, wenn was noch nie Dagewesenes vor ihn gestellt wird. Man erlebt es doch alle Tage.

C) Schluss. Sie sehen, ich schütte Ihnen mein Herz aus + ich bitte um tröstliche Reaktion! Erzählen Sie von sich + von *Ihrer* Arbeit + Leistung, + was für Erlebnisse *Sie* haben in Anbetracht der neuen Entwicklungen, die ja in Berlin eher noch stärker zu spüren sind, als hier in der Provinz. Ich werde Ihre Adresse einem kl. Israeli Architektur-Studenten[23] schicken, der sich vielleicht mal bei Ihnen zeigen wird. Er braucht keinerlei besondere Hilfe, aber da ich mir vorstellen kann, dass eine Bekanntschaft mit Ihnen grossen Eindruck machen kann + sehr fruchtbar sein [*kann*], so will ich sie vermitteln. Ich kenne den Jungen sehr wenig – eher seine Mutter[24], die eine Siedlerin aus רמות השבים[25] ist, + die ich sehr gern habe – also wenn er uninteressant ist, stürzen Sie sich nicht in besondere Bemühungen. Vielen Dank in jedem Falle.
Erinnern Sie sich, dass ich Sie mal um Ihre Gedichte gebeten habe? Heute revanchiere ich mich: Ich hatte Angst, dass jene furchtbaren Artikel im deutschen Blättchen[26] erscheinen würden, Schablone x, wie man sie schreibt, um „bewusste" Jubilare zu ehren. Daher schrieb ich einen „Nachruf bei Lebzeiten" gewidmet dem Redakteur des Mitteilungsblattes[27]. Hier ist es:

I
Ich ward geboren Achtzehndreiundneunzig,
Und wenn nicht meine Rechenkünste trügen,
Kaum glaublich aber wahr, mein Leben scheint sich
Zu siebzig Runden dieses Jahr zu fügen.

Mein lieber Tramer, ziehn Sie nicht die Akte
Hervor, mit „Glückwunschreden, a) für Siebzigjährige"
Denn, wissen Sie, gerade der Hochbetagte
Rangiert sich ungern nur in diese Serie.

„In alter Frische noch so manches Jährchen ..."
„Im Kreis der vielen Freunde ..." „... noch aktiv" –
Dies sogenannte Glück ist nur ein Märchen,
Und höchstens, unter uns, ganz relativ.

23 Michael (Micky) Meyer.

24 Anneliese Meyer.

25 Ramot Haschawim.

26 Das in Tel Aviv erscheinende deutschsprachige *MB*.

27 Hans Tramer.

Wer kann das Greis sein wirklich schon geniessen?
Und „Jubelgreis“ gar – alles ist nur Name!
Glaub, lieber Leser, mir, ich muss es wissen,
Kein Mensch ist gerne „rüst’ge alte Dame“.

Und also lassen wir die Höflichkeit,
Ich weiss, Du willst mir Freundschaft nur bezeigen.
Ich weiss Bescheid, Du weisst Bescheid:
So lass uns schweigen.

II
Sei ein guter Zionist,
Jeder wird Dich loben,
Ge’rad als ob Du damit bist
Der Kritik enthoben.

Kamst Du gar als ein Chaluz
Schon vor vier Jahrzehnten,
Wird ob dieses Heldenmuts
Das Gered nicht enden.

Lasst nur diese Referenz
Sie ist nicht gerechte.
Jeder tut ja letzten End’s
Doch nur, was er möchte.

Opfermut + Kampfbereit
Alles ist Gefasel:
Dass ich kam zur rechten Zeit
War nur reiner Masel[28].

Es waren noch einige mehr, aber es lohnt nicht. Solche Sachen schmecken nur frisch aus dem Ofen, wie warme Semmeln, nachher werden sie latschig.
Und somit Gottbefohlen + fröhliche Weihnachten. Sie sehen, Sie rangieren unter meine „christlichen Freunde“, denen ich Weihnachtsgrüsse schicke. So geht das eben, alles hat seine Konsequenzen.
Kuss Lotte Cohn

28 Jiddisch: Glück.

[44] An Julius Posener

Mr. Julius Posener, Architekt
Berlin
Franzensbaderstr. 18 ½
Germany

10.9.64

!לשנה טובה![29]

Lieber Freund Posener,
ich muss mich sehr schämen, dass ich so verspätet für das Buch + den Max Taut[30] danke, beides kam in kurzem Abstand an, + beides ist mir höchst interessant + wertvoll. Ich denke übrigens eben nach + merke, dass ich auch nicht für die wertvolle Information über die diversen Hochschulen gedankt habe – I am a pig! (Auf englisch klingt es nicht ganz so schlimm!) Julius, ich glaube Sie sind mein gescheitester + interessantester Freund, ich muss das zugeben! Ich muss zurückdenken, warum Sie eigentlich im persönlichen Verkehr manchmal ein bisschen schwierig waren! Wahrscheinlich gehört zur Gemütlichkeit ein kleiner Schuss gelegentlicher Primitivität – + der geht Ihnen gänzlich ab. Einen Brief tut man zur Seite, wenn er sehr geistesbelastet ist, + nimmt ihn wieder vor, wenn Bedarf an Geist vorhanden ist. Im Augenblick lechzt es mich ordentlich danach, + die Vorstellung, Sie möchten jetzt neben mir sitzen, + wir könnten ein bisschen über hoch + tief diskurrieren, bereitet mir wirkliche Sehnsucht. Kommt mal wieder einer Ihrer klugen + lieben Briefe?
Ich lege ein allerletztes Foto bei, + füge hinzu, dass ich stark angeleuchtet + unter Blitzlicht gesetzt war, was alle Schrumpeln mit starken Schattenreflexen (gibt es so was? Nein! Also einfach Schatten) hervorgehoben hat. Selbst meine ärgsten Feinde sagen, dass ich *so* alt schon wieder nicht aussehe. Sonst ist es aber gut.
Ich verstehe, Sie arbeiten viel + aufreibend – ich beneide Sie, dass Sie so sehr produktiv + aktiv sind. Mir geht es sehr sonderbar: ich merke deutlich, dass meine kreative Kraft – viel hatte ich nie davon – auf dem Gebiete der Architektur sehr geschrumpft ist. Ich habe keine Traute mehr, wie der Berliner sagte – + andererseits fühle ich mich mitten oder im Anfang einer Entwicklungsperiode, von der ich gar nicht mal sagen kann, was sich eigentlich entwickelt + wohin es führen wird. Ich wünschte, ich könnte aufhören meinen Beruf auszuüben, aufhören Geld zu verdienen, + nur mal nachdenken – vielleicht würde ich dann

29 Glückliches Neujahr!
30 Vgl. Julius Posener: *Max Taut*. Berlin: Akademie der Künste 1964.

merken, in welcher Form ich mich dann ausdrücken könnte. Vielleicht tue ich das bald, d.h. aufhören mit der Architektur, + dann woll'n wir mal sehen, ob ich noch die alte Lotte, will sagen, die junge, bin. Ich wünschte, ich könnte mal mit einem Altersgenossen reden + hören, ob es ihm oder ihr so ähnlich geht. Ihr alle, der Ernst + Sie sind doch noch babies + wisst gar nichts! Und die meisten Gleichaltrigen sind senil oder zumindest so arriviert, dass sie nur noch eingleisig nachdenken. Ich bin weder das eine noch das andere, + auch nicht eingleisig, glaub' ich wenigstens. [...]
So, nun will ich fragen, wie es bei Euch steht. Charmian, if he can't find the time to write, please let *you* know me, how everything is going. I am most interested to hear about Alan, who surely is grown up by now or at least no longer a child. Is he staying in Berlin or in an English boarding school? The smaller ones I suppose have turned out to be Berliner Rangen (Julius will explain!) How old is Jill? Well I ought to know, she was about a year when I came to see you in Greenwich. 10 years ago!
How you are getting on in Berlin? I know you are not too happy there, it is a pity, because there *are* nice + clever Berliners, + if you could talk German, you might find friends among them. I suppose you cross over to London now + then – + how about coming here again for a visit? Can you leave the children alone or not yet? And then I am afraid, it's Julius turn to come here – he has not been here for ages. "Afraid" that's not the right word – of course I would be most happy to have him here for a while, but afraid for you, that you will have to wait a bit, till it will be your turn again.
Again, let me have a word, if you can spare the time, I really want to know what's going on with the Poseners.

Love to both of you
Lotte

[45] **An Gershom Scholem**

4.5.66

Lieber Gerhard,
Es war nett von Dir, mir gleich zu schreiben – es war der erste Brief, der aus Amerika kam[31] – allerdings hat mich Miriam gleich angerufen aus Los Angeles, das war eine grosse Freude, soweit man sich über etwas freuen kann, was einen traurigen Anlass hat.

31 Scholem hielt sich 1966 für eine Vortragsreihe an der Yale University, New Haven, auf.

Du kannst Dir denken, wie mir zumute ist. Ich weiss sehr gut, dass der Tod einer 83-jährigen keine Tragödie ist.[32] Sterben gehört mit zum Leben dazu, + wenn es jemandem glückt, aus einem schönen Altersleben den Weg ins Sterben relativ leicht zu finden, so soll man es als einen guten Abschluss nehmen.
Aber für den, der dabeisteht + zurückbleibt, sieht es doch sehr anders aus, + es gelingt einem nicht, so leicht, so einfach ja + Amen dazu zu sagen, obwohl man es ja wirklich sagt + sich überreden will, es kommt von Herzen, *dies* Ja + dies Amen!
Die 8 Tage, die Pessachtage, waren sehr traurig + schwer für mich. Eigentlich eine lange Totenwache, denn für mich war sie schon nicht mehr da, als ich sie vollkommen verwirrt am ersten Tag in der Hadassah besuchte. Sie hatte auch klarere Stunden, aber ich konnte mich daran nicht freuen, denn dann war sie sich auch des Endes mehr bewusst, + bei mir kam die Angst auf: Nur so einen Anfall nicht überstehen! Sie wäre nie wieder ganz normal gewesen, + meine gescheite + witzige Schwester Lene halb verblödet weiterleben zu sehen – nein!
Und mit Lene zugleich ist natürlich mein Jerusalemer Zuhause versunken, das ist ein zweiter schmerzlicher Abschied. Ich habe eine kurze Zeit erwogen, diese Wohnung für mich zu halten, aber es wäre sinnlos. Es wäre auch das Zuhause nicht mehr, ohne Lene + ohne die besondere Atmosphäre, die zu ihr gehörte. So werde ich also den Haushalt auflösen, in einer der nächsten Wochen. Und wenn ich mal heraufkommen wollen werde, in Zukunft, so wird es, so denke ich, bei Euch oder sonstwo, eine Möglichkeit geben.
Ich will, vielleicht sogar heute, zu Tante Hedwig gehen, die sehr erschüttert war. Ich habe sie am Telefon gesprochen + auch Eva.
Fania war rührend nett zu mir, überhaupt helfen mir alle Freunde, + eines Tages werde ich mich an den Gedanken gewöhnt haben, die Letzte meiner Generation zu sein. Ich bin ja leider sentimental, + es wird länger dauern als bei anderen. Aber es wird schon gehen.

Ich freue mich, dass es Dir gut geht. Übrigens fand ich Fania das letzte Mal besser + hoffnungsfreudiger, dass der neue Arzt ihr doch vielleicht aus der Krankheit der Beine heraushelfen wird.

Mit herzlichem Gruss
Deine alte Lotte

32 Helene Cohn starb am 12. April 1966 in Jerusalem.

[46] An Hans Tramer

Juni 1966[33]

Lieber Dr. Tramer.

Vielen Dank. Ich habe es [*das erste Manuskript zu dem Aufsatz über Vater + Emil*][34] aufmerksam gelesen – und was soll ich nun dazu sagen?

Zuerst mal persönlichen Dank, dass Sie sich überhaupt dieser Sache annehmen, natürlich tut es mir wohl.

Soweit diese Arbeit dem Zweck des Bulletin[35] nachkommt, nämlich ein dokumentarisch belegtes Zeitbild, in diesem Falle im Spiegel zweier Menschenleben, zu geben, ist ja überhaupt nichts dagegen zu sagen.

Einige kleine Ungenauigkeiten, die ebenso unausgebessert bleiben können: mein Vater ist nicht 1866 nach Steglitz gekommen. Seine erste Praxis war in Lebus, dort war seine erste Ehe, und dort ist mein Bruder Hans geboren 1872.[36] Ob mein Vater sehr bald danach oder etwas später nach Steglitz ging, weiss ich nicht. Jedenfalls war er schon eine Weile dort ansässig, als er meine Mutter heiratete, 1877.

Dass das Charakterbild meines Vaters anders war als es aus Ihrem Artikel hervorgeht, kann ja natürlich auf Gottes weiter Welt nur noch für mich von Interesse sein.[37] Es gibt vielleicht ausser mir nur noch zwei Menschen, die ihn noch persönlich gekannt haben: Richard Mayer (jetzt 91) und Arthur Biram (jetzt 88).[38] Ich weiss also nicht, ob es lohnt, an Ihrer Arbeit noch zu rühren. Mein Vater war ja weitgehend unbekannt, also was hat es zu bedeuten, ob er so oder anders war, zumal er ja ohne Einfluss geblieben [ist] auf die Geschicke der Judenheit, ausser, wenn man will, dass er seine Kinder so erzogen hat, wie er es tat, und auch das ist ja weiter keine Grosstat.

Aber um der Wahrheit willen, will ich doch das niederschreiben, was ich von seinem Charakterbild weiss. Ich war ein Kind, als er starb, aber sein Stempel im Familienleben war sehr stark zu spüren, sogar nach seinem Tode. Aus Ihrem Aufsatz geht nicht hervor, dass mein Vater gut jüdisch war. Er stammte aus einem sehr armen und wohl noch stark ost-jüdischem Hause. Die Grossmutter

33 Vgl. die Anmerkungen zur Abschrift des Briefes und der Datierung in der Einleitung.

34 Von Lotte Cohn in der Abschrift handschriftlich ergänzt.

35 *Bulletin des Leo Baeck Instituts*.

36 Seine erste Frau Helene, geborene Ephraimson, starb 1872 nach der Geburt des Sohnes Hans im Kindbett.

37 Zum Zeitpunkt, als Lotte Cohn ihren ursprünglichen Brief an Tramer verfasste (1965), lebte auch ihre Schwester Helene noch.

38 Die Altersangaben von Mayer (Jg. 1875) und Biram (Jg. 1878) beziehen sich auf 1966, das Jahr der Abschrift.

war sehr stolz darauf, dass er[39] ein Kohen war und wollte deshalb auch so heissen. Unser wirklicher Familienname ist nämlich Rachmiel und meines Vaters Geburtszeugnis lautet noch auf diesen Namen. Ich weiss das aus einer Episode, die sehr charakteristisch für meines Vaters jüdischen Stolz war. Als er seine Heirat am Standesamt in Berlin (meine Mutter lebte damals schon in Berlin) anmelden wollte, weigerte sich der Beamte. „Ich kann das nicht, denn für mich ist Ihr Name Rachmiel – aber es ist ganz leicht, Ihren Namen wieder umzuschreiben". Das wollte mein Vater nicht. „Aber es kann Ihnen doch nichts daran liegen, gerade Cohn zu heissen?" „Doch, gerade daran liegt mir!" Und ging nach Steglitz, wo der Dorfbeamte seinen Doktor Cohn kannte und bereit war, ihn auf diesen Namen zu trauen.
Mein Vater war gottesgläubig, aber hielt sich nicht an rabbinische Vorschriften, wie Kashrut und Sabbatruhe im Sinne der Orthodoxie. Andererseits ging er am Shabbat in die Synagoge, auch wir Kinder gingen und sogar in die orthodoxe Synagoge. Er kannte alle Gebräuche sehr gut und hat seinen Kindern alles Schöne davon zu geben verstanden. Bei uns wurde jeder Shabbatabend gehalten und alle Berahot[40] gesagt – über treifenem[41] Essen. Es wurde Havdala gebenscht,[42] und Sederabende waren grosse Feste mit vielen Gästen. Es wurde sogar chomez gebattlet[43] (ohne pessachdiges Geschirr). Es wurden Chanukkalichte angesteckt, mit allen Liedern, und es wurde Lulaf gesockelt[44]. Selbstverständlich wurde gefastet, und wir waren von morgens bis abends in Schul. Dies alles kam allein vom Vater – denn meine Mutter hatte wenig davon zu Hause mitbekommen. Dieser Grossvater – nicht die Grossmutter, die ihrerseits aus sehr frommen Hause stammte – war völlig freisinnig, ein bewusster Freigeist, der 1848 auf den Barrikaden in Berlin gekämpft hat, selbstredend einen Weihnachtsbaum im Hause hatte. Ohne Zweifel hat *Mutter* diesen in meinem Elternhaus eingeführt, und mein Vater liess sie gewähren – bis in seine Gesinnung der grosse Umbruch kam. Das gerade war das Charakteristische an meinem Vater, dass er innerer Revolutionen fähig war. Er war ein äusserst selbständiger und

39 Ihr Mann Elias Cohn.

40 Segenssprüche.

41 Den jüdischen Speisegesetzen entsprechend unrein und daher nicht zum Verzehr erlaubt.

42 Hawdala (Unterscheidung) ist ein religiöses Ritual im Judentum, bei dem zwischen der Heiligkeit des Schabbat und des Feiertags einerseits und dem profanen Charakter des Werktages andererseits unterschieden wird. „Hawdala gebenschen" heißt, das „Weihegebet sprechen", mit dem der Schabbat und der Feiertag verabschiedet werden.

43 Alle gesäuerten Lebensmittel (Chamez) vor Pessach aus dem Haus kehren, entfernen.

44 Der Zweig der Dattelpalme (Lulav) ist der größte Zweig im Feststrauß (hebräisch *arba minim*, „vier Arten") am Laubhüttenfest (Sukkot). Der Lulav wird nach allen vier Seiten und nach oben und unten geschüttelt (gesockelt).

unabhängiger Denker, und wenn er zu einem Denkergebnis kam, so richtete er sein Leben danach aus, und zog alle Konsequenzen, unabhängig davon, was er vorher gedacht oder getan hatte. Übrigens glaube ich nicht, dass mein Vater den Weihnachtsbaum „auf die Strasse geworfen“ hat – ich kann mir nicht denken, dass er seine rein christliche Umgebung so brüskiert hat, er war ein sehr liebenswürdiger, sogar charmanter Mensch, + so möchte ich glauben, dass Emil diese Episode etwas dramatisiert ausgeschmückt hat. Sagen wir, „er hat ihn in den Hof geworfen“. Dass er allerdings strikt und endgültig mit der Weihnachtsfeierei in seinem Haus Schluss gemacht hat, als Lene, sechsjährig, den in der Schule gelernten Weihnachtswunsch vom Heiland und Erlöser aufsagte, weiss ich von Lene selber, und ich kann wohl glauben, dass es dabei einen dramatischen Auftritt gab, denn mein Vater war leidenschaftlich.

Nicht ganz den Tatsachen gemäss ist die antisemitische Angelegenheit dargestellt; es ist nicht wichtig, wie es in Wirklichkeit war, wichtig aber ist, dass sie von so bösem unverhüllten Antisemitismus war, dass darin schon einiges vom Hitlertum vorspukt. Der andere Arzt[45] bescheinigte einer Hebamme[46], die das Kind zu heiss gebadet hatte, dass dieses Neugeborene nicht an den Brandwunden, sondern an einer harmlosen Salbe, die mein Vater, der nichts mit der Entbindung zu tun hatte, verordnet hatte, gestorben war. Die Eltern hatten meinen Vater in ihrer Angst gerufen – und die Hebamme, die ihrerseits anders gerichtete Angst hatte, den christlichen Kollegen hinterher. Mein Vater ist zweifellos an dieser Angelegenheit zu Grunde gegangen. Nicht so sehr an den Fakten, denn das Ärzteehrengericht wäre ganz bereit gewesen, ihm 95 % recht zu gegeben, so eindeutig war der Fall. Er verlangte 100 % Recht und machte einen Michael Kohlhaas-Fall daraus. Er kämpfte Monate oder Jahre und ging schliesslich fort aus Steglitz, aus seinem Beruf und man kann wohl sagen, er ist daran gestorben. Meine Mutter erzählte immer, es wäre qualvoll gewesen anzusehen, wie entsetzlich er unter dieser Sache gelitten hätte. Zweifellos hatte mein Vater eine hysterische Veranlagung und konnte sich von Erlebnissen zerfressen lassen. Allerdings wie man aus seinen literarischen Arbeiten sieht, waren diese Erlebnisse auch fruchtbar, die besondere Dringlichkeit, mit der sie geschrieben sind, erklärt sich aus der ungewöhnlichen Erlebniskraft, der seelischen wie der geistigen.

Übrigens war die Mutter weit eher die Musische im Elternpaar, nicht der Vater. Mutter war ganz Temperament, Vater der Geistige. Beide waren sie ganz besonders humorvoll, von beiden Eltern konnten wir die Kunst zu lachen erben, und haben sie übrigens alle geerbt. Bei uns wurde jederzeit viel und herzlich gelacht.

45 Ernst Schwechten.

46 Marie Dorothea Friederike Lemke.

Ich kann übrigens nicht finden, dass meines Vaters Arbeiten so besonders literarische Gaben zeigen. Finden *Sie* das? *Ich* finde die Sachen schwer lesbar. Es ist alles eigenartig und klug – aber doch nicht einprägsam geschrieben? Dass Vater Gedichtchen zu Geburtstagen machte, ist ja wohl kaum etwas besonderes. Im allgemeinen glaube ich, dass Emils Begabungen durchaus auch von Mutters Seite herstammen. Von ihr hat er sein besonderes Temperament geerbt – und ich fürchte, dass er nicht allzu viel von Vaters Intelligenz mitbekommen hat. Das Poetische und Phantasievolle wohl mehr von Mutter, die übrigens auch Verschen gemacht hat. Das haben wir allerdings alle getan, bis ins Alter übrigens, aber ist das nun „erwähnenswert"? Solche Verschen-Schreibereien werden ja wohl mehr oder weniger in allen jüdischen Familien fabriziert – und in diesem Zusammenhang *verlange ich dringend*, dass Sie meiner „literarischen" Leistungen keinerlei Erwähnung tun, es war doch lächerliche Spielerei, und die Erwähnung blamiert mich nur. Das gleiche gilt für Emils frühe „dichterische Produktionen". Lene sagte immer, jenes „Drama", das übrigens die *Einnehmung* von Sedan hiess, laut Theaterzettel, wäre der grösste Quatsch gewesen, und wenn Emil überhaupt etwas dazu getrieben hat (er war kein besonders lernbegabtes Kind) so mehr die Lust an Schauspielerei und Dramatik, die ihn auch wohl sein ganzes Leben nicht verlassen hat. Bei uns wurde übrigens in allen Jahrgängen unaufhörlich gedichtet, gereimt und aufgeführt, mit verteilten Rollen gelesen, überhaupt laut gelesen – ich entsinne mich, dass die „Jungens" als sie grössere Schüler waren Ibsen mit verteilten Rollen in grosser Dramatik gelesen haben. Aber all das war doch Spielerei und nicht besonders charakteristisch, jedenfalls nicht für meinen Vater, höchstens insofern, als er grosse Freude daran hatte und soviel ich weiss nie den geringsten Einwand machte, wie er überhaupt, besonders in seinen letzten Jahren, ein entzückender Vater war, verständnisvoll, tolerant und lustig. Dies übrigens im Gegensatz zu den jüngeren Jahren, wo er stark dominierend gewesen sein soll. Umgekehrt, denn er war überhaupt voller Widersprüche, war er recht unverständig in der Beratung seiner Kinder in der Berufswahl. Mein Bruder Max ist entschieden dabei zu kurz gekommen. Ebenso Lene, die, wie ich glaube, die Klügste von uns allen war und die er aus irgend einem lächerlichen Grunde und Protest gegen die Schule mit 14 Jahren herausnahm und sie kaum mehr etwas lernen liess, denn: „*Ich* würde lieber eine Köchin, als eine Lehrerin heiraten." Das war so eine von seinen Übertreibungen, zu denen er in gereiztem Zustande neigte. Denn in Wirklichkeit war die Ehe meiner Eltern (nach Mutters Aussage) eine hervorragend kameradschaftliche, was in dieser Generation eine Seltenheit war. Und mein Vater hat in jeder Beziehung genossen, dass meine Mutter keineswegs der Typus Köchin war, sondern gebildet und gescheit, jedenfalls mit viel Commonsense und eignem Urteil.

Emil, das ist wieder etwas anderes. Und da Sie ihn ja gekannt haben, will ich mich nicht einmischen. Eine Schwester sieht natürlich vieles anders als der Aussenstehende, aber vielleicht ist das Bild, das dieser sieht, sogar das authentischere.
Zu einigem Tatsächlichem: Emil hat nicht „Zionismus propagiert" in seinem Unterricht. Er verwahrte sich ausdrücklich gegen diesen Vorwurf. Er hat seiner Erwähnung getan, mehr nicht. Nun, diese Nuance ist wohl jetzt ganz unwichtig.
Noch etwas: soviel ich weiss ist Emil noch in derselben Nacht, als die Bar-Mitzwa-Gäste fort waren, geflohen – er wäre sonst den Tag danach wieder verhaftet worden, was wohl sicher den Tod bedeutet hätte.

Noch einmal: Vater. Wir alle haben sehr stark das Bedürfnis gehabt, Freundschaften zu pflegen und zwar solche, die das ganze Leben gehalten haben. Ich glaube diese Eigenschaft haben wir von Mutter. Ich entsinne mich vieler Jugendfreundinnen von Mutter (alle Christinnen) – und keines Freundes von Vater. Ich weiss von einem offenbar nahen Freund von ihm, denn Emil trägt seinen Namen. Aber sonst besinne ich mich nicht, je von einem Freund von Vater gehört zu haben. Da gab es ein paar Familienfreundschaften aus Steglitz, aber ich habe den Eindruck, Mutter war die Trägerin. Ich möchte also glauben, mein Vater war im tiefsten Inneren mit sich allein, ungeachtet, dass er ein charmanter Unterhalter war und geselliger Mensch war, überall beliebt und beinahe angeschwärmt.
Natürlich *weiss* ich das weniger, als ich es mir aus Unterhaltungen und Erinnerungen, an das, was erzählt wurde, zusammentrage, ich war ja noch sehr klein als er starb. Und ausserdem wissen Kinder selten das Wesentliche von ihren Eltern. Mutter, die wie ich schon sagte, ihrem Manne ausserordentlich nahe war, hat mir oft und viel von ihm erzählt, und so muss ich wohl glauben, dass das, was ich niederschrieb, ein ziemlich wahres Bild seines Wesens ist.

Entschuldigen Sie die Weitschweifigkeit. Aber die berühmte „literarische Neigung" ist mit mir durchgegangen.
Im Übrigen überlasse ich Ihnen, ob Sie etwas ändern wollen oder nicht. Es ist ja wohl im Zusammenhang mit den Interessen des Bulletin nicht so wesentlich, ob dies oder das ganz richtig gesehen ist oder nicht.
Also, wie Sie wollen – wenn Sie mich dennoch brauchen, bin ich zu Ihrer Verfügung. Ich fahre wahrscheinlich Dienstag nach Jerusalem, bin aber abends zurück.

Beste Grüsse
Ihre Lotte Cohn

[47] An Julius Posener

29.X.67

Lieber Posener
Ich glaube, es ist Zeit, die Beziehungen wieder aufzunehmen – aber *Sie* haben sie abgebrochen – nicht ich.
Ich war ein halbes Jahr auf Reisen, in den Amerikas, von Süd – über Mittel – nach Nord-Amerika. Natürlich auch in Europa, England, Schweden, Schweiz. Den Krieg[47] habe ich in Los-Angeles erlebt, war auch nicht schön, aber als ich mich entschloss nach Hause zu fahren, war es schon zu spät, + dann war alles schon vorbei, + ich setzte die etwas gestörte Reise fort + schliesslich war auch der zweite Teil – nach dem Schock – noch sehr schön. Aber es lohnt nicht anzufangen zu erzählen, es gäbe ein Buch, + wohl nur für mich interessant.
Als ich zurückkam fand ich Ihren Vortrag, oder war es ein Artikel? über die „Anfänge des Funktionalismus"[48] hier vor. Dank für die Übersendung. Er ist sehr gut geschrieben, wie alles, was aus Ihrer Feder kommt. Für mich ein bisschen zu subtil, aber das ist subjektiv, ich weiss es. Es ist ein sehr kluges Bild der Entwicklung, aber leider interessiert es mich nicht mehr so sehr, ausser, dass es wirklich vorzüglich geschrieben ist, ein Kunstwerk der Darstellung + als solches eine Freude zu lesen – aber sonst? Ich fürchte, ich habe aufgehört Architekt zu sein.
Ich habe wirklich aufgehört, nicht so sehr, weil ich keine Schaffensfreude mehr hätte, sondern, weil so wenig zu tun ist, dass es nicht lohnte, im Augenblick mein Bisschen noch dazuzugeben. Vielleicht ändert sich die Situation noch einmal. Wenn es sich so machen würde, dass eine hübsche Aufgabe an mich heranträte, so würde ich sie aufnehmen. Aber es sieht nicht danach aus – + schliesslich bin ich 74 Jahre alt, wahrhaftig, so ist es! Also Zeit sich zurückzuziehen. Man soll es nicht in die Länge ziehen, das Arbeiten, es gibt nur Enttäuschungen, wenn man nicht zu den ganz Grossen gehört – + zu denen gehöre ich nicht.
Ich bin seit September wieder zurück. Noch habe ich mir mein Leben nicht wieder neu eingerichtet. Im Augenblick beschäftige ich mich damit, die Ärzte mit meiner Person zu belästigen: ich habe ein uraltes Knie-Leiden, das schlimmer geworden ist. Und zwar kam das ganz kurz vor der Reise, dieser Umschlag zum Schlechteren. Es ist nicht *sehr* schlimm, aber doch schlimm genug. Ich kann gehen, allerdings schmerzt das, fast bei jedem Schritt; wenn ich das einmal akzeptiert haben werde, wird es schon viel besser sein. Im Augenblick

47 Der Sechstagekrieg vom 5. bis 10. Juni 1967.

48 Vgl. Julius Posener: Anfänge des Funktionalismus. In: *Bauen + Wohnen* 21,2 (1967), S. 1–10.

hoffe ich noch, dass ein kluger Arzt es ein bisschen besser kriegen soll – aber noch habe ich keinen gefunden. Vorerst mal wird es schlechter. Bis ich nicht weiss, womit ich bei diesem ekelhaften Knie rechnen muss, kann ich auch keine rechten Pläne machen, wie ich mir das arbeitslose Leben einrichten werde. Ich habe viele Dinge vor – aber ein bisschen möchte ich mich auch noch betätigen, irgendwo mittun, – na, woll'n mal sehen, irgendwie wird sich das schon machen.

Ich kann nicht sagen, dass wir hier Frieden hätten, es ist immer noch alles sehr aufregend, + so wird es wohl noch eine ganze Weile bleiben – Monate? Jahre? Ich habe die „neuen" Gebiete noch nicht gesehen, abgesehen von Jerusalem, + das war ja nun wirklich ein Wiedersehen!![49] Unbeschreiblich, in jeder Beziehung. Man kann in einem oder zwei Besuchen gar nicht alles aufnehmen. Aber ich glaube, ich brauche mich nicht zu beeilen, das wird uns wohl bleiben (so nehme *ich* an) + ich werde sicher noch viele Male da überall herumwandern. Jerusalem hat sich verändert, ohne Frage, aber ein Hauch der Atmosphäre ist geblieben. Die Menschen, die dort nun leben, sind eben auch zwanzig dreissig Jahre älter geworden oder weiter gekommen, nicht immer zur Freude des Beschauers. Man durfte nicht erwarten, dass dort nun gerade alles stehen bleibt. Jedenfalls ist das Wiedersehen ein sehr sonderbares Erlebnis. Sonderbar auch, dass nach der Vereinigung von „Ost" + „West" man durchaus vergisst, dass es je anders war. Es scheint so selbstverständlich, + man kann nicht umhin, zu fragen, wozu der politische Hass eigentlich taugt. Ist ja auch eine lächerliche Frage.

Jetzt will ich nur noch fragen, wie es Ihnen geht? Geben Sie mir gelegentlich einen Bericht? Ich muss Ihre Schwägerin[50] mal anrufen + hören, ob sie mir was erzählen kann. Aber schöner wäre, Sie schrieben selber, über sich selbst, die Kinder + wie sich alles zurechtgerückt hat, (bzw. nicht hat).

Inzwischen viele herzliche Grüsse
Ihre Lotte Cohn

49 Vgl. Lotte Cohn: Wiedersehen mit Jerusalem (1967). In: Dies.: *Eine schreibende Architektin in Israel*, Bd. 1, S. 129 –132.

50 Lotte Posener.

[48] An Julius Posener

5.6.68

Lieber Julius Posener

Ihr langer Brief ist ja nun beinahe ein Dokument geworden. Sie schreiben: mein Bericht ist zu kurz – nun, trotzdem, es steht ja eine ganze Menge drin, zu viel, um unbeantwortet zu bleiben.[51]

Meine Antwort wird ebenso wenig leicht zu schreiben sein, wie Ihnen Ihr Bericht. Es ist eine Antwort, die, wie es gar nicht anders geht, nach zwei Seiten gerichtet sein wird: eine an junge Architekten und eine an links eingestellte akademische Jugend. Dieses nach beiden Seiten ist wirklich unumgänglich. Israel ist so ausserordentlich stark politicis „involved" (ich weiss im Moment kein deutsches Äquivalent für diesen Begriff) und vor allem kann man moderne, und vielleicht überhaupt keine, Architektur anders als im Gesamtgefüge aller menschlichen Beziehungen, der ort- und der zeitgegebenen, ansehen und beurteilen. Denn wenn Architektur ein Spiegel des Zeitgeistes ist, und das ist sie ja wohl ohne Zweifel, so darf sie auch nur so beurteilt werden. Das Besondere in Israel ist nur, dass beides, Politik und das intensive Aufbau-Programm, und die Spannungen, die sich aus beiden ergeben, den Besucher so unerhört vor den Kopf schlagen. In Rom gibt es auch die belastende Vergangenheit und die unerhörte Augenfreude und daneben soziale Not und die Oberflächlichkeit des Touristenlebens – aber den durchschnittlichen Touristen geht das nichts an. In Israel weiss man zu viel – und zu wenig – über die Spannungen, und erwartet das Nie-Dagewesene, das Unglaubliche. Nun, das gibt es eben nicht.

Dass sich Ihre – Eure – Eindrücke nun gerade so kristallisieren, wie Sie es darstellen, wundert mich weder, noch überrascht es mich, noch, und schon gar nicht, ärgert es mich. Dass es nun beinahe auf eine Ablehnung Israels herausläuft, ist natürlich doch etwas erschreckend. Ihr habt offenbar mit Euren verschiedenen Gesprächspartnern, und darein schliesse ich mich und uns alle mit ein, kein Glück gehabt. Ich z. B. habe nicht genug Verstand gehabt, voraus zu wissen, dass Eure Vorkenntnisse bei weitem nicht ausreichen, um Israel gerecht zu werden, sonst hätte ich mehr gesagt und mehr Wert auf eine Aussprache, nicht am Anfang sondern am Schluss der Fahrt, gelegt. Dieser Brief soll der Versuch sein, etwas in diesem Sinne gut zu machen, denn ernst genug ist es uns doch, wenn eine junge Generation so unerfreut und abgestossen von Israel heimkommt.

Ein Reisender, der im Jahre 1968 sich Israel zum Reiseziel setzt, ganz gleich welche Spezialinteressen er hat, erwartet im Wesentlichen dreierlei:

51 Posener hatte im Frühjahr 1968 gemeinsam mit einer Gruppe Studierender Israel besucht. Sein Bericht über die Eindrücke der Reisegruppe, den er an Lotte Cohn sandte, ist nicht erhalten.

Das Erlebnis des Orients,
Ein Volk kennen zu lernen, das soeben einen Krieg von 6 Tagen gewonnen hat, was ihm den Applaus der Welt eingebracht hat,
Einen sehr jungen und ganz modernen Staat zu sehen, der in wenigen Jahren ein enormes Aufbauprogramm durchgeführt hat, noch dazu mit dem grossen Plus, so scheint es, sozusagen auf einer tabula rasa arbeiten zu dürfen.

Der Orient. Es überrascht mich nicht, dass Ihr so bezaubert von diesem Erlebnis wart. Wer von uns hätte vor Jahren nicht das gleiche erlebt. Wahrscheinlich noch stärker, denn vor 40 Jahren war alles noch echtes Tausend und eine Nacht, diese heroische Landschaft, die malerischen Dörfer und Städtchen, keine Autos, Kamele und Esel waren die Transportmittel, die Strassen waren nicht nach Autobahnen sondern nach Kamelbreiten bemessen – kurz: das war romantischer Orient. Aber es ist ein Trugschluss zu urteilen, dass die „zionistische Invasion“ dies alles korrumpiert hat. Korrumpiert hat es das zwanzigste Jahrhundert, das Zeitalter des Radio, des Plastik, der Touristik. *Sie* müssen das doch sehr gut beurteilen können, wenn Sie nach 20 Jahren zum ersten Mal wieder durch die Bazare Jerusalems gegangen sind, die so wenig von dem alten Charme übrig behalten haben: alles ist „souvenir“, alles ist transistor, und Fotoartikel, und der Muezzin ist ein Lautsprecher – eine sehr schöne Grammophonplatte, ohne Frage, aber kein Muezzin mehr. Und die arabischen neuen Städte, zwar aus Stein gebaut, aber mit was für gräulichem Kitsch zusammenfrisiert, vom Zauber des alten Orients so gar keine Rede mehr. Und wenn ich an die Fusspfade durchs Kidrontal und zum Ölberg denke, so bricht mir das Herz zu sehen, wie die Touren-Busse bei Gethsemane halten und ihre Touristen-Herden ausladen. Aber bitte, das alles ist keine „zionistische Invasion“, das ist das Jahr 1968, und weiter nichts. Und jordanischer Städtebau!

Israel, das Fahnen-schwenkende Israel. Ich muss weit ausholen, um Euch unser Land ein bisschen verständlicher zu machen. Für Euch ist dieser kleine Fleck auf der Landkarte, der Israel heisst, eine selbstverständliche Gegebenheit, Ihr kennt nur die Konstellation *mit* Israel.

Aber
„Wer nicht von 3000 Jahren
Sich weiss Rechenschaft zu geben,
Bleibt im Dunkel, unerfahren,
Mag von Tag zu Tage leben“

So oder so ungefähr sagt Goethe.[52]

52 Vgl. Johann Wolfgang von Goethe: West-östlicher Divan. Rendsch Nameh. Buch des Unmuts.

Man ist wahrhaftig sehr „im Dunkel“, wenn einem nicht immer die jüdische Geschichte von 2000 Jahren im Hintergrund bewusst bleibt. Man kann Zionismus als ancient history abtun, unsere Jugend tut das auch. Aber der heutige Kampf, *den Israel führt, ist ohne diese* Kenntnis nicht verständlich, auch ohne diese Vorgeschichte nicht gerechtfertigt. Auch die Haltung des Volkes soll man nur in diesem Gesamtrahmen ansehen und beurteilen. Israel kämpft einen Kampf um seine Existenz, buchstäblich so. *Es ging und geht immer um totale Vernichtung des jüdischen Volkes.* Deutsche Jugend sollte das nicht vergessen, auch wenn sie sonst gar nichts „DAMIT“ zu tun haben will, was ich *ihr gern zugestehe, ich glaube* wir alle haben zum Ausdruck gebracht durch unsere Haltung, dass wir sie nicht mehr verantwortlich halten. Aber bevor sie anfängt, über *unsere* Haltung den Kopf zu schütteln, sollte sie auch über diese Dinge ein bisschen nachdenken.
Leider kenne ich das Frage- und Antwortspiel zwischen Euch und E. R.[53] nicht. Wenn es wirklich so sich angehört hat, wie Sie schreiben, so scheint es ein bisschen unter das geistige Niveau der Jungen geraten zu sein. Wie dem auch gewesen sein mag, die Eindrücke, die diese und vielleicht noch andere Unterhaltungen hervorgerufen haben, sind zweifellos keine Zufalls-Ergebnisse. Halten Sie Ihren Gesprächspartnern zugute, dass der Fragenkomplex nicht mit ein paar Worten zu klären ist. Und dann muss ich nun eins zur Kritik Eurer Haltung sagen: ein kultivierter Mensch, der auf 3 Wochen herkommt und sich ein bisschen umkuckt, sollte sich angesichts so starker Eindrücke sagen, dass er nach diesem Besuch – und dann erst recht – nicht in der Lage ist zu verstehen, welch Kräfte hier am Spiel sind, und warum und woher diese Manifestationen, die er beobachtet, kommen. *Nationalismus der Juden.* Wie denn anders? Wir *müssen* es sein, sonst könnten wir unseren Krieg nicht führen, in den wir gedrängt werden. Aber was haben Sie nur aus dem „stets laufenden Radio an Musik und Wort im Tourenbus“ herausgehört? Diese Radios sind schrecklich, zugegeben, ich lasse sie immer abdrehen, weil mich der Lärm stört, aber ich wüsste nicht, wann sie je eine besondere Manifestation von nationalem Stolz oder irgend eine Schaustellung in dieser Richtung bedeutet hätte. Die Musik ist meist klassisch, gelegentlich französische oder englische Chansons, natürlich auch oft Israeli-Musik, entweder Volkstänze, die wir hier sehr lieben, oder unsere Chansons, aber die können Sie ja nicht verstanden haben, und überdies sind sie harmloser Quatsch, wie sonst in der Welt. Unsere Nachrichten sind so undemonströs wie nur möglich, *niemals* mehr als eine Mitteilung dessen, was in

In: *Goethes sämtliche Werke*, Bd. 32, hrsg. v. Conrad Höfer / Curt Noch. Berlin: Propyläen 1925, S. 37–44, hier S. 44.

53 Eli Rothschild.

den letzten Stunden passiert ist, und ich kann beschwören, dass nie etwas verkleinert oder vergrössert wird. Die Kommentare der verschiedenen Zeitungen, die natürlich politische Meinungen der Gruppen geben, können Sie nicht verstanden haben, weil sie nur hebräisch gegeben werden, so viel ich weiss. Also was in aller Welt kann Sie an Wort und Klang des Radio so irritiert haben?

„Bumpsiges Siegesgefühl". Das ist nun so ein Fehleindruck, dass es schon fast zum Himmel schreit. Niemals, auch nicht vor einem Jahr um diese Zeit haben wir „in Siegestaumel geschwelgt", erstaunlich wenig und rühmlich wenig. Schon deswegen weniger und weniger, weil wir mit dem Sieg den Krieg nicht beendet haben. Der Tourist sieht ein voll-arbeitendes und freiatmendes Israel; vorsorglich führt man sie an den Gefahrenzonen vorbei. Die Wirklichkeit sieht so aus, dass der kriegstaugliche Israeli sozusagen nur auf Urlaub zu seiner zivilen Arbeit entlassen ist: in regelmässigen Abständen muss er an die Front, und täglich wird irgendwo gekämpft, täglich werden mal da, mal dort Kinder in den shelter geschickt, schlafen – oder auch nicht – unter Geschützfeuer und werden dort unterrichtet. Selbstverständlich ist der einfache Mann auf der Strasse stolz auf die ruhige Haltung des Volkes, stolz auf seine Soldaten; und selbstverständlich auch, dass wir diesen Stolz und diese militärische Grundhaltung aufrechterhalten müssen, anders wären wir verloren, wenn nicht morgen, dann übermorgen.

„Propaganda und Demonstrationen". In der Welt von heute kommt man ohne das nicht aus, fragen Sie die Psychologen. Auch die Aktivität der studentischen Jugend allerorts benutzt diese Mittel, kein Demonstrantenzug ohne Fahnen oder Schilder mit den Schlagworten, die gerade dran sind und ohne die Rufe: nieder, nieder (mit wem nun immer). Die Hippies haben etwas andere Methoden, aber demonstrieren tun sie auch! Und wie! Also sollte man kein verächtliches Kopfschütteln aufbringen, wenn eine junge sportliche Generation (der sich übrigens auch die Alten bis zu 90 Jahren anschliessen) einen Konkurrenzkampf der Gruppen im Wandern veranstaltet. Der eine spielt Fussball und der andere will marschieren, – in Gottes Namen. Es lohnt das verächtliche Achselzucken nicht, es ist nicht einmal eine Demonstration, denn es ist da nichts zu demonstrieren.

Die *„Missverständnisse, die aus dem Weg geräumt werden müssen"*. Leider kenne ich nicht die Fragestellung, auf die E.R. etwas primitiv geantwortet hat. Ich kann also auf eine Frage, die ich nicht mitangehört habe, auch nicht *meine* Antwort geben, ich will nur versuchen, *meine* Interpretation dessen, was vermutlich E.R. hat sagen wollen, zu geben. Aus der Antwort schliesse ich, dass die Frage etwa dahin ging, zu erfahren, wie unsere Stellung zu den Arabern sei. Sie erinnern mich daran, dass es einmal zu Mandatszeiten eine Gruppe gegeben hat, die so etwas wie eine Symbiose zwischen Orient und jüdischer Kultur angestrebt hat. Es war übrigens keine speziell jeckische Angelegenheit, die ursprünglichen Träger und Gründer waren Palästinenser, die mit den Arabern Fühlung und Freundschaft hatten und Juden aller Länder. Ich gehörte dieser Gruppe an.[54] Der eigentliche Inhalt war politischer Natur, das Programm war der bi-nationale Staat. Auch heute gibt es den Versuch, ein Zusammengehen mit den Arabern des ehemaligen Palästinas, das sind die besetzten Gebiete, die auch früher nicht zu Transjordanien gehörten, zustande zu bringen. Diese Versuche gehen zwar hinter den Kulissen vor sich, sind aber ernst und nicht nur Phantasien, sondern von der Regierung getragen. Wir kommen schlecht vorwärts damit, soviel unsereiner beurteilen kann. *Dagegen* steht die United Arab Republic, die die „Bürgermeister von Nablus und Hebron“[55] als Collaboristen ansieht, und sie wohl aufhängen würde, wenn sie nur erst Gelegenheit dazu hätte, der alte Abdullah[56] hat auch dran glauben müssen. Und noch eines: da ist natürlich Moskau. Es bedarf wohl keiner Diskussion, dass der Near East mit hineingehört in den Kampf: Ostblock – Westblock. Moskau will in den arabischen Sektor eindringen und Washington will das nicht zulassen. Israel ist eine europäische und demokratisch regierte Enklave in arabischer Umgebung, die, in ganz verschiedenartiger Form regiert, (ich weiss sehr wenig Bescheid, wie es in Saudi-Arabien, in Kuweit u.s.w. aussieht, jedenfalls nicht demokratisch), unter russischem Einfluss steht, oder wie Sie das nun nennen wollen, jedenfalls von Russland protegiert wird. Es ist wohl ebenfalls keine Frage, dass wir ohne diese Konstellation mit den Arabern zu einem Frieden kommen können, denn innerlich notwendig scheint die Dualität Arabien – Israel mir nicht zu sein. Juden und Araber sind ja verwandt, ihre Interessen ökonomisch laufen gleich, beide Völker würden von dem Frieden profitieren. Aber es ist müssig darüber zu reden, die Situation ist wie sie ist, der grosse Kampf Ost/West spielt sich nicht nur in Vietnam, sondern auch im Near East ab. Die propagandistischen Methoden, die Russland gegen uns anwendet, sind nun wirklich sehr schamlos und verlogen, woher wohl das Wort „anheizen“, das E. R. angewendet hat, stammen mag. Ich möchte hier, halbfertig, abbrechen, es würde alles zu weit führend; wie ich schon sagte, in ein paar billigen Phrasen ist Israels Haltung nicht darzutun. Sie ist natürlich auch in den verschiedenen Parteien recht verschieden. Es gibt alles bei uns, von politischem Extremismus bis zu den Religiösen, die unser Anrecht auf Israel einzig und allein im Religiösen begründen.

54 Der Friedensbund Brit Schalom.

55 Die Bürgermeister Hamdi Kan'an (Nablus, 1963–1969) und Sheikh Mohammed Ali Ja'abari (Hebron, 1948–1976).

56 Abdallah ibn Husain I. wurde am 20. Juli 1951 von einem palästinensischen Attentäter in der al-Aqsa Moschee in Jerusalem erschossen, vermutlich wegen seiner moderaten Haltung gegenüber Israel.

Ich sehe, ich kann doch nicht abbrechen, denn das Bild, das Sie, vor allem Sie persönlich von Israel mitgenommen haben, Israel, dem siegestrunkenen, und kriegswütigen, und was da noch mehr in Ihrem Kopf sich malt, ist so grotesk verzerrt, dass ich gar nicht weiss, wo ich zuerst richtig stellen muss. Ich glaube, Sie hatten insofern Unglück mit Ihren Unterhaltungen, als Sie sich auf *politische* Diskussionen eingelassen haben, die ja doch zu nichts führen können. Aussenstehende, die zum ersten Mal – oder nach 10 Jahren zum ersten Mal wieder – hier sind, und wenn sie noch so gut unsere Politik verfolgen, haben doch wirklich wenig Ahnung, was hier vor sich geht (nicht einmal wir wissen mehr, als in den Zeitungen steht, und das ist bekanntlich längst nicht alles). Und Sie dürfen sich nicht wundern, wenn die Gesprächspartner ungeduldig werden, bei Kritik, die so gänzlich unbasiert ist. Und dies unglückselige „Sich-immer-wieder-Raushauen", das E.R. [*meint*], soll doch wohl weiter nichts anderes heissen, als: wir müssen auf einen weiteren Krieg gefasst sein, und wir *„müssen"* siegen. Aber wohl gemerkt, nicht wir sind es, die Krieg führen wollen, wir werden in ihn hineingedrängt. Wir wollen nichts erobern und niemanden unterjochen, wir wollen nur unsre Existenz retten, wir wollen nicht vertilgt werden. Dass es innerhalb der Bevölkerung solche gibt, die mit mehr Draufgängertum diesem Krieg entgegen sehen, ist wahr, aber es gibt auch die anderen, die besorgter und bedenklicher sind. Wer die realer denkenden sind, wage ich nicht zu entscheiden. Bisher hat kein Versuch zu einer Annäherung zu etwas geführt, auch kein Nachgeben in irgend einem Sinne gab ein Resultat – wir haben die Erfahrung des Sinai-Feldzuges von 1956. Wenn einer einen Revolver auf Dich richtet, so hat es keinen Sinn, nur mit einem Blumenstrauss entgegenzugehen, nicht einmal mit einer Ideologie.
Alles was ich da nun so hingeschmiert habe, ist genau so primitiv und schülerhaft, wie Ihr Brief – aber *Sie* haben angefangen. Ich sagte Ihnen vorher, es kann zu nichts führen – reine Papiervergeudung. Nur noch ein Letztes: Sie schreiben, sie hätten das Gefühl, dass der Erfolg vom vorigen Jahr den Gemütern nicht gut getan habe. Auch das ist ein Fehleindruck. Der Tourist kriegt zu sehen, was man für ihn auswählt, und ebenso kriegt er auch zu hören, was man für geeignete Propaganda hält. In Ihrem Falle ist es nun unter Ihr Niveau geraten, aber Sie sollten gescheit genug sein, es nicht für das wahre Gesicht und die wahre Haltung Israels zu halten. Es ist nur *eine* Facette, deren gibt es viele, + alle zusammen nur das Ganze.
Und nun zur Architektur, mit Absicht komme ich zuletzt darauf zu sprechen. Eigentlich sollte man sich gar nicht darüber auseinandersetzen, man kann das eine oder das andere Bauwerk als besser oder schlechter finden, das ist ziemlich irrelevant. Aber wenn es sich um das bauende und siedelnde Israel handelt, so

sollte man nur *einen* Massstab anlegen: Hat Israel, das vor 20 Jahren eine Aufgabe auf sich nahm, diese Aufgabe erfüllt? Und insbesondere der Architekt: Ist das visuelle Gesicht, das er dem Lande aufgeprägt hat, der Ausdruck dessen, was hier angestrebt und geleistet wurde? Ich nehme an, dass Euch die Aufgabe, die zu bewältigen war, mit all ihren Schwierigkeiten bekannt ist. Sehen Sie also das, was Sie zu sehen bekamen, von diesem Gesichtswinkel aus an. Wir erwarten nicht, dass man alles, was in Israel geschieht und geschaffen wird, kritiklos und mit Begeisterung hinnimmt. Aber wenn man kritisiert, und da ist ja viel Platz zum kritisieren, so soll man sich die Mühe machen, etwas in die Tiefe der Sache einzudringen, um zu verstehen. Es ist sehr billig zu sagen „wie schön ist dieser alte Orient, und wie hässlich sind diese Schikunim". Sie sind nun mal nicht eines mit dem anderen gleichzusetzen – in früheren Jahrzehnten hat man versucht, etwas vom „arabischen Stil" herüberzuretten in unsere Zeit, das Ergebnis war kläglicher Kitsch. Die Schikunbauten *mussten* sozusagen reglementiert werden, aber das entsprach der Aufgabe. Und da gibt es so vieles, was sie offenbar nicht zu sehen bekamen: die guten Kibbuz-Anlagen mit sehr anständigen Bauten, die ungezählten kleinen Kulturzentren, überall verstreut im Land, Arbeiter-Erholungsheime, Krankenhäuser, Schulen, alles Zeugen von der enormen *Kultur*-Arbeit, die Israel leistet. Das ist das lebendige Israel, so, wie der anonyme Architekt es geprägt hat. Vieles ist missglückt, denn der brave unbekannte Architekt hat nur Mittelmass. Aber wer sich nun einfach wegwendet und nicht einmal die Aufgabe prüft, geschweige denn der Lösung gerecht zu werden versucht, der kann nicht einmal aus den Fehlern, die wir gemacht haben, lernen.

Ich will Schluss machen, denn die Antwort ist schon viel zu lang, obwohl sie unzureichend ist.
Und da kommen die Nachrichten aus Los-Angeles,[57] und bei uns wird geschossen, stärker als seit lange.[58]
Ich bin ganz gelähmt, und kann gar nicht weiter denken. Es ist mir schon nicht mehr wichtig, ob Ihr uns für Nationalisten haltet und daraufhin verachtet. Im Augenblick habe ich grössere Sorgen. Über Ihre persönlichen Dinge ein ander Mal.

Herzlichen Gruss Ihnen allen, Ihnen besonders,
und der Jugend um Sie herum auch
Ihre Lotte

57 Am 6. Juni 1968 starb Robert F. Kennedy nach einem Attentat in Los Angeles.

58 Im Juni 1968 begann der sogenannte Abnutzungskrieg durch vereinzelten ägyptischen Artilleriebeschuss der israelischen Frontlinie auf der Ostseite des Suezkanals.

[49] An Julius Posener

10.7.68

Lieber Julius, haben Sie keine Angst, dies ist nun endgültig der letzte Brief – in dieser Angelegenheit. Und eigentlich schreibe ich auch diesen nur, weil Sie mich eben doch nicht ganz richtig verstanden haben. Sie brauchen sich weder zu schämen, noch zu entschuldigen, jeder hat das Recht sich frei zu äussern, Kritik ist nicht nur erlaubt, sondern auch nützlich.

Eines haben Sie nur ganz und gar missverstanden: mein Brief war überhaupt nicht an *Sie* gerichtet, sondern an *Ihre Jungens und Mädels* und es tut mir wirklich leid, dass er nun gar nicht an die richtige Adresse gelangt ist. Ich zeigte sowohl Ihren ersten Brief (der etwas Aufsehen erregte) als auch meine Antwort an verschiedene Leute, Mahrer, Otto Schiller, Ernst L., und einer fragte: „wird er denn auch an die Gruppe gelangen?" Worauf ich antwortete „aber das ist doch selbstverständlich, er ist doch eindeutig an sie gerichtet." Er scheint es nicht gewesen zu sein. Das tut mir leid, denn ich hatte gehofft, damit einiges gut zu machen, was offenbar hier schlecht gemacht worden war, und das steht auch drin. Nun ist natürlich alles schon viel zu lange her. Sie müssen nämlich wissen, dass Sie persönlich uns gar nicht so interessant sind. Einerseits sind Sie sowieso ein verlorener Posten, andererseits doch irgendwie uns verbunden, und wir setzen voraus, dass Sie sich weiter interessiert und informiert halten werden. In gewissen Schichten sind Sie uns wohl doch ein wenig verbunden, nach dem berühmten Muster: Zwei Seelen wohnen, ach, – .

Aber an deutscher Jugend, Jugend überhaupt und deutscher sicher auch, ist uns gelegen, wir brauchen Verständnis für unsere Lage, umso mehr als die Hasspropaganda um uns herum so sehr viel aktiver ist als unsere Reaktion darauf.

Ich habe so sehr wenig Lust, die politische Diskussion mit Ihnen fortzusetzen, es führt zu nichts. Sie haben mit so vielem Recht und ich stimme in gewissen Sinne bei – aber leider, die Realität sieht so sehr anders aus. Ihre Argumentation erinnert mich stark an den „Verein zur Bekämpfung des Antisemitismus", den es wirklich in meiner Jugend gab. Auch diese Leute hatten manchmal gar nicht so unrecht – na, und Sie wissen ja, wohin es geführt hat. Ich kann Ihnen keine Antwort auf die vielen Fragen, die Sie anschneiden, in bezug auf den inneren Konflikt „Israel und die arabischen Völker" geben. Aber ich bin überzeugt, es ist irrig, anzunehmen, dass ein teilweises Zurückgehen von den jetzigen Grenzen die Situation verändert hätte und den Schwierigkeiten und Argumentationen sozusagen die Spitze angebrochen hätte. Ich – und viele andere – stehen auf dem Standpunkt, *alles* zurückgeben – aber gegen einen gesicherten Frieden.

Das ist die Politik der Mapam[59] und viele schliessen sich ihr an. Aber arabische Politik, soviel ich sie verstehe, spielt sich auf einer anderen Ebene ab. Und es geht überhaupt nicht um Logik im Spiel der Kräfte zwischen den Weltmächten. Und in dieses Spiel sind wir eingeschaltet, wir mögen wollen oder nicht, wir mögen unser eigenes Spiel spielen oder nicht, es nützt alles nichts. Das Spiel geht zwischen Moskau und Washington, und die Existenz Israels gibt einen sehr plausiblen Vorwand für Russland, im Nahen Osten einzugreifen. Insofern war Eli Rothschilds etwas grobe und über die Hand hin geredete Äusserung von Russlands „Einheizen" nicht so fern von der Realität, er hat, so falsch er es ins Chauvinistisch-israelische hereingezogen hat, doch im Grunde etwas wahres getroffen, es ist etwas dran, an dem, was er gemeint hat. Übersehen Sie nicht, dass Ägyptens Hass-Propaganda ein Mittel ist, das „Schlagt die Juden tot" ist auch in Ägypten ein zugkräftiges Argument, und Begründungen dafür hat Nasser genug; nicht so sehr darin, dass der Zionismus „alle Juden nach Israel ziehen" will. Ich halte für sehr kindlich, dass Sie aus dieser Äusserung den Schluss ziehen: Natürlich werden die Araber nun sagen: da sieht man's ja, das können sie ja nur, wenn sie unser Land annektiert haben. Es wäre nicht einmal ein gutes Argument, denn bis wir die letzten 10 bis 11 Millionen dazu bekommen, herzukommen, was ja wohl schätzungsweise kleine 500 Jahre braucht, bis die sich bereit finden, wird der Negev[60] längst fruchtbar gemacht sein, oder von Öl überfliessen, oder Atomkräfte werden ich weiss nicht welche neuen Möglichkeiten geschaffen haben – oder der Mond und der Mars werden weit bessere Ansiedlungsmöglichkeiten geben. Wenn die Erde bis dahin überhaupt noch steht, d.h. sich dreht. Das ist doch alles Unsinn, aber ich glaube, die Araber führen weit näherliegende Argument ins Gefecht, und sie finden genug.
Lassen wir die Politik beiseite, ich bin ein schlechter Verhandlungspartner dafür, auf das Meiste, was Sie sagen, kann ich nur antworten: ja, ja – aber was sonst? Wo ist der Weg, der eingeschlagen werden soll? Der zum Ziel führt, nämlich zu einem echten Frieden? Zu einem Verständnis für die Araber und zu einem echten Zusammenleben mit ihnen? Denken Sie nur nicht, wir haben kein Bild für die Situation, wie der Araber sie sieht. Diese Probleme werden unaufhörlich diskutiert, aber es kann zu keinem realen Ergebnis führen, solange der Konflikt Israel – Arabien Russland so sehr zupass kommt. Sie sagen, Sie haben Angst und Sorge um Israel – dazu kann ich nur antworten: Wir auch.
Nun zur Architektur. Kritisieren Sie ruhig drauf los, by all means. Kritik ist gesund. Und Sie haben hundertmal recht. Komisch übrigens, dass ich die

59 Mapam, die Vereinigte Arbeiterpartei, war eine 1948 gegründete linke zionistische Partei in Israel.
60 Die Wüste Negev.

meisten Gebäude, die Sie als outstandig erwähnen, nicht einmal kenne. Z. B. was und wo ist Jad Mordechai?[61] Ist es in Jad Mordechai? Vermutlich. Ich war da noch nie. Inzwischen war ich mal wieder in Bat Yam. Fand die Iriah[62] doch zum mindesten sehr interessant und anregend. *Mein* Einwand ist vorallem der, dass der Bau so ungeheuer kostspielig war, das ist überhaupt nicht zu rechtfertigen. Schikunim in Beer Sheva sind wirklich ästhetisch recht gut gedacht – aber die ersten haben sich überhaupt nicht bewährt, weil sie für die 8–10 köpfige Familien ganz unmöglich waren. Nazareth ist wirklich, von unten gesehen, ein kalter Graus, Nicht zu rechtfertigen. Ein mildernder Umstand: es ist gebaut sozusagen als Festung, obwohl auch die besser hätte im Gelände stehen können. Nazareth war eine rein arabischen Stadt und der Herd einer fifth column. Daher die kompakte jüdische Neustadt. Haben Sie übrigens dort das wunderschöne Arbeitersanatorium von den Rechters[63] gesehen? Ich finde es sehr gut – mit einigen Beanstandungen.
Ich finde es weder taktlos noch unverschämt von Ihnen, zu kritisieren, immer drauf los. Wir alle sind selbst kritisch, und Sie fanden ja auch, dass es einige recht gute Bauten – und Architekten – bei uns gibt. Was ich nur meinerseits kritisiere, ist die Einstellung, hierher zu kommen, um die paar guten Bauten, die dann doch nicht ganz so gut sind, herauszupicken. Das ist nicht der Blickpunkt, von dem aus man Israel als Architekturland betrachten soll. Viel interessanter ist z. B. unser Städtebau, aber natürlich gibt es auch da viel zu kritisieren.[64] Die meisten Neusiedlungen, das heisst die ersten, mussten notgedrungen an der Überstürzung, mit der sie aufgerichtet wurden, leiden. Überhaupt bin ich skeptisch in bezug auf Städtebau: Kaum ist etwas durchgeführt, was im Plan ausgezeichnet schien, so ist es auch schon ganz überaltet und überholt. Städtebau läuft immer hinterher, es kann gar nicht anders sein. Sogar in Brasilien soll man davon sprechen, dass Brasilia als Regierungszentrum abgeschafft werden soll.
Aber was Ihre Kritik [*anbelangt*], die ich akzeptiere – und es ist irrelevant, dass ich nicht in allem sie teile – so liegt mir persönlich viel weniger an solchem lauwarmen und enthusiastischen Wohlwollen der meisten, die von aussen kommen. Man steckt es verlegen ein und widerspricht natürlich nicht, und gebärdet sich geschmeichelt, und in Wirklichkeit denkt man sich: Was wisst Ihr schon? Ihr

61 In Jad Mordechai, einem Kibbuz im Süden Israels, planten Arieh und Eldar Sharon einen modernen Museumsbau (1968–1970).

62 Die City Hall von Bat Yam (1959–1963) war ein Gemeinschaftsprojekt von Zvi Hecker, Eldar Sharon und Alfred Neumann.

63 Zeev und Jaakov Rechter planten 1962 das Erholungsheim in Nazareth.

64 Siehe Cohn: Neue Städte in Israel (1971). In: Dies.: *Eine schreibende Architektin in Israel,* Bd. 1, S. 76 –78.

seht bloss nicht, was alles zu wünschen übrig bleibt. – Insofern bin ich viel mehr auf Ihrer Seite, als Sie denken.
Ein einziger Vorwurf trifft Sie: Sie hätten nicht der Führer dieser Gruppe sein dürfen. Unwillkürlich musste sich Ihre „Abneigung“ gegen Israel, die Sie ja vermutlich zur Rückwanderung getrieben hat, auf die Jungen und Mädels übertragen, zumal Sie ja offenbar von Ihren Schülern anerkannt und verehrt werden (mit Grund). Ein Rückwanderer ist kein guter Propagandist für Israel. Wobei ich nicht die billige Propaganda meine: „Ha – *wir.* Wir werden's schon schaffen (und uns immer wieder raushauen).“ Sondern eine sachliche Aufklärung, die Platz lässt, sich ein Urteil zu bilden, aber ein geleitetes Urteil, in unserem Sinne. Ich nehme niemandem übel, dass er hingerissen ist von dem Erlebnis Orient. Jeder von uns ist glücklich, wenn er mal wieder diese Atmosphäre spürt. Archäologische Studien machen kann. Wer geht in Florenz oder Rom nicht den geschichtlichen Spuren nach? Es ist immer das Schönste. Aber das moderne Rom ist auch sehenswert, sogar wenn es vieles von dem alten Charme überbaut hat. Genau so in Israel.
Noch einmal: Sie haben mich überhaupt nicht „verärgert“. Was mich und uns alle erschüttert hat, war, dass Sie schrieben, die Gruppe wäre zu einem ablehnenden Gesamturteil gekommen, nicht so sehr, was die Architektur als was das politische Bild Israels angeht. Das allerdings hat uns alle aufgeregt. Kritik, das ist selbstverständlich und nur nützlich. Aber politisch grundlegende Ablehnung, das ist tragisch. Die Juden haben einen sehr guten case in diesem Konflikt. Es sind sozusagen zwei Unrechte geschehen, eines den Arabern, und eines den Israelis, den Juden. Aber das grössere – im Laufe des Weltgeschehens durch die Jahrtausende – und weit weit schwerer gutzumachende ist den Juden geschehen. Die Araber haben ein Riesenland mit unschätzbaren Reichtümern, die sie nicht einmal zu heben verstehen. Und die Juden haben Israel, das sie nun so schwer verteidigen müssen, denn auch das will man ihnen streitig machen.
Sie sagen, die Juden sehen den Araber nicht deutlich. Kann sein, dass ein Grossteil nicht einmal auf den Gedanken kommt, auch nur hinzukucken, aber die Politik der Intelligenz geht durchaus dahin es ja zu tun, und arbeitet dafür, die Erkenntnisse zu verbreiten. Aber sieht der Araber den Juden? Noch viel viel weniger, und die Propaganda der arabischen Politik geht darauf hin, in keinem Fall ein wahres Bild herzustellen, sondern umgekehrt, den Hass zu schüren.
Und noch einmal: weder das eine noch das andere wird den Ausschlag geben, sondern nur das Spiel der Weltmächte ist von Entscheidung.
Nun noch zu Ihrer Aufklärung: Pinchas Rosenblüth ist nicht der, den Sie kennen. Dieser heisst jetzt Pinchas Rosen und ist noch sehr aktiv im politischen Leben, 81 alt.

Und damit genug, und antworten Sie nun nicht noch einmal darauf, damit ich nicht zu weiteren Diskursen herausgefordert werde, ich will nicht mehr. Demnächst schreibe ich aber wieder was persönliches und erwarte auch von Ihnen Bericht über die eigenen Sorgen.
Wenn Sie übrigens das kleine Heftchen meiner frühen Erinnerungen[65] noch haben sollten, so geben Sie es ruhig mal Ihren Jungen. Es könnte helfen, ein Bild über Israel auszurunden.

Viele schöne Grüsse
Ihre Lotte

[50] An Julius Posener

8.XI.71

Mein lieber Julius Posener
Ich habe wirklich das Gefühl, dass mir was fehlt, seit ich gar nichts mehr von Ihnen höre. Nun brachten mir neulich Bekannte Nachricht von Ihnen, + ich habe die Gelegenheit benutzt, Ihnen Grüsse zu senden, + schliesslich schickte man mir noch Ihre „Jüdische Architekten in Berlin"[66] (by the way: ich hatte keine Ahnung, dass Hitzig + Messel Juden waren!) – kurz lauter reminders, dass es Zeit ist, die politischen Beziehungen mit Ihnen wieder aufzunehmen.
Gelegentlich – aber die Gelegenheiten sind selten – höre ich durch die Geschwister über Sie, aber das genügt nicht: ich will einen Brief von Ihnen haben.
Nun von mir ist zu berichten: Es geht mir so gut wie es einer Greisin von 78 Jahren (!!!) gehen kann. Natürlich ist Altwerden kein Zuckerlecken, man merkt es schon ganz eklig, aber wenn ich ehrlich sein soll, so glaube ich mir selber die „Greisin" nicht. Ich rede mir ein – denn genau weiss man das ja selber nie – der Kopf ist noch genauso gut wie bei 60, in mancher Beziehung besser als bei 40. Nur das ganze Gestell taugt nichts mehr, die Beine, schwer arthritisch, sind scheusslich, die Arme spüre ich auch, + der Rücken hat die Dissens-Hernien, die, wie meine Ärzte-Freunde mir versichern, im Alter sich unvermeidlich einstellen. Alles zusammen ein Wrack. Was aber nicht hindert, dass ich die Schäden mit Verachtung strafe, + so tue als sei gar nichts. Ich lebe ein normales Leben, wohne allein, arbeite sporadisch dies + das, habe einige Hobbies (Schreiben (schriftstellern) + Batik) + bemühe mich to make the best of it. Komisch, manche Dinge lassen sich auf englisch besser ausdrücken.

65 Siehe S. 7, Anm. 1.

66 Vgl. Julius Posener: Jüdische Architekten in Berlin. In: Berlin-Museum (Hrsg.) *Leistung und Schicksal. 300 Jahre Jüdische Gemeinde zu Berlin. Dokumente, Gemälde, Druckgraphik, Handzeichnungen, Plastik.* Ausstellungskatalog. Berlin: Selbstverlag 1971, S. 64–67.

Um Ihnen ein Bild zu geben: ich habe vor einigen Tagen die 50te Wiederkehr meines Einwanderungstages gefeiert.[67] Ein kleines „grosses Fest“, im engen Kreise meiner Weggenossen, bei mir zu Hause 19 Personen, cold supper mit Champagner + vorher Schnäpsen + nachher Kaffee + Kuchen, alles selbst hergestellt, aufgebaut + wieder abgedeckt + abgewaschen, allerdings mit Hilfe – aber ich finde doch, es war eine Leistung. Dies alles nur um Ihnen zu zeigen, dass ich's noch kann. Feste feiern war immer meine grosse Force! Es war ein besonders nettes Fest, homogene Gesellschaft, einige dichterische Darbietungen (Mahrers[68] – Lavies[69] + ... ich) von Niveau!! Und alle in high spirits.
Dabei ist man ja gar nicht so high spirited am gewöhnlichen Alltag. Im Grunde sorgt man sich um alles, + ich muss zugeben, dass ich schon manchmal doch so alt mich fühle, dass ich über vieles den Kopf schüttle. Ich kann nicht mehr mit allem mit, das ist nicht zu leugnen, + ich will auch gar nicht. Dass ich schon einige Jahre nicht mehr baue, wissen Sie ja. Ich fand, es war Zeit – einmal ist es eben so weit, dass man besser tut, es den Jungen zu überlassen. Man macht sich nur lächerlich, wenn man sich zwingt mitzuhumpeln. Natürlich liegt's am mangelnden Genie, siehe Hans Scharoun, der mit mir gleichzeitig zu studieren anfing – er hat nie Diplom-Examen gemacht, hatte es nicht nötig. Aber gut, Genie is nu mal nicht – da ist nichts zu machen.
Ich wünschte Sie kämen mal wieder her + wir könnten einen Schmus miteinander haben. Nach Berlin werde ich nicht kommen. Aber wenn ich doch nächstes Jahr nach Europa fahren sollte, so werde ich Sie anrufen – schreiben Sie mir Ihre Telefon-Nr. Es wäre schon nett, Ihre Stimme zu hören.
Eine unverschämte Bitte: Können Sie mir Ihr Poelzig-Buch schicken?[70] Wenn es zu unverschämt ist, so nehmen Sie's mir nicht übel + schicken Sie es eben nicht.

Wie geht es Ihrer Frau? Haben Sie Kontakt mit Ihren Kindern? Und Charmian?[71]
Grüssen Sie Ihre Frau unbekannterweise[72]
und Ihnen einen besonderen Gruss
in alter Freundschaft
Lotte Cohn

67 Sie wanderte am 31. August 1921 in Palästina ein.

68 Grete und Josef Mahrer.

69 Hansi und Ernst Yehuda Lavie.

70 Vgl. Hans Poelzig: *Gesammelte Schriften und Werke*, hrsg. v. Julius Posener. Berlin: Mann 1970.

71 Posener hatte sich 1966 von seiner ersten Frau Charmian scheiden lassen.

72 Posener hatte 1970 Margarete (Ikke) Bendig, geb. Hartwig, geheiratet.

[51] An Edgar Salin

Lotte Cohn, Architect, Lic. Valuer
Tel-Aviv, Ruppin Street 15, Phone 226816

Tel-Aviv 14.12.72

Herrn Professor Edgar Salin
List Gesellschaft
Basel Ch. – 4000
Hardstrasse 110

Sehr geehrter Herr Professor Salin,
Sie werden erstaunt sein, heute eine Anfrage von mir zu erhalten, die sich auf einen Briefwechsel aus dem Jahre 1968 zwischen Ihnen und Herrn Ben-David, Jerusalem, bezieht. Es handelte sich um die Herausgabe eines Buches über den Architekten Richard Kauffmann, die die List-Gesellschaft seinerzeit in Aussicht genommen hatte. Ich persönlich habe nie eine direkte Anfrage von Ihnen bekommen, obschon aus dem Briefwechsel zwischen Ihnen und Ben-David hervorzugehen schien, dass die Sache positiv entschieden war. Aber da ich auch von Ben-David nichts mehr gehört habe, nahm ich an, dass der Vorschlag fallen gelassen wurde.
Was mich veranlasst, jetzt nach 5 Jahren meinerseits die Initiative zu ergreifen, ist die Tatsache, dass hier im Land das Interesse der Fachleute und auch des Publikums an Richard Kauffmann, an seine Zeit und sein Wirken in ihr, und sein Einfluss auf das Heute neu erwacht ist. In der Fachpresse erschien gerade jetzt eine längere Würdigung seiner Leistung[73] und auch ich habe mehrfach kurze Artikel über ihn geschrieben. Die Reaktion darauf war vor einigen Tagen gelegentlich einer privaten Unterhaltung mit einem Kollegen die Frage: „Warum schreiben Sie nicht ein umfassenderes Buch über Richard Kauffmann? – Sie sind die einzige, die ihn noch gekannt hat und durch jahrelange Zusammenarbeit Teil an seinem Werk hatte." Diese ganz zufällige Frage brachte mir die List-Gesellschaft ins Gedächtnis zurück und ist der äussere Anlass zu diesem Brief.
Ich würde nämlich solche Arbeit ausserordentlich gern schreiben. An Material fehlt es nicht, und meine persönliche – etwas nostalgische – Erinnerung an die Zeit meiner Zusammenarbeit mit Kauffmann ist sehr lebendig. Er war mein Lehrer und persönlicher Freund.

73 Vgl. Abba Elhanani: Richard Kauffmann. In: *Tvai* 11 (1972), S. 3–11.

Ich glaube, ich bin in der Lage, die Gestalt Richard Kauffmanns als den bedeutenden Planer der Physis eines interessanten Gemeinwesens lebendig zu machen, und mit dieser Gestalt auch dem heutigen Leser eine Zeit vor Augen zu stellen, die wenig bekannt ist und dennoch der Grundstoff sein sollte für das Verständnis späterer Entwicklung.
Ich wäre Ihnen dankbar, wenn Sie meiner Anfrage einiges Nachdenken widmen würden und mir jedenfalls eine Antwort zukommen lassen würden.

Mit ergebenem Gruss
Ihre Lotte Cohn

[52] An Edgar Salin

Lotte Cohn, Architect, Lic. Valuer
Tel-Aviv, Ruppin Street 15, Phone 226816

31.12.72

Sehr verehrter Herr Professor Salin,
Vielen Dank für Ihre rasche Antwort. Es ist sehr freundlich von Ihnen, meiner Anfrage so viel Interesse entgegen zu bringen. Das ist viel mehr als ich erwartet habe; ich war ziemlich sicher, dass Ihre Antwort negativ sein würde.
Jedenfalls will ich aber Ihre Fragen beantworten.
Es ist mir nicht ganz leicht, die Zeit abzuschätzen, die die Herstellung des Manuscriptes erfordern würde. Eine Menge exacte Daten sind meinem Gedächtnis nicht mehr gegenwärtig und müssten zusammengesucht werden, und gewiss würde ich auch einige Siedlungspunkte, die Richard Kauffmanns Werk dokumentieren, in ihrem jetzigen Zustand aufsuchen wollen. Ich mochte – ganz vage – sagen, dass ich glaube 8 bis 10 Monate müssten ausreichen. Ich kann allerdings nicht wissen, bis zu welchem Umfange sich der Text im Laufe der Arbeit entwickeln wird; im Augenblick scheint er mir nicht allzu gross zu sein. Andrerseits würde viel Illustration erforderlich sein. Es existiert aber ein sehr vollständiges Kauffmann-Archiv; Neuaufnahmen würden kaum nötig sein.
Die Frage nach dem Honorar möchte ich für den Augenblick unbeantwortet lassen – der Geldpunkt hat keine grosse Bedeutung für mich, und ich nehme an, es gibt Gepflogenheiten darin. Ich habe sogar in betracht gezogen, noch bevor ich Ihren Brief erhielt, mit dem Schreiben zu beginnen, unabhängig von der Frage, ob aus dem Schreiben ein Buch wird. Für mich persönlich

wäre es – nebenbei – eine Niederschrift von Memoirencharakter über eine Zeit, die, vom Blickpunkt des Architekten gesehen, interessant – und fast vergessen ist.
Ich werde von Ihrer Anregung Gebrauch machen, und Frau Professor Spiegel schreiben und unseren Briefwechsel zur Kenntnis bringen. Natürlich kenne ich Frau Professor Spiegel und sie kennt mich.

Nochmals besten Dank für Ihr Interesse
mit ergebenen Grüssen
Ihre Lotte Cohn

[53] An Edgar Salin

Lotte Cohn, Architect, Lic. Valuer
Tel-Aviv, Ruppin Street 15, Phone 226816

30.1.73

Sehr verehrter Herr Professor Salin,
es ist sehr freundlich von Ihnen, mir noch einmal zu antworten. Ich habe Ihren ersten Brief schon ganz gut verstanden und herausgelesen, dass es Ihnen an Interesse nicht fehlt, aber dass Ihre Möglichkeiten zu helfen begrenzt sind. Keinen Ihrer Briefe „nehme ich tragisch"; schon deshalb nicht, weil für mich nicht allzu viel daran liegt, ob aus dem, was ich nun wirklich zu schreiben begonnen habe, ein Buch wird oder nicht. Ich selber stehe sehr pessimistisch zu dieser Frage, weil ich die Schwierigkeiten durchaus übersehe.
In diesem Zusammenhang halte ich für verfrüht, Ihnen meinen Lebenslauf vorzulegen; aber da Sie darum bitten, hier ist er:

> Ich bin im Jahre 1893 in Berlin geboren, (habe also die Grenze des Greisenalters schon überschritten).
> Studiert an der T. H. Charlottenburg von 1912 bis 1916. Ich war notabene die dritte Frau, die in Deutschland das Diplomexamen abgelegt hat.[74]
> Einige Jahre Praxis in amtl. Büros beim „Wiederaufbau Ostpreussens"; andere Chancen gab es damals so gut wie gar nicht, und auch diese hörten für Frauen auf, als 1919 das Heer demobilisiert wurde.

74 Sie war die dritte Absolventin an der TH Berlin-Charlottenburg, nicht in Deutschland.

In den Jahren 1919/1920 nur gelegentliche Arbeiten in meinem Beruf, zum Teil schon damals an vorbereitenden Planungen für die zu erwartende Einwanderung von Europa nach Palästina.
1921 wanderte ich nach Palästina aus, mit einer Anstellung bei der Palestine Land Development Co. in Jerusalem, als Assistentin bei Richard Kauffmann. Im Jahre 28 wurde sein Planungsbüro aufgelöst,[75] infolge einer momentanen Stagnation der Entwicklung.
1929 war ich beim Public Works' Department der Mandatsregierung angestellt, als Architektin.
1930 musste ich aus familiären, privaten Gründen nach Berlin und blieb dort fast ein Jahr.
1930 ging ich zurück nach Palästina und öffnete ein eigenes Büro, das ich bis zum Ende meines Arbeitslebens im Jahre 1968 aufrechterhalten habe, mit Unterbrechung der Kriegsjahre, wo jede private Bauarbeit aufhörte. Ich habe damals in ganz niedrigen technischen Arbeiten bei einem Bauunternehmen für den war effort mitgetan, einfach um für meine Existenz zu sorgen.
Ich habe natürlich sehr viel hier im Lande gebaut und auch städtebaulich geplant, beinahe in allen Sektoren der Aufbauarbeit, hauptsächlich im Siedlungsbau.

Sie fragen nach früheren Veröffentlichungen. Ich habe meine schriftstellerische Neigung erst in späteren Jahren entdeckt. In Fachzeitschriften habe ich nie etwas veröffentlicht, aus dem hauptsächlichen Grunde, weil hebräisch nicht meine Muttersprache ist, und für subtileren Ausdruck bei mir nicht ausreicht. Aber ich bin Mitarbeiter an einem deutschsprachigen Wochenblatt hier, für mein Arbeitsgebiet. Aber dieses Blatt ist kein Fachblatt, und meine Artikel sind deshalb dem Publikum angepasst und informativer und feuilletonistischer Art. Das ist alles.

Ich habe keine Beziehungen zu deutschen Architekten. Ich war seit 1931 nur einmal in Deutschland, und sehr bald nach 1945 – von Anteilnahme am Wiederaufbau Berlins war keine Rede, das gab es damals noch nicht.
Privat habe ich einige gute Freunde dort; ich nehme an Sie kennen Professor Julius Posener, das ist ein sehr naher Freund von mir, von den Jahren her, wo er hier gearbeitet hat.

75 Das Amt für Architektur und Städtebau wurde 1927 aufgelöst.

Das Buch von Erika Spiegel besitze ich natürlich,[76] ich habe sie hier im Lande kennen gelernt, mein Partner[77] war in ständigem Kontakt mit ihr, da er an der Landesplanung und den „Neuen Städten“ sehr stark mitgearbeitet hatte. Erika Spiegel ist ja sozusagen persona gratissima hier. Sie hat mir sehr freundlich geantwortet, aber sie ist beinahe ebenso pessimistisch wie ich selber.
Ich nehme an, Sie haben nach meinen Beziehungen zu deutschen Architekten gefragt, weil Sie sich über meine Person informieren wollen. Übrigens bin ich hier im Land allbekannt in der Architektenschaft – ausser in der ganz jungen Generation. Ich weiss nicht, ob Sie das interessiert, aber es gehört ja sozusagen auch zu meinem „Lebenslauf“, nicht wahr?

Indem ich Ihnen nochmals herzliche danke
bin ich Ihre
Lotte Cohn

[54] An Erika Spiegel

Lotte Cohn, Architect, Lic. Valuer
Tel-Aviv, Ruppin Street 15, Phone 226816

12.3.73

Liebe Erika Spiegel,
vielen Dank für Ihren Brief und die Auskunft und vor allem für die Mühe, die Sie sich für mich machen. Ich schätze das umso höher, als ich weiss, wie sehr Sie überbürdet sind.
Ich werde versuchen, Ihnen die Angaben zu verschaffen, nach denen Sie fragen, nämlich Beschreibung meines Vorhabens, und Kalkulation. Im Augenblick sind hier „Ferien“, in den Pessah-Tagen ist hier kein Mensch zu haben, und ich muss auch erst einen Weg suchen, auf dem ich zu einer Kalkulation kommen kann.
Was nun die Herausgabe anbelangt, ob hier oder in einem deutschsprachigen Verlag, so ist einiges dazu zu sagen. Vor allem dies, dass meine Arbeit in *deutscher* Sprache geschrieben sein wird; mir steht keine andere zur Verfügung. Weder mein Hebräisch noch mein Englisch sind auf solcher Höhe, dass es subtilerem

76 Erika Spiegel: *Neue Städte / New Towns in Israel. Städtische und regionale Planung und Entwicklung*, mit einem Vorw. v. Rudolf Hillebrecht u. Edgar Salin. Stuttgart / Bern: Krämer 1966. Siehe auch S. 11, Anm. 6.

77 Ernst Yehuda Lavie.

Ausdruck gewachsen ist. Ich weiss nicht, ob es hier einen Verlag gibt, der Bücher in deutscher Sprache herausgibt, ich muss mich erkundigen.
Leichter zu beantworten ist die Frage nach einer Beschreibung meines Vorhabens. Je weiter ich mich in das Material vertiefe, umso mehr sehe ich, dass eine Würdigung von Richard Kauffmanns Werk einer Art Vorspiel bedarf, sagen wir eine kurze Geschichte des ganz frühen jüdischen Städtebaus hier – vor R. K.s Zeit – der wieder nicht zu verstehen ist ohne eine informelle kulturgeschichtliche Darlegung, insofern sie Niederschlag in Bau und Städtebau gefunden hat.
In diesem Zusammenhang denke ich noch darüber nach, ob ich nicht meine Arbeit überhaupt mehr als eine Studie über den Städtebau der frühen Zeit verlegen soll, etwa bis zum Beginn der deutschen „Hitler"-Einwanderung, die ja das Gesicht unseres Landes in mehr als einem Sinne gewandelt hat. R. K.s Gestalt beginnt in dieser Zeit zu verblassen; nicht, dass er nicht noch längere Jahre einer der führenden Planer gewesen ist, aber sein *geniales* Werk liegt vor 1933. Diese frühe Zeit ist eine geschlossene Periode in sich, und da sie eben auch *meine* Zeit war, so gehört ihr mein besonderes Interesse.
Ich arbeite in meinen Gedanken noch daran, wie eng oder weit ich den Rahmen der Arbeit fassen soll. Es fehlt mir die Einsicht, wo das Interesse eines Leserkreises liegt, ob an der alleinigen Figur von R. K., oder an einem städtebaulichen Zeitbild, in dem er die leitende Persönlichkeit war. Es ist noch dazu zu sagen, dass sein so strahlend begonnener Lebenslauf trübe geendet hat. Er wurde in seinen letzten Jahren etwas überlaufen von der jungen Avantgarde, und hat das menschlich nicht gut überstanden. Er ist schwer an Krebs zugrunde gegangen. Sein letztes Jahr war unproduktiv. Erst einige Zeit nach seinem Tod – er starb vor 15 Jahren – hat man eingesehen, wie ausserordentlich seine Leistung gewesen ist.

Ich wäre Ihnen für eines dankbar: Können Sie mir – als präsumtive Leserin – eine Antwort zu dieser meiner Fragestellung geben? Ich weiss, es ist viel verlangt, aber vielleicht finden Sie irgendwann, es eilt nicht, Zeit, mir darauf zu antworten.

Inzwischen noch einmal vielen Dank und viele
Grüsse und gute Wünsche für die Osterferien
Ihre
Lotte Cohn

[55] An Julius Posener

Prof. Julius Posener
1 Berlin 38
Kirchweg 55
GERMANY

12.XI.73

Lieber Julius
ich weiss gar nicht, wo ich „einhaken" soll – es ist so viel inzwischen passiert + alles Vorangegangene ist bedeutungslos gegen die grosse Sorge des Augenblicks.[78] Trotzdem will ich rekapitulieren. Ich war in Amerika (Los Angeles) – dort habe ich 2 Nichten,[79] mit denen ich sehr befreundet bin, + die haben zahlreiche Nachkommenschaft. Sie luden mich ein (Reise bezahlt!), um im Kreise der Familie meinen *80*ten (Achtzigsten!!!) Geburtstag zu feiern. Es war eine schöne Zeit, leider längst überschattet, aber doch denke ich noch manchmal daran. Voran ging ein 3tägiger Aufenthalt in London – Sie erinnern sich, dass auch dort „Familie" sitzt.[80] Und auch die hat mich gefeiert, ganz gross. Ich bin ja nun sozusagen Stammmutter (oder –Tante!), letzte meiner Generation. Plötzlich merkt man doch, dass man eigentlich nicht mehr dazu gehört, oder doch nur als Ausstellungsstück, im Glasschrank, + aus dem Samtkästchen hervorzuholen. Komisches Erlebnis – denn für sich selbst bleibt man doch immer „zugehörig" + gleichmässig jung oder alt, wie man's nehmen will. Schliesslich kam ich zurück, + wurde auch hier – aller guten Dinge sind drei – in einer grossen surprise-Party bei Ernst gefeiert.

Und dann kam der Krieg. Er ist – ist er wirklich? – vorbei. Man nimmt es hier so, dass man erst mal wieder atmen kann, immer im Gefühl: heute! Und was wird morgen sein? Eigentlich bin ich, was kein neues Schiessen angeht, ziemlich optimistisch. Aber sehr pessimistisch über den Verhandlungsverlauf. Sehe gar keinen Weg! Und am meisten grämt mich, zu beobachten, was für ein ungebärdiges, scheussliches, unreifes Volk wir doch sind. Die Juden sind grossartig in jeder emergency, da wachen alle grossen Gaben + auch das grosse Herz auf. Wir sind Helden, diszipliniert, intelligent, tüchtig + anständig. Im selben Moment wo der Krieg abgeblasen ist, sind wir zänkisch, grössenwahnsinnig, richtig dumm, Krakeler, Rechthaber + kriegen uns aufs Widerlichste in die Haare. Heute so wie vor 2000 Jahren. Aber was wird aus uns? Ich bin so bedrückt

78 Der Jom-Kippur-Krieg vom 6. bis zum 25. Oktober 1973.

79 Miriam Rochlin und Hanna Frenkel.

80 Die Nachkommen ihres Halbruders Hans.

davon! Und diese widerwärtigen Parteien! Wozu sind sie gut? Nur dass noch ein paar Wichtigmacher mehr zum Wort kommen wollen – + was für Quatsch-Worte das sind + wie böse!! Nun also, ich musste mir das Herz ausschütten, war gerade im Zuge! Vielleicht ist es gar nicht so schlimm. Im Augenblick sind mir die Juden zuwider – entschuldigen Sie. Leider sind einige Gefallene in meinem Bekannten-Kreis; nicht bei den nächsten Freunden, aber die Juden fühlen sich ja doch wie eine grosse Mischpoche, + die Israelis schon gar.
Sie wissen, dass ich vor langer Zeit zu schreiben begonnen habe – nicht Memoiren, sondern in memoriam Richard Kauffmann, sein Werk im frühen Städtebau Palästinas. Es blieb natürlich all die Wochen liegen, im Gefühl, dass, wenn mein „Buch" fertig ist, es vielleicht kein Israel mehr geben wird. Aber seit ich wieder atme, habe ich es mit grosser Kraftanstrengung wieder aufgenommen. Und im Zusammenhang damit habe ich eine Frage. Kauffmann hat 1913 an der Siedlung Margaretenhöhe, beim Kruppwerk, mitgearbeitet. Ich kann mich auf den Namen des Architekten nicht besinnen, auch der Ernst nicht. Hiess er Metzendorf? Oder wie? Sie wissen doch alles ... Und Sie wollten versuchen mir die „Stadtkrone" von B. Taut zu beschaffen[81] ... ich bin anspruchsvoll + belästige Sie.
Ich hatte einen besonders guten Brief von Priegnitz[82], gleich nach dem cease fire (dem ersten!), war sehr erfreut darüber, + will auch gleich noch antworten. Er ist klug + überlegen, klüger als die meisten, die mir geschrieben haben. Es ist gut, dass der Briefbogen eine Grenze setzt, sonst würde ich weiter so durcheinander schreiben!
Ich freue mich schon jetzt auf Ihre Antwort. Gruss an Ihre Frau!
Ihre sehr alte Lotte Cohn

[56] An Hans Tramer

16.IV.74

Lieber Dr. Tramer,
ich hätte mich lieber mit Ihnen über die Angelegenheit, die ich Ihnen nun auf diese Art vorlege, unterhalten – aber ich bin unbeweglich, werde demnächst mich ins Krankenhaus zu einer Knieoperation begeben müssen + dann noch weitere 3 Monate in Gips, also wieder unbeweglich, sein – wenn alles gut geht, heisst das!

81 Bruno Taut: *Die Stadtkrone,* mit Beitr. v. Paul Scheerbart, Erich Baron, Adolf Behne. Jena: Diederichs 1919.

82 Reinhard Priegnitz.

Nun also, das ist der Zustand. Was ich mit Ihnen besprechen wollte, ist folgendes:
Vor ziemlich langer Zeit, vor einigen Jahren, kam einmal die Anfrage an mich, eine Biographie, sagen wir „Lebensskizze“ von Architekt Richard Kauffmann zu schreiben, aus der Schweiz übrigens. Das war angeregt von einem Freund[83] von K. + folgte einem Wunsch seiner Frau. Die Sache ist damals eingeschlafen, vielleicht weil ich zurückhaltend war, oder weil dieser Freund sich nicht weiter gekümmert hat.
Sie ist wieder aufgetaucht vor ca. 2 Jahren, ich glaube übrigens, ich habe schon damals mit Ihnen davon gesprochen? Dieses Mal war ich aktiv, erstens habe ich das Buch – es ist allerhöchstens ein „Büchlein“ – geschrieben. Und zweitens habe ich Verbindungen nach der Schweiz + Deutschland aufgenommen, zu Leuten, die mir helfen wollen, es zu veröffentlichen. Wenn ich sage, ich bin über den Erfolg dieser Hilfe pessimistisch, so ist das euphemistisch ausgedrückt. Ich halte es für fast ausgeschlossen, einen Verleger zu finden. Ich brauche gar nicht zu erwähnen, warum: das abgelegene Thema, die grossen Kosten der Drucklegung, weil die Sache viel Illustration braucht, die Zeitumstände … Aber da ich angefangen habe, werde ich, sobald ich die Sache ins Reine geschrieben bekomme, sie weiterführen.
Ich habe das Geschriebene einigen Leuten zu lesen gegeben, bin selber unsicher, ob es gut ist, habe es aber gern (alle eignen Kinder + Enkel sind schön!) + jedenfalls: „besser kann ich nicht!!“
Unter anderem hat es Schlomo Krolik gelesen, fand es, mit einiger sachlicher berechtigter Kritik, lesbar, war meiner Meinung in bezug auf einen deutschsprachigen Verlag, sagte aber, er würde für möglich halten, dass das Leo Baeck-Institut es als Kauffmann-Biographie herausbringen könnte.
Zu diesem Zweck habe ich es umgearbeitet, verkürzt, einem jüdischen Leserkreis angepasst, vieles herausgelassen, was mit Kauffmann nichts zu tun hat. Das Ganze hat wahrscheinlich an literarischem Reiz verloren dadurch.
Das ist, was ich Ihnen erzählen wollte. Ich schicke Ihnen beide Fassungen, das erste als „ins Unreine“ geschriebenes Manuskript, aber so zusammengestellt + -geklebt, wie ich es ins Reine schreiben lassen will. Das zweite, die Kauffmann-Biographie, wie ich sie als fertig vorlege.
Meine Bitte ist: lesen Sie es + äussern Sie sich kritisch dazu – werden Sie Zeit dafür finden? Ich wäre Ihnen sehr dankbar. Und dann: halten Sie Kroliks Vorschlag mit dem Baeck-Institut für denkbar?

83 Aryeh Ben David.

Wie Sie sich denken können, würde mir viel daran liegen, erstens, weil ich natürlich gelesen werden möchte – aber ich bin ehrgeizlos + habe meine Freude am Schreiben allein gehabt. Zweitens aber ist es Batschewa Kauffmanns innigster Wunsch, auf diese Weise zur הנצחה[84] ihres Mannes zu helfen. Es ist sozusagen das letzte Ziel ihres Lebens.
Wie Sie aus meinem „Buch" herauslesen werden, bin ich der Meinung, dass K.'s Werk bedeutend genug war, um es nicht der Vergessenheit anheimfallen zu lassen. Ich weiss nicht, ob es mir geglückt ist, ihn in das richtige Licht zu stellen – leider gibt es ja nicht mehr viele, die das beurteilen können.
Das ist im Augenblick alles, was ich in dieser Sache mit Ihnen besprechen wollte.

Das Schlimme ist, dass ich „ausser Betrieb" bin. Mein altes Knieleiden[85] ist in den letzten Wochen so rapide schlechter geworden, dass ich mich zu der Operation entschliessen musste – die Alternative wäre Aufhängen (ich weiss nur nicht, wie man das macht!).
Ich warte im Moment auf einen תור[86] im Beilinson[87], gehe nicht mehr allein auf die Strasse, + auch in der Wohnung bin ich gehemmt. Wenn ich wüsste, dass ich nach der Operation wieder schlecht + recht gehen können werde, wäre ich zufrieden, aber …? Kein Arzt kann mir das versprechen.

Mit sehr herzlichen Grüssen, + der Bitte: a) zu lesen, b) zu antworten
Ihre Lotte Cohn

Noch ein kurzes Nachwort:
Zu dem Buch würde eine Liste von Kauffmanns Arbeiten gehören, die ich noch zusammenstellen will (meine Schreibmaschine ist kaputt), + erwünscht wäre eine Anzahl Fotos – wenn das möglich ist?
Ich hätte gern das Manuskript – wenn Sie es überhaupt lesen wollen, das im תיק[88] geheftet ist, zurück.

84 Verewigung.

85 Nach einem Meniskusriss aufgrund eines Sportunfalls in ihrer Jugendzeit hatte sie sich im Juni 1926 in Palästina einer weiteren Operation unterzogen.

86 Reihe, (Warte-)Schlange; gemeint ist ein Termin.

87 Beilinson-Krankenhaus in Tel Aviv.

88 Aktenmappe.

[57] An Julius Posener

30.IX.74

Lieber Julius,
ich antworte Ihnen gleich – schon erstens damit Sie noch im Gedächtnis haben, was Sie geschrieben haben, + zweitens weil ich froh bin, mich mit etwas Nachdenklichem beschäftigen zu können. Seit einigen Monaten habe ich eigentlich nur tote Stunden, ausser dass ich mich mit meinem Elend beschäftige.[89] Um zuerst kurz darauf einzugehen: ich müsste lügen, wenn ich sagen wollte, es ginge mir immer gleich schlecht. Meine Kräfte kommen zurück + mein Bruch ist ganz gut. Nicht so mein Bein, + ich werde mich wohl damit abfinden müssen, dass es steif bleiben wird – ausserdem machen die Versuche, es dennoch zum Biegen zu bringen, mir viel Schmerzen. Gehen werde ich wohl wieder lernen – aber steif, und das ist quälend genug. Vorläufig gehe ich auf Krücken, könnte mit *einer* Krücke auskommen, habe aber Angst.
Zurück zu dem Buch. Sie haben sicher in vielem, wenn nicht in allem recht. Manches aber haben Sie hineingelesen, was ich überhaupt nicht hineingeschrieben habe. Aber vor allem machen Sie einen Gedankenfehler: Sie kritisieren ein Buch, dass Julius Posener – hundertausendmal besser – geschrieben haben würde, aber das Lotte Cohn nie hätte schreiben können. *Sie sind ein korrekter Geschichtsschreiber + ich bin ein Geschichten-Erzähler.*
Zur Einleitung: Es ist richtig, ich habe die arabischen Dörfer dort nicht erwähnt, ich habe wirklich *meinen* allerersten Eindruck wiedergegeben, + der war so, wie ich geschrieben habe. Natürlich kann ich da etwas ändern – ich bin aber nicht überzeugt, dass es ein Gewinn wäre, zumal ich ja doch von „Handel und Wandel“ + „kleinen Ortschaften des Hinterlandes“ schreibe. Ich bin übrigens überzeugt, dass das Palästina von 1920 einen ganz anderen Eindruck gemacht hat, als das von 1938 (?)[90] – *ich* sehe tatsächlich das wüste leere ausgedörrte Land vor mir – es war im September. Der Eindruck war gewaltig + beklemmend. Aber ich habe mir keinerlei Gedanken gemacht, dass es natürlich auch Bauern dort gab + da liegt der Unterschied zwischen dem Historiker + dem Erzähler!
Ich werde nachdenken, ob + an welcher Stelle ich mehr von der arabischen Baukultur erzählen kann + will. Vergessen Sie auch nicht, dass das Buch in erster

89 Nach der Knie-Operation im Mai 1974.

90 Diese Angabe bezieht sich auf Poseners Einwanderung, der aber bereits im Oktober 1935 nach Palästina emigriert war.

Linie ein Buch über *Richard Kauffmann* sein soll; dazu gehört allerdings, zu erwähnen, wie *er* das Land gesehen hat.

Wenn ich über Jerusalem geschrieben habe, so habe ich immer nur die arabische *Neu*stadt gemeint, in die die Juden eingewandert sind. Ich hätte nie den Mut + schon gar nicht die Kenntnisse, mich in die Altstadt zu vertiefen. Aber in einem haben Sie wohl recht, ich hätte über arabische Bauweise gerade in der sogenannten Neustadt etwas schreiben sollen. Ich habe mich geflissentlich von „Architektur“ ferngehalten, aber da fehlt wirklich etwas.

Wenn ich über das „hässliche“ Bild der ersten Moschawoth[91] schreibe, so habe ich die allerersten schon ganz überwachsenen Anfänge von Rishon oder Ness Ziona vor Augen, aus den Jahren vor dem ersten Weltkrieg, die, wie ich aus Beschreibungen entnommen habe, genau so aussahen: eine Reihe Häuser, die ins Feld über gingen – ausserdem habe ich natürlich viel darüber gelesen, + so sind die allerersten Siedlungen beschrieben.

Richtig ist, dass Metulla + Sichron + Bat Schlomo schon mehr Charme haben – aber es waren eben nicht die Anfänge + nicht der „Typus“ der ersten Siedlungen. Leider gibt es fast oder überhaupt keine Pläne darüber – sie sind eben ohne Plan gebaut, das ist es ja gerade.

Ebenso wenig ist es möglich, Planmaterial der Templer-Siedlungen zu finden – ich fahnde seit lange danach. Ich halte aber diesen Punkt für weniger wesentlich – mein Buch heisst Richard Kauffmann; man könnte es viel weiter fassen + viel mehr vorhergegangenes einbeziehen – ich will aber nicht. Ich habe bewusst über Haustypen nichts geschrieben, das würde in ein anderes Buch gehören, weder den arab. Typus, noch den Templer- noch den frühen Siedlertypus der ersten Israelis.

Ob die Gründer von Tel-Aviv den Begriff „Gartenstadt“ kannten? So gut wie sicher „Nein“. Ich möchte glauben, dass *nach* dem Weltkrieg Meir Dizengoff das Wort *schon mal gehört* hatte, er war ja ein gebildeter Mann, aber das Wort ist tatsächlich durch R. K. erst bekannt geworden.

Mich wundert, dass Sie finden, man kann den Unterschied zwischen zweiter + dritter Alija nicht erkennen – da kann ich Ihnen nicht helfen. Ich finde ihn deutlich – so deutlich wie die Atmosphäre vor + nach dem ersten Weltkrieg eben war.

Mandats-Regierung: Sie war genau so – eigentlich viel übler noch, als ich sie von Anfang an angedeutet habe –. Ich war sehr zurückhaltend, denn es gehört nicht zu meinem Thema.

91 Siehe Glossar: Moschawa/Pl. Moschawot.

Ich habe natürlich eine Liste der Illustrationen, die ich brauche, + werde sie schicken, ebenso eine Bibliografie.
Es ist sehr leicht, Fotos von Kauffmanns Plänen zu erlangen – es gibt sowohl ein Museum wie in Keren Kajemeth ein vollständiges Archiv. Unmöglich aber ist es, die übrigen erklärenden Pläne herzustellen a) weil ich nicht mobil bin + b) weil es nicht für mich bezahlbar ist, es würde sich um viele Tausende von Pfunden handeln. Es handelt sich dabei um Pläne einiger Chalukka-Siedlungen, um frühe Moschawoth Rishon, Bat Schlomo, ev. Sichron, um Pläne des „kleinen Tel-Aviv" (anschliessend an Jaffa), um Tel-Aviv, dort wo es R. K's Plan gegenübergestellt werden soll, um heutige Entwicklung der Kwuzoth etc., aus denen Kauffmanns ursprüngl. Plan erkennbar ist. Ich rede gar nicht von Haifas jetzigem Hafengelände, das, wie ich schon geprüft habe, nicht erreichbar ist, oder eine Unsumme von Arbeit einschliessen würde. Ich vergass Fotos von etwa Montefiore Viertel, früher + jetzt, was langes Nachsuchen + ev. Neufotografieren bedeuten würde. Gar nicht zu reden von etwa Flugaufnahmen (auf die ich verzichten kann) + eventuell einige Landschaftsbilder, die man einfach suchen muss. Es würde eine Person sicher 1/4 Jahr voll beschäftigen + bitte rechnen Sie das aus! (Per Monat 2.000 £).
Ich würde für möglich halten, sogar in Deutschland jüdisches Geld für so etwas aufzutreiben – aber nicht ins Blaue hinein.
Übersetzen: Wieder eine Ausgabe – ich habe keine Ahnung, wie viel das sein kann, aber auch das geht in die Tausende. Leider bin ich in all diesen Fragen ganz + gar unbewandert. (Und eben krank im Moment!)

Ich bin Ihnen für Ihre so ernste Kritik sehr dankbar – werde sehen, was davon ich bearbeiten werde + jedenfalls eine Liste der Illustrationen + Fotos von Kauffmanns Plänen schicken. Es wird wohl eine Zeit damit hingehen.
Dies alles im Bett liegend geschrieben, aber ich liege nicht etwa immer, ganz im Gegenteil muss viel laufen + habe sogar heute den ersten Besuch gemacht (unter Begleitung), wobei ich über den Fahrdamm (Stufen) gegangen bin + einen Chimborazo von 6 Stufen erklommen habe. Es ist ein Glück, dass ich ebenerdig wohne.

Schreiben Sie mal wieder auch von sich, Ikke + den Kindern.
Herzlich
Ihre Lotte

[58] An Julius Posener

Lotte Cohn
Tel-Aviv
Ruppinstr. 15
Israel 63576

23.I.75

Professor Julius Posener
1 Berlin 33
Tölzerstr. 30
Deutsche Bundesrepublik Germany West

Lieber Julius Posener
Vielen Dank für Ihren Brief – ich bin froh, dass das Päckchen angekommen ist – dummerweise habe ich es nicht „registered" gesandt. Am Text habe ich wenig geändert, einige Einwendungen Ihrerseits hatten mir eingeleuchtet. Was die Bebilderung angeht, so weiss ich, dass die eingeschickten Fotos nicht ganz die richtige Auswahl ist – wenn es ernst werden sollte, würde ich eine bessere treffen. Ich weiss jetzt, wo das gesamte Archiv der Fotos ist, + auch wo ich (oder jemand anders) Fotos aus früheren Jahren finden kann: im Keren Hayessod soll es ein solches Archiv geben. Übrigens: Beth Hakerem ist unter den Fotos – unter dem ursprünglichen Namen Boneh Bayit vorhanden, Tel-Josef – Ein Harod habe ich mit einer gewissen Absicht nicht mitgeschickt: es ist in allen *Einzelheiten meine* Arbeit – allerdings nach einer Kohleskizze von K. – und ist 100 % von mir gezeichnet, (wie übrigens viele der Pläne). Dieser aber ist entstanden, als K. einmal einen mehrmonatigen Urlaub in Europa verbrachte. Auf keinen Fall will ich den Eingang von Nahalal mitgeben, das Buch soll Richard K.'s Arbeiten zeigen + nicht Lotte Cohns.[92]
Diese Auswahl habe ich *nur* zu dem Zwecke eingeschickt, damit die eventuellen Interessenten einen Eindruck von Richard K.'s Arbeit bekommen sollen. Niemand kennt seinen Namen in Europa + sehr wenige haben seine Arbeiten hier gesehen + sind, sofern sie hier waren, sicher nie darauf aufmerksam gemacht worden, dass der wesentliche Teil des Binjan Haarez zu seiner Zeit von ihm allein geplant wurde. Ich bin sogar ziemlich überzeugt davon, dass kaum hier die Städtebau-Studenten seinen Namen noch kennen oder erfahren. Sic transit gloria mundi. Sollte sich doch eine Möglichkeit der Drucklegung

92 Lotte Cohn plante am Eingang von Nahalal die Bauten der Landwirtschaftlichen Mädchenschule.

ergeben, so würde ich etwa folgende Auswahl treffen: 1) Ein Plan des Mandatsgebiets (vielleicht!), 2) Chalukka-Siedlungen in Jerusalem, höchstens zwei, 3) Jüdische Stadterweiterung von Jaffa. 2) + 3) vielleicht mit Bildern, nicht nur das layout. 4) Pica-Siedlungen, etwa Richon, Bath Schlomo, Sichron Jacob. Ich muss suchen, ob es noch frühe Pläne davon gibt, Bath Schlomo bestimmt. 5) Siedlungen der 2. Alija, Gedera, Sedjera, Degania. Von letzterer gibt es sicher kein layout, + ich glaube nicht, dass K. später eines gemacht hat, er hat dort nur gebaut (der schönste Bau dort ist übrigens von Krakauer)[93]. Dann eben K.'s Arbeit in grösstmöglichem Umfang; Kwuzoth, Moschawim etc., landwirtschaftl. Siedlungen auf nicht kollektiver Basis, Stadterweiterungen, sein Vorschlag für Tel-Aviv, daneben das gebaute Gegenstück, Carmelstadt + mehrere andere, Bat Yam, Beth Hakerem, Haifa Bay-Plan, Afule (ja oder nein? Was meinen Sie?) Natürlich hängt alles davon ab, wie viel Raum für Bebilderung erlaubt sein würde.
Julius, wenn Sie sich dieser Sache annehmen würden – trotz persönlicher Überbelastung + trotz aller persönlicher Sorgen, so wäre ich Ihnen sehr dankbar. Ich habe die gleiche Bitte an Professor Dr. Erika Spiegel, Universität Dortmund, geschickt, die sehr Pro-Israel ist, + mir sehr vage Aussichten gemacht hat. Sie ist Planungs-Spezialistin, von der soziologischen Seite her.
Mir geht es etwas besser, + es ist Aussicht vorhanden, dass ich noch einmal auf die Beine komme, bis zu einem gewissen Grade! Ich gehe in der Wohnung ohne Stock, aber sehr unsicher, herum + gehe allein, aber mit Stock, in den stilleren Strassen spazieren. Geduld, Geduld sagt der Arzt, aber er hätte nicht geglaubt, dass es so lange dauern würde. So, nun Schluss, ich hoffe bald wieder von Ihrem eignen Ergehen zu hören – nein, die „Einfamilienhäuser"[94] habe ich nicht bekommen.

Herzlichst Ihre Lotte C.

[59] An Ricarda Schwerin

6.2.75

Liebe Frau Ricarda Schwerin,
ich danke Ihnen herzlich für Ihre rasche Antwort, aber Sie sind allzu optimistisch in bezug auf die ernsthafte Möglichkeit der Durchführung meiner

93 Leopold Krakauer plante 1934 den Speisesaal im Kibbuz Degania Aleph.

94 Vgl. Burkhard Bergius / Julius Posener (Hrsg.): *Wohngebäude, Einfamilienhäuser. Individuell geplante Einfamilienhäuser. Die Hausgärten*. Berlin: Ernst & Sohn 1975.

Absichten, das Buch herauszubringen, ich war naiv zu glauben, dass das so einfach wäre. Da ich aber nun einmal angefangen habe – und dringlich nötig habe, mich zu beschäftigen – will ich nicht aufhören, bevor ich mir nicht tatsächlich bewiesen habe, dass es nicht geht. Es geht dabei nicht nur darum, dass ich noch auf lange Zeit ziemlich unbeweglich bin, sondern, dass sich nicht die Mittel finden werde, die gebraucht werden. Ohne, dass ich in alle Einzelheiten gehen kann, schätze ich nur die Vorbereitungsarbeiten, d.h. ein druckreifes Manuskript samt Abbildungen als 15 – bis 20 000 L.I.[95] Und dann kann erst die Suche nach einem oder mehreren Mäzenen beginnen, die einen ziemlich grossen Zuschuss zur Verlegung hergeben. Dazu ist der Gegenstand nicht interessant genug.

Ihre Idee, einen Studenten zur Mitarbeit zu suchen, hatte ich schon aufgenommen und den zuständigen Professor am Technion angefragt, mit welchem Honorar so etwas zu bezahlen sein würde.

Nun fehlen mir in Ihrem Brief doch noch einige ungefähre Angaben:

1) Sie schreiben nicht, wie es Ihnen geht? Das hat nun nichts mit dem Buch zu tun, ich möchte es aber wirklich gern wissen.
2) Kosten für Neuaufnahmen. Ich übersehe noch nicht, ob und welche Pläne neu aufgenommen werden müssten, es hängt davon ab, ob ich ausfindig machen kann, wer der Fotograf der alten Pläne war und ob sein Archiv noch vorhanden ist. Ich glaube es war der verstorbene Architekt-Fotograf Jacob Kalter und ich habe mich an seinen Bruder,[96] der ebenfalls Fotograf ist, dieserhalb gewandt. Die meisten von Kauffmanns alten Plänen waren in Bleistift auf durchsichtigem Papier gezeichnet, und man kann eine Grösse von 50/70 cm annehmen. Die Kopie müsste durchschnittlich 9/12 cm sein. Die Zeichnungen würden auf Karton und in Tusche sein, und wesentlich kleiner im Original, ca. 30/50 cm. Das alles ist sehr vage, ich weiss weder, wie viel noch welche Pläne und Zeichnungen ich aussuchen werde. Im Augenblick genügt mir eine ungefähre Angabe und eine durchschnittliche Angabe. Versteh ich Sie richtig, dass die Preise in einer Kopieranstalt ungefähr die gleichen sein würden, wie eine Fotografie? Existiert der alte Pikovski noch und ist es nur der Name der Kopieranstalt? Pikovski kannte mich gut und erinnert sich bestimmt meines Namens, er hat auch schon für Kauffmann gearbeitet seinerzeit, aber damals gab es wohl das Verfahren, von dem Sie sprechen, noch nicht.

95 Das Israelische Pfund (auch Lira, Plural Lirot) war von 1948 bis 1980 die Währung Israels.
96 Yitzhak Kalter.

Ganz bestimmt würde ich einen Teil von Bernheims[97] Aufnahmen benutzen, und wahrscheinlich eine oder die andere Neuaufnahme von alten Vierteln in Jerusalem. Was wären die Preise für eine solche Neuaufnahme?
Bitte machen Sie sich nicht allzu viel Kopfzerbrechen um die Beantwortung, ich weiss genau, dass auch inzwischen die Preise steigen können, und ich weiss, dass Sie sich daran nicht binden können. Im Moment will ich nur zusammenstellen, mit welcher Summe ich ungefähr rechnen muss, wenn ich mich an einen oder mehrere Fonds wende, um eine Finanzierung. Andererseits hätte es auch keinen Sinn, diese Preise zu übertreiben, ich würde sowieso die Gesamtsumme nach oben abrunden, um sicher zu gehen.
Ausserdem glaube ich sowieso nicht an die Durchführbarkeit, aber ich fühle mich verpflichtet, mir das zu beweisen.

Damit habe ich glaube ich genug genuddet,[98] aber Sie verstehen die Wichtigkeit meiner Fragen, d. h. die Antwort darauf. Ich danke Ihnen herzlich für Ihre Anteilnahme an der Mühe, zu einem mehr oder weniger realen Ergebnis der Vorkalkulation zu kommen.

Und damit herzlichen Gruss und alles Gute.
Ihre
[*ohne Unterschrift*][99]

[60] An Julius Posener

16.VII.75

Lieber Freund Posener,
wir haben beide lange Zeit nichts von einander hören lassen – + es wird wohl aus dem gleichen Grunde sein: man will nicht immer klagen, + was Gutes zu melden hat man nicht. Und Sie haben vermutlich auch über den Kopf Arbeit – was ich nun gerade von mir nicht sagen kann, ganz im Gegenteil. [...]
Ich bringe meine Tage so hin, lese viel – all die vielen Bücher, zu denen ich nie Zeit mir genommen habe. Trödle herum mit etwas „weiblichen Handarbeiten“ – so hiess das Fach auf der höheren Töchterschule, um nicht die Daumen zu drehen, habe als letzte meiner Generation, auf Bitten meiner Neffen + Nichten, alte

97 Der Fotograf Alfred Bernheim hatte für Kauffmann gearbeitet. Nach seinem Tod verwaltete seine Lebensgefährtin, die Fotografin Ricarda Schwerin, den Nachlass.

98 Jiddisch: Damit habe ich genug genervt.

99 Der Brief ist auf Durchschlagpapier erhalten.

Erinnerungen an mein Elternhaus + meine Kinderzeit aufgeschrieben, + für sie ururgrosselterliche Briefe aus der gotischen in lateinische Schrift übertragen. Meine Mutter hatte solchen Krempel aufbewahrt, + es war sogar für mich ganz wehmütig-lustig, über meine Mutter aus deren Kleinkinderzeit all die Chochmes[100] zu hören, die stolze Eltern an die Verwandten weitergeben. Nichts neues unter der Sonne! Nur Fotografien hat man damals nicht herumgezeigt, aber es gibt noch Daguerreotypien[101] – auch sehr lustig.

Die Arbeit über Kauffmann werde ich wohl nicht durchführen. Ich habe das Geld nicht auftreiben können, das zur Illustration nötig wäre. Ein einziges Institut, die „Memorial Foundation for Jewish Culture" in New York, hat mir ein Formular zugeschickt, für einen Antrag auf ein Stipendium. Im Juli 76 wird darüber entschieden werden!! Wer denkt soweit! Ich hoffe, ich erlebe es nicht. Übrigens ist auch das Stipendium nicht ausreichend, um die Kosten zu decken.[102] Sollte ich doch noch mal so weit auf die Beine kommen, dass ich Initiative aufbringe, etwas zu unternehmen, so würde ich versuchen das Buch *hier* in hebräischer Übersetzung herausbringen. Es liesse sich denken, dass ein hiesiger Verlag doch Interesse dafür hat. Habe ich Ihnen damals einige Fotos zugeschickt? Ich glaube, ja. Bitte schicken Sie mir diese zurück, das Manuskript brauche ich nicht. Meinetwegen können Sie es verheizen – denn für Klopapier ist es ungeeignet. Aber für die Fotos wäre ich dankbar.

Und nun: wie geht es bei Ihnen? Ich will über alles + alle hören. Sie tun mir mit jedem Brief einen grossen Gefallen – ich lebe von den Briefen, die von aussen kommen, + die Welt zu mir heranbringen. Was schreiben Sie gerade? Was macht Ikke? Die Kinder?

Wir haben jetzt den üblichen feuchten Sommer, nach einem langen sehr milden Frühling. Ich werde in den nächsten Tagen oder Wochen Besuch vom Ausland haben, + sehe dem mit gemischten Gefühlen entgegen. Aus Ihrer Reise ist ja damals nichts geworden – ist wohl Aussicht, Sie doch mal herzubekommen? Es wäre schön – ich bin ansprechbar, der Kopf ist wohl noch 100 %. Übrigens

100 Jiddisch: Weisheit, Klugheit, kluger Ausspruch.

101 Die Daguerreotypie war ein Fotografie-Verfahren des 19. Jahrhunderts, für dessen Herstellung Silberplatten oder versilberte Kupferplatten verwendet wurden.

102 Im Sommer 1976 gewährte die Memorial Foundation for Jewish Culture ihr für das akademische Jahr 1976/77 ein Stipendium in Höhe von insgesamt 1.190 Dollar. Da diese Summe für die Publikation nicht ausreichend war, bat Lotte Cohn darum, das Stipendium erst ein Jahr später in Anspruch nehmen zu dürfen, um sich um weitere Sponsoren bemühen zu können. Da ihr dies nicht gelang, verzichtete sie im Mai 1977 darauf, das Stipendium anzutreten.

ist der arme Salkind[103] ganz durcheinander – Gehirnsklerose! Arme Anita, sie kann ihn keine Minute allein lassen.
Wittkower[104] sprach ich neulich, er wollte Ihre Adresse haben + hat Ihnen wohl geschrieben. Er ist noch ganz jung + enorm tätig. Von anderen sehe ich wenig, ausser natürlich den Ernst. Er ist gerade dieser Tage vom Ausland zurück. Alles reist hier, gar nicht zu verstehen – es kommt mir immer so vor wie „fünf Minuten vor Weltuntergang". Entschuldigen Sie mein Geschmiere – ich habe den Block auf den Knien, nicht am Tisch!
Nun also: schreiben Sie!
Und viele Grüsse
Ihre Lotte C.

[61] An Gershom Scholem

6.VI.76

Lieber Gerhard
wie ich höre, hast Du gestern Abend Schlomo noch erreicht, + gehört, dass es Trudel subjektiv etwas besser geht – ich bin leider von jeher ein Schwarzseher + bin trotzdem pessimistisch; aber hoffen wir, dass ich unrecht habe.
Wegen Verkauf der Wohnung: ich bin keinesfalls bereit, das Haus oder irgendeinen Teil davon zu verkaufen, nicht an Dich, noch an Frau Ullmann, noch die dritte Wohnung, über die ich Verfügungsrecht habe. Durch חוק הגנת הדייר[105] bin ich bei den beiden grossen Wohnungen gebunden. Solange ich lebe, soll das Haus in meiner Hand bleiben. Hoffentlich dauert es nicht mehr zu lange, bis Ihr mit meinen Erben (lt. Testament das Solidaritätswerk)[106] verhandeln könnt. Mutter + Lene sind gestorben, als sie so alt waren, wie jetzt ich bin, also sind die Chancen für Euch nicht ganz schlecht.
Du wirst mich vielleicht verstehen: ich brauche das Geld im Augenblick nicht, + müsste es anderswie anlegen. Mein Haus ist zwar nicht besonders rentabel, aber aus Erfahrung weiss ich, dass Haus- + Grundbesitz eine jedenfalls sicherere Anlage sind als Papiere.
Nun gut, das sind meine „Sorgen".

103 Nahum Salkind.

104 Werner Joseph Wittkower.

105 Mieterschutzgesetz.

106 Das Solidaritätswerk der Vereinigung der deutschsprachigen Einwanderer in Israel wurde 1941 gegründet, um hilfsbedürftigen Menschen aus ihrem Kreis Unterstützung zu bieten.

Ich könnte verstehen, wenn Ihr eine Besitzwohnung erwerben wollt. Da kann ich nicht dreinreden. Mir wäre es ein wehmütiger Gedanke, wenn Ihr ausziehen würdet. Aber das ist nur Sentimentalität. Ich hoffe, ich sterbe vorher ab.
Im Moment sieht es aber nicht danach aus: wenn ich gehen könnte, wäre ich kerngesund. An Nervosität stirbt man nicht.

Miriam + Sidney kommen am 1.VII. hier an. Bleiben bis zum 26.ten, also wirst Du sie ja irgendwann sehen. Ich freue mich natürlich auf die Rochlins sehr.

Viele Grüsse Euch beiden
Eure Lotte

[62] An Ernst Akiba Simon

4.XI.76

Lieber Ernst Simon
ich lese soeben vom Tode Ihres Bruders Fritz – lassen Sie mich Ihnen recht herzlich die Hand drücken, ich kann mir vorstellen, wie sehr schmerzlich es ist, den „kleinen Bruder" begraben zu müssen.
Ich habe Fritz ganz + gar aus den Augen verloren seit meinen Jerusalemer Tagen, und die liegen mehr als 40 Jahre zurück. So sehe ich ihn also noch als den „Jungen", + wie recht hat Eli Rothschild, wenn er schreibt, dass er überhaupt schwer vorstellbar ist als „alt geworden".[107] Ich kann mich nicht rühmen, ihm freundschaftlich nahe gestanden zu haben, aber das bezaubernde Bild dieses heiteren Jungen gehörte zu meinen Jerusalemer Erinnerungen – irgendwie gehörte man damals doch zusammen, wir alle, + dass nun wieder einer von uns Alten davon gegangen ist, berührt mich schmerzlich – wenn man wie ich so sehr alt wird, häufen sich diese Erlebnisse + man vereinsamt eben auch an Erinnerungen.

Mit sehr herzlichem Gruss
Ihre Lotte Cohn

107 Vgl. Eli Rothschild: Dr. Fritz Michael Simon s. A. In: *MB* 41, 05.11.1976, S. 6.

[63] An Gershom Scholem

17.XI.77

Lieber Gerhard,
viel Dank für Brief und Scheck. Hierbei die Quittungen. Gottseidank, dass Fanias Operation dieses Mal geglückt ist. Weiter alles Gute!
Ja, natürlich musst Du Dich feiern lassen[108] – ich habe meinen 80ten drei mal gefeiert, erst in London, danach in Los Angeles + zum Schluss nachträglich hier. Ich habe das damals sehr genossen, aber natürlich war es nicht so offiziell wie bei Dir! Leider kann ich nicht in Euer „open house" kommen, sogar wenn die Beine besser wären als sie sind, wäre der Trubel nichts mehr für mich, ich bin doch ziemlich herunter gekommen in den letzten 4 Jahren – was will man machen?! Wenn Ihr am 12ten hier seid, wäre es sehr schön, wenn Ihr zu mir kommen könntet – ich habe „Seh-Sucht".
Nein, Du brauchst mir nicht die Miete für 78 vorauszubezahlen, vielen Dank, dass Du es mir anbietest. Mach es, wie es Dir bequem ist. Den Rochlins geht es sehr gut, Miriam hat viel Arbeit + viel Erfolg. Sie wird Dich wohl mal anrufen. [...]
Nun woll'n wir mal sehen, ob Sadat herkommt.[109] Wer vor 2 Monaten diese Möglichkeit vorausgesagt hätte, den hätte man für verrückt gehalten. Ich bin nicht sehr optimistisch, erstens ob er überhaupt kommt, + zweitens ob irgendetwas dabei heraus kommt. Es scheint mir alles so unwahrscheinlich.

So, nun feiert schön, weitere Fortschritte für Fania.
Und herzliche Grüsse
Eure Lotte C.

[64] An Julius Posener

1.II.78

Lieber Julius Posener
ich habe eine lange Pause eintreten lassen – mea culpa! Konnte mich einfach nicht entschliessen, wahrscheinlich weil ich nicht recht was zu schreiben

108 Vgl. Lotte Cohn: Verspäteter Glückwunsch für Gershom Scholem (1977). In: Dies.: *Eine schreibende Architektin in Israel,* Bd. 1, S. 169–171.

109 Der ägyptische Präsident Muhammad Anwar as-Sadat reiste am 19. November 1977 nach Israel. Am darauffolgenden Tag sprach er vor dem israelischen Parlament und erkannte als erster arabischer Staatschef das Existenzrecht Israels an.

hatte: immer dasselbe Gejammer a) über meine Leiden, die sich nicht bessern wollen. Manchmal gibt es gute Tage, + dann steigt die Hoffnung + dann kommt der Rückschlag mit erneuten Schmerzen + der Schwäche in den Beinen. b) die Politik, die mir gar nicht gefällt + der Weltschmerz oder Weltekel ganz im Allgemeinen.
Was soll man dazu sagen?! Es scheint mir manchmal, die Anarchisten haben recht, wenn sie erst mal alles in Stücke schlagen wollen. Sehr nahe daran sind sie schon. Aber ob es ihnen nachher glücken wird, eine bessere Menschheit aufzuziehen? Es scheint mir sehr fraglich. Jedenfalls werden wir beide das nicht mehr erleben.
Und dabei steht neben mir eine kleine Hyazinthe, vom vorigen Jahr übersommert, + blüht in rötlicher Pracht + die Sonne scheint golden in mein „Gefängnis". Es könnte immerhin noch erträglich sein – aber gleich wird mir die Zeitung hereingebracht werden, mit all dem widerwärtig geschwülstig hergerichtetem Zeug, von dem nur der kleinste Teil wahr ist + nichts davon nur halbwegs klar. Man sollte alle Reporter totschlagen ... sehen Sie! Da bin sogar ich schon auch blutrünstig!
Ein besonderes Kapitel ist für mich eine sehr alltäglich-menschliche Erscheinung, die jeder erlebt, der so alt wird wie ich. Um mich herum sinkt alles ab, und zum Teil auf so traurige Art. Wenn ein alter Mensch endlich einigermassen friedlich + ohne sonderliche Leiden sterben darf, so ist man in gewissem Sinne dankbar (denn die verdammte Medizin hilft ja meistens, die Leiden möglichst in die Länge zu ziehen!) – aber ein Abschied + Verlust ist es doch. Aber weit schlimmer + kaum erträglich ist es zu sehen, wenn alte Freunde, mit denen man das Leben verbracht hat, langsam + fortschreitend ihre Geisteskräfte verlieren! Ich erlebe das jetzt bei drei meiner allernächsten Jugendfreunde. Sie leben noch – aber der Mensch, den man so geliebt hat, ist – lebendig! – und doch schon nicht mehr vorhanden. Nur noch ein verzerrtes Schattenbild.
Auf Ihren Brief – vom 11.8.77 – einzugehen, hat keinen rechten Sinn. Sie schrieben von „Gicht etc.". Wie ist es denn nun im Winter gegangen? Der war wohl auch, genau wie bei uns, relativ streng. Dass jetzt gerade die Sonne scheint, ist kein Zeichen, dass er schon vorüber ist.

Ich gehe nun doch auf Ihren Brief, den ich eben noch mal durchgelesen habe, ein. Dass Sie von der Israeli Bau-Moderne nicht ganz uberzeugt sind, wundert mich nicht. Ich war nun Jahre lang nicht in Jerusalem, jedenfalls nicht Architektur-Studienhalber, sondern sehe schon eher mal, was sich in T-A tut. Meine Einstellung ist sehr ambivalent: einerseits bewundere ich oft die Imaginationskraft der jungen Generation (+ bin mir bewusst, dass ich dem allem zu fern bin, um mir ein Urteil zu erlauben), andererseits stösst mich vieles ab: Ich habe das Gefühl,

dass der junge Architekt vor allem erst einmal ein Denkmal für sich selber hinzustellen bemüht ist, je extravaganter + avantgardistischer, je besser! Und ohne jede Rücksicht auf das städtebauliche Ergebnis. Man muss nicht unbedingt – nein, man darf sogar nicht – sich dem Stil des Nebenhauses anpassen. Aber wenn nebeneinander in einem völlig neuerbauten Viertel 6 oder 8 öffentliche Bauten stehen, wo sich jedes sozusagen „vordrängt", so will das Auge nicht mit, meines jedenfalls fühlt sich beleidigt. Dabei bin ich meiner selbst in diesem Urteil gar nicht ganz sicher. Leider ist das eine Schwäche in meinem eigenen Charakter: ich habe immer, auch wenn ich ganz scharf reagiere im Anfang, zuguterletzt ein Wer weiss? Vielleicht doch? im Hinterhalt. (Es geht mir in der Beurteilung von Menschen ebenso – aber das ist mehr ein homo sum, humanum nil a me alrenum – ist das übrigens richtig zitiert?[110])
Im ganzen bin ich seit längeren Jahren der Architektur etwas fern gerückt. Ich habe aufgehört, zu produzieren, als ich fühlte, das ist nun nicht mehr meine Zeit, ich gehöre da nicht herein. Ich bin auch überzeugt, dass dies gewollte + erzwungene sich-Anpassen an die Formensprache der Moderne bei den Nicht-mehr-ganz-Jungen nur zu sehr schwachen Ergebnissen führt. Ich will keine Namen nennen, denn es sind Leute, die früher mal ganz gute Architekten waren. Und gerade das wollte ich für mich nicht. Früher mal ganz gut + enden als ganz schlecht! Man muss wissen, wenn man überholt worden ist, das ist keine Schande. Aber mitmachen wollen, wenn man nicht mehr dazu gehört – das ist nicht nur dumm, sondern auch blamabel. Das alles liegt übrigens tiefer als nur im Architektur-Produzieren. Sie verstehen das!
Was Sie sonst über Ihre Beziehung oder Nicht-Beziehung zu Israel schreiben + über Ihre daraus folgende Angst vorm Wiederkommen muss ich akzeptieren. Jeder muss schliesslich seinem eigenen Zuge folgen. Ich stelle mir vor, dass diese Spaltung Ihres Gefühls Ihnen manchmal Schwierigkeiten bereitet. Aber vielleicht tröstet es Sie, wenn ich Ihnen letzten Endes zustimme. Das Ergebnis Ihrer Entwicklung ist Beweis, dass Sie das Richtige gewählt haben. Das Zwischenstadium der Unsicherheit war mir viel weniger verständlich – damals war ja auch der Schock des Hitler-Erlebnisses viel akuter. Übrigens werden Sie ja selbst wissen, dass Sie in gewissem Sinne naiv sind – bei aller Überfeinerung im Sensitiven. Habe ich recht?
So – das Papier + meine Schreiblust neigt sich dem Ende. Ein anderes Mal von meinem Dasein. Nur noch: ich bin nicht nur praktisch gut versorgt, sondern auch umgeben von Freundschaft + Kameradschaft. [...]

110 Homo sum, humani nihil a me alienum puto (lat.: Ich bin ein Mensch, nichts Menschliches, denk ich, ist mir fremd).

Und nun, leben Sie wohl + schreiben Sie wieder. Ohne Ihre Briefe fehlt mir etwas!
Herzlichst
Ihre Lotte C.

[65] An Gershom Scholem

11.III.78

Lieber Gerhard
vielen Dank für den Scheck – hierbei die Quittung.
Was die Regen-Schäden anbetrifft, so ist Picker[111] jedenfalls nicht schuld daran. Auf meine Veranlassung hat er im Sommer die betreffenden Fachleute herangeholt: für das Asphaltdach gibt es die beste Spezialfirma קבוצת אחים[112], die das Dach besichtigen und feststellen sollte, welche Art Reparatur angeraten sei – diese ist gemacht worden. (Der Hauptpunkt der grossen Reparaturkosten war übrigens das Ziegeldach – die Dachwohnung (Lene's) war fürchterlich beschädigt). Leider kann man beim Asphalt-Dach sehr schlecht feststellen, *wo* Schäden sind; die schadhafte Stelle kann in *einer* Ecke sein, + die Nässe an einer ganz anderen innen durchdringen. Es scheint zu sein, auch das ist nicht sicher, dass die Vertiefung, wo die Wassertanks stehen, + wo man infolgedessen nicht kontrollieren kann, die undichte Stelle ist. Diesen Sommer werde ich das ganze Dach neu teeren lassen + auch die Tanks für diese Arbeit abmontieren lassen.
Es tut mir leid für Euch, aber, wie ich Dir neulich schon schrieb, sind solche alten Häuser wie meines, nicht mehr ganz zu reparieren. Heute hat man bessere Methoden, + bessere Materialien als vor 40 Jahren, da halten auch solche Dächer länger – es ist für einen Laien nicht zu verstehen, aber so ist es.
Jedenfalls werde ich Picker veranlassen, im Sommer, wenn sicher kein Regen mehr zu erwarten ist, das Asphalt-Dach ganz + gar überstreichen zu lassen. Übrigens, was im Esszimmer bei Euch ist, kann kaum vom Dach herkommen, dafür werde ich Picker gleich schicken, nachzusehen, was in der oberen Wohnung geschehen ist.

Rochlins lassen grüssen. Auch von mir viele Grüsse
Eure Lotte

111 Konnte nicht ermittelt werden.
112 Kwuzat Achim.

[66] An Gershom Scholem

9.I.79

Lieber Gerhard
Danke für Brief + Scheck – hierbei die Quittungen.
Schlomo – nun, das ist wie es ist. Hoffentlich bleibt er uns noch lange erhalten. Er ist natürlich im Kopf noch 100 % in Ordnung – aber doch schon ein alter Herr, viel mehr als Du. [...]
Ich werde, vorausgesetzt, dass alles klappt, das Haus[113] an die „Vera Salomon-Foundation" geben, oder an eine Dachorganisation dieses Fonds, entweder eine schweizerische oder amerikanische, das hat steuertechnische Gründe – nicht wichtig. Ich war mit dem K.K.L.[114] in Verbindung, aber da es sich nun schon seit dem Sommer hinzieht, dass ich keine Antwort bekommen habe, trotz mehrmaliger Anfrage, nehme ich an, sie sind nicht interessiert. Auch der מפעל לעזרה הדדית[115] hat abgelehnt, mir ist schliesslich egal, an wen das Haus geht. Leider bin ich sentimental + trenne mich schwer. Aber es ging nicht mehr weiter so, ganz abgesehen davon, dass ich auf diese Form sehr viel sorgloser das Ende meiner Tage herankommen sehen kann. Ich werde sogar wohlhabend sein, viel mehr als ich noch Gebrauch davon machen kann. Aber vielleicht kann ich dann doch noch mal „by special car" nach Jerusalem kommen, um Abschied zu nehmen.
Eben mit Schlomo telefoniert. Er ist sehr getroffen von Tramers Tod,[116] mit dem er auch sehr befreundet war. Am Abend vorher waren Tramers noch sehr gemütlich + lange bei Schlomo zu Besuch. "נשיקת אלוהים"![117] [...]
Bleibt Ihr mir nur gesund + treu. Es ist eines der hässlichsten Alterserlebnisse, dass alles abbröckelt, auf die eine oder andere Weise.
Ihr hört von mir, wenn die Sache mit dem Haus zu Ende geführt ist – solange kein Vertrag unterschrieben ist, soll man eigentlich gar nicht reden.

Gruss Euch beiden
Lotte

113 Abarbanel-Straße 28, das von Lotte Cohn gebaute Haus, in dem Scholem seit 1936 lebte.

114 Keren Kajemet Leisrael.

115 Solidaritätswerk.

116 Hans Tramer starb am 6. Januar 1979.

117 Kuss Gottes.

[67] An Julius Posener

10.IV.[1979]

Lieber Julius Posener,
Wir haben Streik in der Post – sonst hätte ich Ihnen schon früher auf Ihren Brief geantwortet. Er klang etwas trübselig – hoffentlich ist inzwischen das „Paradies“ wieder etwas heiterer, oder doch wenigstens eines mit *zwei* Bewohnern belebt. Sie dürfen bald wieder schreiben, sonderbarerweise tröpfelt Auslandpost doch gelegentlich ein, + irgendwann werden die Postleute ja doch wieder voll arbeiten – augenblicklich ist Go – slow – strike. Heisst „work to rule“, aber auch nur halbtägig.
Ich benutze die Gelegenheit einer freundlichen Stewardess, die diesen Brief irgendwo, wo sie gerade landet, einwerfen wird. Also wundern Sie sich nicht, wenn er aus Deutschland kommt, ich selber bin noch in Ruppin 15.[118]
Mir geht es so so! Ich bin abgefunden + so geht es eben ganz gut. Wenn man „nach unten“ guckt, muss man sehr zufrieden sein – ich sehe so viel Elendes um mich her, so viele Greise, körperlich + geistig heruntergekommen, dass ich mir einzureden versuche, ich sei noch ganz gut weggekommen in der Lebenslotterie.
Sie können sich denken, dass hier die Wellen hoch gehen in der Bevölkerung, infolge des „Friedens“, der ja keiner ist.[119] Die Israelis sind einerseits sehr euphorisch, andererseits in dem Hin- + Her-Pendeln des Gemütes sehr schwarzseherisch. Im Grunde weiss ja niemand, wohin wir gehen, sogar der gute Carter[120] kann nur von einem zum anderen Mal seine Zügel so oder so anlegen. Heutzutage ist Politik ein kompliziertes Spiel. Übrigens las ich gerade ein recht gutes Buch „Goethe, sein Leben + seine Zeit“ (Richard Friedländer[121]). An dem gemessen, was diese Zeit an Revolutionen, Räubereien, Intrigen, Misshandlungen geleistet hat, + dies innerhalb eines Menschenalters, sind wir die reinen Waisenkinder. Die Menschheit hat mutatis mutandis wohl immer gleich hässlich ausgesehen. Das Buch war ubrigens lesenswert.
Meine netten Verwandten sind wieder zurück in den states, mit dem Versprechen, „bald“ wiederzukommen – aber ich seh's noch nicht. Sie haben

118 Lotte Cohn wohnte seit Mitte der 1940er Jahre in der Ruppin Straße 15 in Tel Aviv.

119 Die israelisch-ägyptischen Friedensverhandlungen von Camp David, die am 26. März 1979 im Abschluss eines Friedensvertrags mündeten.

120 Der US-amerikanische Präsident Jimmy Carter hatte die Friedensverhandlungen zwischen Israel und Ägypten vermittelt.

121 Richard Friedenthal (vgl. ders.: *Goethe – Sein Leben und seine Zeit*. München: Piper 1963).

sich hier sehr wohl gefühlt, trotz all der politischen Aufregungen, die sie mitgekriegt + voll mitempfunden haben.
Ist Ihr Film schon raus?[122] Na – und wie ist er? Ich lege Ihnen hier noch eine „Ablichtung“ meiner Erinnerungen aus den zwanziger Jahren bei. Schöner liess es sich nicht herausbringen – aber jedenfalls liest es sich besser als die Fortsetzungen – ich glaube die sind nicht mal komplett.
Morgen beginnt Pessach – das fängt immer mit einer ungeheuren Einkaufskampagne an. Man hat den Eindruck, die Juden denken an jedem Feiertag, dass direkt danach Hungersnot ausbrechen wird. So etwas von Fresserei!!
So – für heute genug. Übrigens höre ich soeben, dass der Streik vorbei sein soll. Aber bis „aufgearbeitet“ ist, werden ein paar Wochen hingehen.

Viele schöne Grüsse
Ihre
Lotte C.

[68] An Julius Posener

1.VI.79

Lieber Julius,
Ihr Brief vom 5.5. kam vorgestern in meine Hand! Unsere Post ist immer noch nicht „à jour“ nach dem strike – Briefe von Jerusalem = 8–10 Tage! So will ich denn gleich antworten, damit Ihnen – hoffentlich – noch im Kopf ist, was Sie geschrieben haben. Warum ich überhaupt noch einmal auf den „Friedenthal“ antworte? Sie müssen das entschuldigen – aber Briefe zu bekommen + zu beantworten (falls sie es lohnen) ist eine der wenigen gedanklichen Betätigungen (ausser Lesen, Lesen, Lesen) die mir geblieben sind. Ja, ich bekomme auch viel Besuch, aber bei den meisten kommt mehr als Klatsch + Tratsch nicht heraus; das ist auch ganz schön, man kann es sogar nicht entbehren. Oder es ist Politik, mehr Kannegiesserei, wenn Ihnen das Wort noch geläufig ist. Und da ich meistens dabei „anderer Meinung“ bin, oder immer das Gefühl habe, dass alles, was man herumredet, mehr oder weniger Unsinn ist, so habe ich auch von diesen Unterhaltungen nicht viel.
Nun also der Friedenthal. Sie schreiben: zwischen dem „Olympier“ + dem Friedenthal-Goethe, die beide nur *eine* Seite des „wahren“ Goethe darstelle, läge

122 Der Film *Grüß Dich, altes Haus* (D 1979), ein biographisches Porträt Julius Poseners von Wolfgang Tumler. Der Film lief am 13. Mai 1979 im Abendprogramm der ARD.

die „wahre Wahrheit“. Dazu muss ich erwidern: eine „wahre Wahrheit“ über irgend einen Menschen gibt es überhaupt nicht. Jeder Mensch ist eine solche Verknotung + Verhedderung von all seinen Eigenschaften, dass von Wahrheit überhaupt keine Rede sein kann. Ich will Ihnen ein Bekenntnis machen. Ich habe in den vielen langen einsamen Stunden einmal den Versuch gemacht, mit mir selber ins Reine zu kommen. Wer oder was bin ich eigentlich? Und warum bin ich so? Und warum ist mein Leben – durch meine Eigenschaften verschuldet – gerade *so* verlaufen. Und das habe ich niedergeschrieben (in einem Heftchen, das die Aufschrift trägt „Ungelesen vernichten“[123]). Ich hatte mir eingeredet, ganz aufrichtig gewesen zu sein. Und als ich es, nach einiger Zeit, noch einmal durchlas, schien mir es wäre verlogenes Zeug, oder wenn nicht das, so doch jedenfalls nicht „*die* Wahrheit“. Wenn ich diese beiden Erlebnisse, das Niederschreiben + das Wieder-Durchlesen neben einander stelle, so schliesse ich daraus, dass kein Mensch auf eine endgültige Formel gebracht werden kann, + kein Freud, Jung oder Steiner wird mich davon überzeugen, dass es eine Lösung dieser Aufgabe gibt. Jeder hat viele Gestalten, + je mehr einer hat, umso interessanter + wahrscheinlich kreativ leistungsfähiger ist er. Goethe, gerade er, ist ein Beispiel dafür. Wäre er weniger „lässig, planlos, verbissen falschwissenschaftlich gewesen“ (Ihre Worte) gewesen, so wären die erstaunlichen ungeheuren Leistungen seiner Werke nicht herausgekommen. Der Olympier ist den Deutschen durch Friedenthal nicht genommen, sondern doppelt geschenkt worden. Was übrigens nicht heissen soll, dass man an F.'s *Werk* nicht dennoch Kritik üben kann + soll.

Nun das Zweite! Sie Armer, ich verlange viel von Ihnen, wenn ich Sie zu solcher Gedächtnis-Gymnastik veranlasse. Ich rede mir nicht ein – wie Sie offenbar heraus gelesen haben, dass das vorvorige Jahrhundert, eben Goethes Zeit, ethisch ebenso tief gestanden hat, wie das zwanzigste. Ich weiss nicht, ob es anderen Menschen auch so geht wie mir. Ich bin sehr oft (nicht immer!) im tiefsten erschüttert, auf welch niedrigem ethischen Niveau die Menschheit angelangt ist. Man hat uns eigentlich immer gelehrt, dass das 18te + halbe neunzehnte Jahrhundert so besonders hochgestanden hätte. Nicht im sentimentalen Sinne der „Guten Alten Zeit“, sondern mehr evolutionär. Die Entwicklung der Demokratie, der beginnende Sozialstaat, auch die Emanzipation der Juden, das alles schienen Anfänge zu einem Hoch – + dann kam das Tief unserer Tage, mit Hitler, Stalin, + mit allen Grausamkeiten der autoritären Zeiten + mit der Auflösung aller Wertungen, die unsere Generation als echt anerkannt hatte. Es hat mich – ich kann nicht sagen „beruhigt“ – aber sehen gelehrt, dass auch in dem

123 Ein Heft mit dieser Aufschrift ist nicht erhalten.

geglaubten „Hoch“ so viel gemeine Schmutzigkeit nebenher gelaufen ist. Die schlechten Instinkte des Menschen sind eben immer da, zu jeder Zeit, + kein Heben des allgemeinen Wissensniveaus wird da viel daran ändern. Wir müssen uns abfinden. Und uns gegenseitig an einander halten, weil es immerhin noch ein paar anständige Menschen gibt.
Meine „wunderbare“ kleine Schrift. Ach Gott, so wunderbar ist sie nicht. Es war damals eine Spielerei von mir. Ich habe etwa 100 Exemplare vervielfältigen lassen + an die alten Kameraden geschickt – + es hatte offenbar allen Spass gemacht. Ich habe dann noch 200 abziehen lassen, weil so viele sie auch haben wollten. Übrigens – darauf bin ich stolz – ist sie auch der Universitätsbibliothek einverleibt. Natürlich hat kein Mensch gedacht, dass es nun immer so bleiben würde in Erez Israel, so wenig wie man damals an den Staat Israel in so naher Zukunft gedacht hat. Die wenigsten Menschen sind in der Lage, sich die Zukunft vorzustellen. Es gab damals weder Radio noch Television noch Flugverkehr. Und sogar als es die schon gab, hatte man nicht die Fantasie sich auszudenken, zu was die Wirkung der Massenmedien + der ungeheuren wahnsinnigen Touristik führen würde: zu wieviel Gutem + zu wieviel Schlechtem. Denken *Sie* darüber nach, wie unsere Städte in 100 Jahren aussehen werden, wenn vielleicht auf jedem Dach 20 Privat-Helikopter stehen werden (mit dem entsprechenden Flugverkehr)? Vielleicht wird es dann keine Vögel mehr geben ... u.s.w.
Ich bin ins Land eingewandert als es vielleicht ein Dutzend Taxis + einen einzigen Privatwagen im ganzen Land gab. Aber wir *haben* schon an eine, sogar riesengrosse Entwicklung geglaubt, nur, die sah ganz anders aus, als die, zu der wir in diesen 60 Jahren gelangt sind. Man soll nicht an der Menschheit verzweifeln deshalb, ich glaube dennoch, dass es im Auf + Ab vorwärts gehen wird. Kannibalen gibt es schon jetzt nicht oder kaum mehr – vielleicht gibt es in 2000 Jahren keine Grausamkeit mehr! – Leider, für meine eigene kleine Ewigkeit gibt es noch zu viel davon.
Sie schreiben von Ihrer Zehlendorfer Kindheit. Schade, wenn Sie hier wären, hätte ich Ihnen mal zu lesen gegeben, was meine älteste Schwester über ihre Steglitzer Kindheit niedergeschrieben hat (wir sind alle „Schreiber“). Mein Vater war Arzt dort, + „Domäne Dahlem“ gehörte zu seiner Klientel. Diese Kindheitsgeschichte ist sehr reizend, sie würde Ihnen Spass gemacht haben. Ich als letzte bin schon in Berlin geboren.
Ihr Erlebnis mit Ihrem Lehrer,[124] der Nazi wurde, hat auch in mir einen Widerhall hervorgerufen. Ich habe in meiner Studienzeit an der T. H. einige deutsche

124 Ulrich Haacke.

Freundschaften geschlossen – wir waren 5 Mädchen[125] dort, beinahe die ersten Architektinnen in Deutschland, + wir hielten zusammen. Eine von ihnen wurde meine nächste Freundin[126] in dieser Entwicklungsperiode. Sie ist (nächst meinem zionistischen Elternhaus) der stärkste Einfluss gewesen, unter dem sich meine geistigen Gaben entwickelten. Sie war sehr bewusste arische Deutsche, was nicht hinderte, dass sie mich beinahe leidenschaftlich liebte. Ich habe durch die Jahre 1913–35 jeden Brief von ihr aufbewahrt, + bin dabei diese Korrespondenz, es sind wohl an die 100 Briefe, durchzulesen, mit schmerzendem Herzen.[127] Sie wurde selbstverständlich Nazi, + eben 1935 kam es zu einem letzten Austausch, der mit „Leb wohl, Lotte" von ihr endete. Ich habe nicht mehr darauf geantwortet, es ging nicht mehr. Sie hat sich, ich weiss nicht warum + ich weiss nicht warum, das Leben genommen.[128] Ob ihr im Lauf der Hitler-Jahre die Augen aufgegangen sind oder ob sie hoffnungslos krank war, habe ich nicht erfahren. Als ich 1954 ein letztes Mal in Berlin war, habe ich ihre halbjüdische Cousine aufgesucht – aber sie konnte mir keine Auskunft geben – ich hatte den Eindruck, die beiden Cousinen sind durch dies Halbjude-Sein der einen ganz auseinandergekommen. Jedenfalls wusste sie gar nichts von meiner Freundin. – Du lieber Gott, was hat Hitler, abgesehen von 6 Millionen Juden, alles zerschlagen. –

Ihre Lotte hat mir Ihre Rede zu Ihres Bruders Gedächtnisfeier[129] gesandt, es war nett von ihr, + ich habe mich sehr bei ihr – + nun bei Ihnen! – dafür bedankt. Sie hat mir ihren Besuch gelegentlich angemeldet. Man sagt mir, es ginge ihr nicht gut, nun, Sie haben das ja gesehen! Ich bin neugierig zu hören, wie der Film gewesen ist, schreiben Sie bald!

Mir geht es unverändert, + dafür muss ich wohl dankbar sein, weil es *besser* nicht mehr werden kann. Um mich herum viel Krankheit, auch Tod, +, was noch schlimmer ist, geistiges Absterben. Auch dafür muss ich wohl dankbar sein, dass ich solche Briefe, wie den Ihren noch lesen + beantworten kann; Sie müssen nun hinnehmen, dass Sie das auch *lesen* müssen – + entschuldigen: es ist eine der wenigen geistigen Leistungen, die mir noch übrig sind.

125 Neben Lotte Cohn noch Gertrud Ferchland, Marie Frommer, Margarete Wettke, Gertrud Sachs.

126 Gertrud Ferchland.

127 Vgl. Lotte Cohn: Die Geschichte einer Freundschaft (1975). In: Dies.: *Eine schreibende Architektin in Israel*, Bd. 1, S. 119–123.

128 Gertrud Ferchland starb 1943 in der Psychiatrie Meseritz-Obrawalde, vermutlich als Euthanasieopfer. Für diese Information danke ich Johanna Herzing, der die Sterbeurkunde ihrer Urgroßtante vorliegt.

129 Ludwig Posener starb am 25. August 1978.

Alles Liebe + Gute, für Sie + Ikke!
Ihre Lotte

Warum man eigentlich immer scheu hat, noch einen neuen Bogen anzufangen, weiss ich nicht. Die reine Ordnungsliebe! Und ein gewisser Geiz, nicht wegen des etwa fälligen Überportos, sondern weil man Gottbehüte das Papier nicht mehr ausnutzen kann!
Im Zusammenhang mit Friedenthals Goethe, nicht ganz logisch, aber auf Umwegen, fällt mir eine nette Briefstelle bei Fontane ein. Er kritisiert da die stolze + überhebliche Pedanterie, die sich oft hinter Konsequenz versteckt. Ungefähr so schreibt er:
„Wie schön dagegen die leichte Freiheit (?),
die mal dies tut + mal das – bloss immer das Richtige!" (Er sagt das besser, aber die letzte Hälfte ist wörtlich.)[130]

Ich lese dies eben noch einmal durch + merke, Sie werden nicht verstehen können, wo eigentlich das tertium comparationis[131] ist zwischen Friedenthal + Fontane: ich finde in der Besonderheit der Menschen, die nicht aus einem Guss sind, sondern zugleich planlos + ungeheuerlich kreativ, oder wenigstens im Grunde geradsinnig – es stimmt nicht ganz, aber es besagt doch Ähnliches.

[69] **An Julius Posener**

28.VIII.79

Lieber Julius Posener
Vielen Dank für Ihr schönes Buch (oder die Broschüre, wie Sie es nun nennen wollen) – es kam zufällig genau an meinem Geburtstag an. Ich bewundere Sie sehr – es scheint mir ausgezeichnet, wie alles, was Sie schreiben, Sie sind ein geborener Bauhistoriker + viel mehr als nur das. Ich kann nicht genau ausdrücken, worin ich Sie so besonders bewundere: die Fülle der Gesichte + die Klarheit zu unterscheiden + die Sicherheit + Fundiertheit des Urteils. Übrigens überschätzen Sie mich, wenn Sie glauben, ich kenne all die Bauwerke, auch die, die nicht als Illustration beigegeben sind. Sie vergessen, dass ich die

130 „Und wie himmelhoch steht daneben die heitre Freiheit, die heute dies tut und morgen das, *bloß immer das Richtige*" (Theodor Fontane: Brief 160 (7. April 1880). In: Ders.: *Briefe an seine Familie*, Bd. 1. Berlin: Fontane 1905, S. 291–293, hier S. 292).

131 Lat.: das Dritte des Vergleichens; meint das Gemeinsame von zwei Dingen oder Ausdrücken, die man vergleicht.

Jahre 1920–30 in Palästina war + nicht einmal Journale in die Hand bekam. Ja, natürlich: Peter Behrens gehört schon in meine Studienzeit, aber die paar Greise, die mich 1914–16 (zwischen Vorexamen und Diplom-Ex.) unterrichtet haben, die jüngeren waren ebenfalls im Krieg, haben mich kaum auf die „Moderne" aufmerksam gemacht. Ich habe eine Villa in klassischer Antike, eine gotische Kirche, ein (was heisst „ein") *das* Rathaus in modernistischem Barock entwerfen müssen als Schulaufgaben. Meine Diplom-Arbeit war eine Schule, klassizistisch – das war das Modernste, was ich „gelernt" habe. So bin ich dann erst in den Wiederaufbau in Ostpreussen + später nach Jerusalem geworfen worden. Übrigens habe ich wohl besonderes Pech oder Ungeschick mit meiner Lehrzeit gehabt. Richard Kauffmann, der wohl fünf Jahre älter war als ich, war erheblich besser geschult – aber Berlin war sehr elend damals, weit weit unter München. Berlin wurde erst nach 1918 etwas, + damals war es für mich verschlossen, es gab keine Arbeit für uns paar Frauen, alle Stellungen wurden mit den Jungens, die im Krieg gewesen waren, besetzt – ganz mit Recht.
Übrigens geben Sie an, dass Scharoun in Berlin „studiert" hat. Er war genau mein Semester + ich erinnere mich sehr gut an ihn, ein magerer rothaariger sommersprossiger Jüngling – man sollte es nicht glauben. Er gab nur Gastrollen in der T. H., ich glaube, er war damals schon längst im Baufach zuhause + wollte wohl nur das Examen machen – soviel ich weiss, hat er es nie gemacht, hatte es ja auch wirklich nicht nötig. Ich habe in Ostpreussen wieder von ihm gehört, er hat im Krieg auch dort gebaut, zufällig in derselben Gegend wie ich, aber vor meiner Zeit. Ich bin noch immer in freundschaftlicher brieflicher Verbindung mit einer der Gutsbesitzers Töchter,[132] für die wir damals arbeiteten – + *vor* meiner Zeit hat Scharoun ihr Wohnhaus dort gebaut.[133] Sie war bis zu seinem Tode mit ihm befreundet.
Ich habe Ihnen nie auf Ihren letzten Brief geantwortet – ohne Grund, reine Schlamperei. Es geht mir unverändert ziemlich mittelmässig; dass es noch mal besser werden könnte, ist nicht zu erwarten, + so muss ich zufrieden sein, wenn es nicht allzu rasch schlechter wird. Sie schrieben damals von dem Erfolg Ihres Films – + dass mein Gesicht auch gezeigt worden ist – wie gut, dass ich es nicht zu sehen brauchte, ich kriege schon einen Schreck, wenn ich in den Spiegel gucke (kucke?).
Von mir ist nicht viel zu erzählen – ich bemühe mich meine Gedanken zu sammeln + zu ordnen + dies + das niederzuschreiben – aber es ist nicht viel

132 Die spätere Webkünstlerin Marie Thierfeldt.

133 Hans Scharoun hatte das im Krieg zerstörte Haus Thierfeldt (1917/18) in Frankenhof bei Gumbinnen neu errichtet.

damit. In den letzten 8 Tagen habe ich zwei meiner ältesten + liebsten Freundinnen begraben – + heute lese ich eine Todesanzeige von einer Bekannten, die zwar meinem Herzen nicht so nahe stand, aber zu denen gehörte, die regelmässig zu mir kamen. Wenn man sehr alt wird, muss man lernen Abschied zu nehmen …

Viele schöne Grüsse, lieber Julius, + Gruss an die Ikke!
Ihre Lotte C.

[70] An Julius Posener

Lotte Cohn
Ruppin Str. 15
63576 Tel-Aviv / Israel

13.II.80

Prof. Dr. Julius Posener
1 Berlin 33
30 Tölzerstr.
Deutsche Bundesrepublik

Lieber Julius Posener
gestern kam Ihr herrliches Buch an – Donnerwetter, ist das aber ein Wälzer![134] Ein Lebenswerk, + das ist es ja wohl auch, jetzt verstehe ich erst richtig, warum das Korrekturlesen, + alles was zum Fertigmachen gehört, Ihnen so auf der Seele gelegen hat. Es muss ja eine fürchterliche Arbeit gewesen sein. Meinen allerherzlichsten Dank, ich werde das Buch mit grossem Interesse lesen. Übrigens nicht eigentlich, weil ich das Wilhelminische Zeitalter so besonders hochschätze. Aber ich bin noch ganz + gar – im Gegensatz zu Euch allen, für die es schon „Geschichte“ war – in ihm erzogen worden. Ich bin 1916 von der T.H. weggegangen, + damals waren meine Lehrer für mich alte Herren, denn die jungen waren an der Front. Und die alten Herren haben eigentlich noch nicht einmal zum Wilhelminischen Zeitalter gehört! Aber immerhin waren Behrens und Messel unsere Grössen, + andre auch. Das Nachkriegs-, das Bauhauszeitalter habe ich schon in Palästina erlebt, aber doch eben nur vom Hörensagen oder in Fotografien! – Alles inzwischen ancient history + ich

134 Vgl. Julius Posener: *Berlin auf dem Weg zu einer neuen Architektur 1889–1918. Das Zeitalter Wilhelms II.* München: Prestel 1979.

bin 86! Nächstes Jahr werde ich, wenn ich's erlebe, 60 Jahre hier im Land sein! Unbelievable!
Es geht mir soso – was soll ich sagen? Vom Besserwerden kann wohl keine Rede mehr sein, + so lebe ich denn so hin, es könnte besser sein, da ich eingeschlossen bin, aber ich weiss, es könnte viel viel schlimmer sein. Meine Freundin Hansi Lavie sagt mir immer: „Beine braucht man nicht, sie sind ersetzbar, Arme + Kopf sind unersetzlich, + die hast Du!“ Sie hat recht, aber man lebt ja nicht im Bewusstsein, dass man anderer Leute Leiden *nicht* hat, man lebt mit dem eigenen Leiden. Und mit denen lebe ich eben. –
Die Politik ist so lousy, dass einem das grosse Kotzen ankommt. Es ist ein Trost (wenn es einer ist), dass es in anderen Gegenden *noch* mieser aussieht! Sonst müsste man an der Judenheit verzweifeln. [...]
Ich hoffe es geht Ihnen + der Ikke gut + Sie haben keine Extra-Sorgen mit den Kindern. Schreiben Sie mal wieder, auch wenn ich, wie ich fürchte, nicht viel darauf zu antworten weiss.

Gruss Euch beiden! Ihre alte Lotte C.

[71] An Julius Posener

21.III.80

Lieber Julius,
ich will noch rasch antworten, bevor Sie die grosse Reise nach den States antreten – hoffentlich haben Sie eine interessante Zeit.
Ja, ich war im Jahre 54 bei Euch in Greenwich, kam damals auf dem Rückweg von Californien nach England. Doch, ich war inzwischen noch ein paar Mal im Ausland, 1967 war ich ein halbes Jahr fort, Brasilien, Mexico, Amerika, London, Paris, Stockholm. Und dann noch ein paar Mal in der Schweiz + schliesslich noch ein letztes Mal in Los Angeles + London – zur Feier meines 80ten Geburtstags 1973! Und dann fing die Misere an, erst die Operation im rechten Bein 1975, + dann die Gürtelrose im linken 1976, + so bin ich der Krüppel, als den Sie mich ja schon gesehen haben. Keine Wahrscheinlichkeit, dass es noch einmal besser werden kann – mit 86 regenerieren die alten Muskeln nicht mehr. [...]
Heute war Ihre Schwägerin Lotte bei mir, ich war ganz gerührt. Wir telefonieren manchmal, aber dass sie mich besuchen würde, hatte ich nicht gehofft. Eine gescheite Frau, bewundernswert! Ich fand sie stimmungsmässig weit besser

als damals – war es bei Gelegenheit der Film-Aufnahme?[135] – wo sie Sie bei mir abholte.
Was soll ich von mir erzählen? Mein Lebenskreis ist nun eben stark eingeengt – obwohl meine guten Freunde sich wirklich rührend um mich kümmern, ich bin selten einsam, + eher habe ich zu viel Besuch als zu wenig. Ich „beschäftige" mich im Haushalt + ich lese lese lese – zum Glück geben meine Augen das noch her. Ich kämpfe mich durch Ihr Buch durch – es ist wie alles, was von Ihnen kommt, eine Freude zu lesen – aber es ist doch ein kleiner Kampf, mich aus den verworrenen Zeitläufen, die mir die Zeitung jeden Tag um den Kopf schlägt, zum Berlin Wilhelm des Zweiten zurückzufinden. Manchmal geht es einfach nicht. Natürlich werden Sie das nicht verstehen, aber so ist es. Ausserdem hat Ihr Buch einen grossen Fehler: es ist ungeheuer schwer, d. h. gewichtig. Im Liegen nicht zu hantieren. Natürlich bin ich an Ihren weiteren Schriften interessiert, welche Frage. Ist es grosse Mühe, sie uns gelegentlich zukommen zu lassen? Keine Eile, vorläufig wie gesagt bin ich noch durch Ihr Berlin nicht durch.
Ich war erstaunt, dass Sie sich Gedanken darüber machten, wie das wohl war, als man 1921 hierher einwanderte. Ja, es war ein einmaliges Erlebnis, + ich möchte diese erste Zeit (vor 1933) nicht aus meinem Leben streichen. Aber dass sich hier alles so verändert hat, ist ja keine Ausnahme – anderswo kann man das auch beobachten. Das Besondere bei uns war wohl vor allem die Jugendlichkeit, mit der wir unsere Arbeit in Angriff nahmen. Übrigens hat mich erstaunt, dass Sie unter den Menschen gerade Grete Theodor erwähnen – kennen Sie sie? Es war einmal eine sehr gute Freundin von mir … leider ist sie in einem Pflegeheim, soll nicht mehr bei klarem Verstand sein, Gehirnsklerosis! Sie ist übrigens nicht die einzige meiner alten Bekannten, die diesen traurigen Rückgang durchmachen – ich erlebe es immer öfter in meinem alten Kreis, manchmal ist es nur erst starke Vergesslichkeit, manchmal Geschwätzigkeit, die sich immer wiederholt. Ich weiss nicht so genau, wie *ich* auf andere wirke, rede mir aber ein, ich habe *noch* keine dieser fatalen Altersschwächen!!
Komisch, gerade in diesen Tagen habe ich etwas in diesem Zusammenhang (nein, nicht in *diesem* Zusammenhang, aber im Hinblick auf mein 60-jähriges Jubiläum) niedergeschrieben:

„Jubiläum – vordatiert
60 Jahre im Land"

Ich bin noch nicht sicher, ob ich es der kleinen Zeitung anbieten werde, die für solche Sachen zuständig ist – es ist ein bisschen hochmütig über mich

135 Siehe S. 160, Anm. 122.

selbst, + ich geniere mich eigentlich.[136] Jedenfalls wird es erst mal liegen bleiben, denn das 59te Jahr ist erst im August rum. Vielleicht schicke ich es Ihnen vorher einmal + Sie müssen mir ehrlich sagen, ob ich es lieber dem Papierkorb opfern solle. Es ist natürlich stark ironisch gemeint, aber die meisten Leute sind dickfällig + werden die Ironie missverstehen. Na, alles nicht so wichtig! Ich habe mir im Grunde nur die Zeit vertrieben, weiter nichts.
Lieber Julius – schreiben Sie mir, sobald Sie zurück sind, aber bitte *nicht mit Bleistift*, zu schwer zu lesen.

Herzlichst Ihre alte
sehr alte
Lotte C.

Sie sind doch meine Enzyklopädie: Von wem ist: „Nicht der Mörder, der Ermordete ist schuldig." Werfel?[137]

[72] **An Julius Posener**

19.IV.80

Lieber Julius – es scheint, wir sind in eine Briefschreibe-Periode hereingeraten! Eigentlich will ich das gar nicht – seltene Freuden sind umso grösser. Ich schicke Ihnen hier einen Durchschlag meines Machwerks, es ist genau so viel zu dünn, wie Ihr Buch zu dick ist (davon später!). Ich habe nicht auf Ihr Gutachten gewartet, sondern es frech an das Mitteilungsblatt (MB) gesandt, die es akzeptiert haben, obwohl das Blatt seriös ist, + mein Essay (das ist auch schon ein overstatement) als Jux gedacht ist, mit wehmütigem Schlussakkord. Es ist wohl nur für die ganz verständlich, für die es gedacht ist.
Nun zu Ihrem Buch. Es ist natürlich wie alle Ihre Werke, klein oder gross, grossartig geschrieben. Leider bin ich nicht ganz in der Verfassung, es zu goutieren. Ich lese immer mehrere Sachen gleichzeitig, oder vielmehr durcheinander, + ganz besonders Ihres braucht Zwischenaktsmusik. Also neulich lag rechts neben mir „zur Erholung" Golda Meirs My life, + links die Jer. Post, die gerade die Terrorakte von Misgav Am[138] enthielt. Ich warf (nein, das kann man

136 Vgl. Lotte Cohn: Ein Jubiläum – vordatiert: Sechzig Jahre im Land (1980). In: Dies.: *Eine schreibende Architektin in Israel*, Bd. 1, S. 133–138.
137 Titel einer Novelle von Franz Werfel (München: Wolff 1920).
138 Am 7. April 1980 überfielen arabische Terroristen den Kibbuz Misgav Am im Norden Israels nahe der Grenze zum Libanon.

nicht) also ich schob „Berlin" beiseite mit dem Gefühl: „Was geht mich das an?" Ich hoffe das ist kein Schock für Sie, denn unsere Freundschaft sollte doch so weit reichen, dass ein so umfassendes Werk von Ihnen mich ja angeht. Aber ich kann mir nicht helfen, so ist es! Aber ich habe auch eine objektive Kritik, die nicht mit meiner Preoccupation für Israel-Zores zu tun hat. Sie schreiben, Sie sind daran, das Buch etwas zu kürzen, + dass Ihnen schwer wird, gerade an der Dokumentation zu streichen. Das verstehe ich sehr gut, denn gerade die ist ja die „Stimme der Zeit"; ohne die zu hören, kann + sollte man an die ganze Sache nicht herangehen. Für mich persönlich gilt das am wenigsten, denn es ist ja genau *meine* Zeit, die da spricht, es sind meine „Sehjahre". Ich habe 1912 mein Studium begonnen. Es wäre auch gelogen, wenn ich sagen wollte, dass mich diese Zeit *gar* nicht interessiert. Wenn man überhaupt eine geschichtliche Ader hat, so *muss* einen dieser Anfang interessieren. Aber ich gestehe, dass, wenn ich mich gedanklich mit Architektur beschäftige, so ist es mehr das Mich-Quälen mit dem ganz Neuen, dass ich nicht mehr mitbekommen habe. Meine geschichtliche Ader ist überhaupt nicht allzu blutgefüllt, + so kann ich mit Ihren weitläufigen Untersuchungen nicht ganz mit, vielmehr etwas in mir sträubt sich dagegen.

Sie sind ein grosser Verehrer von Muthesius, das weiss ich. Ich nicht. Aber das ist unwichtig, ich erkenne an, dass er der Hauptvertreter seiner Stilperiode war, + deshalb gehört er in grossem Umfange in Ihre Untersuchungen hinein. Aber gerade in seinen schriftlichen Dokumenten schreibt er doch eine Menge, das besser nicht gesagt sein sollte. Was er über die „Unkultur" der städtischen Etagenwohnung im Gegensatz zur „Kultur" des Landhauses schreibt, ist doch z.Tl. barer Unsinn, oder habe ich ihn falsch verstanden (S. 153)? Ich bin in einer solchen Etagenwohnung gross geworden, + ich bilde mir ein, dass sie ein ganz guter „Stall" war. Und ich kannte einige Familien, die in einem Landhaus ihre Kinder gross zogen, wo die kulturelle Atmosphäre genau entgegengesetzt wirkte. Natürlich soll man an zwei oder drei Beispielen nicht eine Theorie aufbauen, aber offenbar tut Muthesius genau das!

Noch etwas, das mir auffiel in Ihren Abhandlungen: Sie kritisieren an vielen Stellen die Pläne + Fassaden bis ins Einzelne, die Unausgewogenheit der Fensterverteilung, der Erker, der Dächer etc. Ich finde, das gehört nicht in Ihr Buch. Man kann sich mit seinen Studenten darüber unterhalten, aber in Ihr *Buch* gehört es nicht, es beschwert es unnütz. Ein Buch ist ein Wesen, um nicht zu sagen, ein „Lebewesen", es sollte seinen vorgeschriebenen Kreisen folgen, in diesem Falle sich an ein Ausdeuten der typischen Formgebungen genügen lassen. Ob Muthesius oder dem oder jenem eine Fassade oder ein Baukörper einmal nicht geglückt ist, ist ganz irrelevant für seine Stelle in der Entwicklung

Berliner Architektur. – In der Dokumentation durch Schultze-Naumburgs Bücher wiederholt sich vieles, nicht direkt „wiederholt", aber seine Gedanken sind für Ihr Buch, so scheint mir überdokumentiert. – Viel weiter bin ich in meiner Lektüre nicht gekommen, und wahrscheinlich sollte ich deshalb das Ganze nicht kritisieren.

Ich will auch nicht fortfahren damit, zumal ich überzeugt bin, Sie haben sich bei jedem Wort etwas gedacht + ich bin nur die Dumme! Aber so ist mein erster Halbeindruck, + ich musste Ihnen das schreiben. –

Ja, Grete Theodor, die Arme! Ganz verwirrt. Wie ich höre, kennt sie oft die Menschen nicht wieder. Ich kenne sie aus unseren ersten zehn Jerusalemer Jahren – ich war sehr befreundet mit ihr, übrigens auch mit Oskar. Es war die Zeit, wo ihre Kinder geboren wurden, + wo Oskar anfing fremd zu gehen. Sie hat das schwer ertragen: so war es die Zeit der ersten Selbstmordversuche, oder *des* ersten, denn von weiteren weiss ich nur vom Hörensagen. Die spätere Zeit kennen Sie besser als ich. Die letzten Jahre waren wohl verhältnismässig glücklich, für *sie* wenigsten – für *ihn*? Und nun ist alles vorbei! Mir tut das Herz weh, wenn ich an Oskar + Grete denke.

Dank für Ihren Brief + die Beantwortungen. Ich habe gleich noch eine Frage: Sie haben doch sicher griechisch gelernt: Wie ist die wortgemässe Übersetzung des Wortes Eklektizismus? Ich weiss, was das Wort einschliesst, d. h. ich kann die Stilperiode erkennen, aber was *heisst* das Wort genau?

Noch ein Letztes: zu meinem Artikel. Die hebräischen Worte heissen:
יורדים = Rückwanderer
ר׳ח האלף = Strasse der Tausend
ר׳ח החמש מאות = Strasse der Fünfhundert
ר׳ח הפועלים = Strasse der Arbeiter

Bitte fühlen Sie sich nicht verpflichtet zu antworten, habe ich bis jetzt keine Übersetzung von Eklektizismus gehabt, so kann ich noch ein paar Monate warten. Und wie gesagt, auf Ihr Gutachten zu meinem Artikel habe ich sowieso nicht gewartet!

Mir geht es besch...eiden! Da ist nun nichts mehr zu machen. – Ich schrieb Ihnen schon, dass der Besuch von Lotte Posener für mich sehr erfreulich war, natürlich haben wir von Ihnen getuschelt!

Viele schöne Grüsse
Ihre Lotte

[73] An Gershom Scholem

10.VI.80

Lieber Gerhard
mangels einer anderen Adresse wende ich mich an Dich. Aus dem Nachlass von Käthe Jacob[139] ist ein Dokument in meine Hände gelangt, das vielleicht für irgend ein Archiv von Interesse ist. Es handelt sich um eine Familiengeschichte der Bleichrodes (Käthes Mutter war eine geborene Bleichrode, Cousine von Isidor B.) Du wirst ja wahrscheinlich wissen, dass die Bleichrodes irgendwie abstammen von Rabbi Akiba Eger.
Das Dokument, das in meiner Hand ist, ist ohne Unterzeichnung, soviel ich sehe, gewidmet: „meinem lieben Vetter Isidor Bleichrode". Ich habe es nicht gelesen, ich habe im Verdacht, dass es schlechte Literatur ist, da es mit den Worten endet: „Lasst Sonne in Eure Herzen." Aber das muss nicht sagen, dass es nicht interessante Daten enthält. Es stammt aus dem Jahre 1931. Ein kurzer Zettel ist beigefügt, anscheinend aus Käthes Hand, die sehr ordentlich war, mit Angaben aus den späteren Jahren. Ich will es nicht vernichten ohne anzufragen, ob es historisches Interesse hat. Verwandte der Bleichrodes sind meines Wissens nicht mehr vorhanden.

Gib mir Antwort bitte.
Herzlichst
Lotte

[74] An Gershom Scholem

26.VII.80

Lieber Gerhard
Danke für den Wasserscheck – hier die Quittung.
Nein, Du irrst Dich, es war überhaupt nicht auf *unserer* Seite der Chabasch,[140] sondern gegenüber zwischen Hugo Bergmanns Haus, + dem nächstliegenden. Alle Häuser gehörten den verschiedenen Boudeiri Familien, nicht nur unserem

139 Käthe Jacob starb am 16. Februar 1979 in Tel Aviv. Vgl. Lotte Cohn: In memoriam Käthe Jacob s. A. In: *MB*, 09.03.1979, S. 8.

140 Die Abessinische Straße (heute Äthiopien Straße) in Jerusalem, wo in den 1920er Jahren Gershom Scholem mit seiner ersten Frau Escha und die Cohn-Schwestern gemeinsam in einem arabischen Haus gewohnt hatten.

Nachbarn, dem Anwalt. Die Mauer hatte Hugos Nachbar errichtet, es handelte sich um ein arabisches „Fensterrecht", man durfte an den Seitenfronten keine Fenster haben, aus den Zeiten des Harems, damit niemand in ein Frauengemach hereinsehen konnte. Ich glaube, der Nachbar hatte die Mauer gebaut + der andere (dem das Haus, wo Hugo wohnte, gehörte), hatte prozessiert. Es war eine komplizierte Rechtslage, beide Parteien wollten den Prozess *verlieren*, weil es dem Gewinner viel Geld kosten würde – ganz habe ich es nie verstanden. Es muss wohl 1927 gewesen sein, der kleine Uri Bergmann war gerade ins Haus gekommen, als die Mauer umkippte, er ist gerade mit dem Leben davon gekommen. Da er Ende 21 geboren ist – als ich einwanderte, war Else B. hochschwanger.[141] Und er war etwa 6 Jahre alt, als das mit der Mauer passierte. Genau weiss ich es nicht mehr, aber es hatte nichts direkt mit dem Erdbeben zu tun, denn während des Erdbebens war ich gerade auf Rückreise von Berlin, nicht zu Hause, + die Mauer habe ich „erlebt". Diese Mauer brauchte kein Erd beben, um umzufallen.
Na – alles vorbei!
Ich habe noch unseren arabischen Vertrag mit Boudeiri, + die Akten unseres Prozesses mit dem anderen Boudeiri, der den Vertrag anfocht, weil ihm 1/17 des Hauses gehörte. Er hat sich dann glaub' ich mit 10 £ abfinden lassen! Das war der Anwalt Boudeiri!

Herzlichen Gruss
Lotte

[75] An Julius Posener

12.III.81

Lieber Julius
ich sollte auch besser auf der Maschine schreiben, aber irgend was hackt am Farbband, + ich habe noch nicht herausgefunden, *was* ich falsch gemacht habe – suche nach einem Bekannten, der es mir „richtet" (wie die Österreicher sagen), denn einen Handwerker holen dafür, kostet ein kleines Vermögen.
Dass wir auf der gleichen Seite politisch stehen, war zu vermuten – aber leider ist Ihr Vorschlag auch nicht brauchbar, mit dem „Ein bisschen guten Willen ...". Es ist so, wie: „Dieser Weg ist kein Weg, wer es dennoch tut, zahlt 10 Mark Strafe". Wenn wir wirklich die paar Menschen mit dem guten Willen

141 Uri Bergmann wurde am 25. März 1922 in Jerusalem geboren.

zusammenbrächten, + übrigens unsere „Feinde" auch, die sicher genau die gleichen „Gutwilligen" haben … meinen Sie wirklich, die brächten etwas zustande, was wie eine schöne Welt, in der sich's leben liesse, aussieht? Ich glaub's nicht, genug davon – ich bin zu dumm für solche Spekulationen. Das Schlimme, wie Sie auch richtig ausrechnen, ist, dass die Strafe, die wir für das Beschreiten des polizeilich verbotenen Weges bezahlen müssten, etwas mehr als 10 Mark sein würde.

Sie schreiben, Sie wären in Ihrer Jugend ein ehrgeiziger Mensch gewesen, + nun scheinen Sie es nicht mehr zu sein, Sie hätten eigentlich genug von dem „Keine Feier ohne Meyer". Mein Lieber – , Sie irren sich: Sie sind immer noch ein ehrgeiziger Mensch + all das feiern macht Ihnen im Grunde doch Spass – sonst würden Sie einfach sagen: Meyer feiert nicht mehr. Sie dürfen sich auch gar nicht wundern darüber, man ist, wie man ist … „nach dem Gesetz nach dem Du angetreten". Man kann aus seiner Haut nicht heraus. Und seien Sie froh, dass es noch geht, einmal wird der alte Körper sowieso auch Ihnen einen Knüppel zwischen die Beine werfen – es ist hässlich von mir, Ihnen das so rund heraus zu sagen, aber Sie wissen es ja auch sowieso selber. Übrigens sehe ich, mein obiger Satz ist eine Fehlkonstruktion: ich meine: Irgendwoher wird der Knüppel geworfen werden + der Körper wird darauf reagieren. Das kommt, wenn man zu bilderreich schreiben will.

Mir geht es besser, als ich gefürchtet hatte, alles liesse sich ganz gut bewältigen, wenn meine Beine mich besser tragen würden, die wollen aber nicht mehr – keinen Schritt allein auf die Strasse. Die Operationen habe ich vergessen. Auch davon genug + übergenug. Es ist ja nun leider so, dass ich in meinem Gefängnis sitze + und von dem lebe, was mir zugetragen wird.

Ja, ich habe von Luise Mendelsohns Tod[142] gelesen, es tut mir leid für Sie, ich weiss, Sie waren ihr sehr zugetan, kein Wunder! So eine schöne Frau! „Wer lange lebt, muss oft Abschied nehmen." Frau Mendelsohn muss beinahe so alt sein wie ich, denn Erich M. war Studiengenosse von Richard Kauffmann, + der war etwa 5 Jahre älter als ich. Seine Frau, ich meine Luise M., war ja wohl auch eine Persönlichkeit in her own right – wie sagt man das auf deutsch? Ich habe sie einmal kurz kennen gelernt, als sie beide hier waren.

Ja, nun zu dem was „mir zugetragen" wird! Der Hauptanlass zu diesem Brief. Ihre Vorlesungsserie im Architektur+ -Heft (was bedeutet das +?) Ich habe Ihren Vorlesungen Wort für Wort gefolgt + mit grossem Interesse![143] Es ist

142 Luise Mendelsohn starb am 30. Oktober 1980 in San Francisco.

143 Die Zeitschrift *Arch+* hatte 1979 zum Anlass von Poseners 75. Geburtstag zunächst in einer Sondernummer seine „Vorlesungen zur Geschichte der Neuen Architektur" (48/1979) herausgegeben. Im September 1980 war das zweite Heft erschienen (53/1980).

ja genau meine eigne Studienzeit, oder ein Teil davon wenigstens, die Sie zum Thema genommen haben. Ich habe von 1912–1916 studiert, übrigens eine unglückselige Zeit war es fürs Studieren. 1914 hatte ich gerade Vor-Examen gemacht + wollte nach München gehen für die zweite Hälfte. Berlin war damals sehr schlecht besetzt; in München gab es Fischer[144]. Meine Mutter, ganz vernünftig, fand, ich solle doch München ein halbes Jahr aufschieben, mein Bruder war an der Front (zum Glück nur kurze Zeit). Ja, Kuchen! Ein halbes Jahr! Ich hockte also in Berlin, alle jüngeren Professoren waren natürlich auch im Feld + so habe ich herzlich wenig in meinen Hochschultagen gelernt. Wir waren insofern (oder hätten sein können!) bevorzugt, als wir nur vielleicht 10 oder 12 Studenten waren, 5–6 Mädchen, einige „Kriegsuntaugliche" + ein oder zwei nicht-feindliche Ausländer. Aber es wurde uns nicht recht was geboten. Ich habe als Studienaufgaben eine Reihe „klassischer" Entwürfe eingereicht, darunter eine gotische Backsteinkirche + eine Villa in rein römischen Stil, als Pflichtaufgaben. Meine Diplomarbeit war eine Schule + die war nun schon frei nach Mebes „um 1800". Ganz kürzlich habe ich die Fotografien davon ins Müll geworfen + habe gelacht. Dabei war sie gar nicht so schlecht. So bin ich also mit grosser Rührung Ihren Vorlesungen gefolgt + habe manchmal gedacht: Hätte ich doch, 20jährig, auch zu Ihren Füssen sitzen können + zuhören, davon hätte ich etwas gehabt. Aber das wäre sogar chronologisch ganz undenkbar gewesen. Niemand, der nicht aus der Distanz einiger Jahrzehnte über diese Dinge nachdenkt, kann zu solchem historischen Weitblick kommen! Mich interessiert eines + das müssen Sie mir beantworten: Haben Sie diese Vorlesungen wörtlich so gehalten, sind sie auf Platten aufgenommen, + dann gedruckt worden? Sie klingen genau so, aber vielleicht ist es nur ein „Als ob..." + Sie haben sie nachträglich für den Druck redigiert. Sie klingen absolut wie frei ohne Manuskript vorgetragen.[145] Es liest sich, wie alles was Sie schreiben, ausgezeichnet, ich bewundere Sie + ich bewundere selten was Geschriebenes, rein stilmässig meine ich jetzt. (Auch ein ganz grossartiges Werk kann mittelmassig „geschrieben" sein) Amüsiert habe ich mich, dass Sie, wenn Sie ganz was Bestimmtes zum Ausdruck bringen wollen, auf die englische Sprache zurückgreifen. Ich kann es so nachfühlen, ich rede (+ wir alle Jekkes übrigens) keine einzige reine Sprache mehr, es gibt Dinge, die ich *nur* auf hebräisch sagen kann oder etwa *nur* auf englisch. Also habe ich mich in Ihrem Stil sehr zuhause gefühlt.
Was nun das Buch oder das Heft als Ganzes angeht, so habe ich einige Kritik. Ich habe wahrscheinlich einen Fehler gemacht; ich habe es hintereinander weg

144 Theodor Fischer.

145 Poseners Vorlesungen an der Technischen Universität Berlin waren auf Tonband mitgeschnitten worden, um Abweichungen vom Manuskript festzuhalten und später einzuarbeiten.

Abb. 9: Lotte Cohn im Alter von 88 Jahren, September 1981.

in zwei drei Tagen gelesen, das war falsch. Ich hätte die Kapitel in Abständen von 8 Tagen lesen sollen. Das etwas Lehrhafte, das die Vorlesungen ja mit allervollstem Recht haben, geht einem beim Lesen ein bisschen auf die Nerven. Bitte nehmen Sie das nicht als kränkende Kritik – die Schuld ist ganz auf meiner Seite: ich bin einfach zu alt, Schülerin zu sein. Ein zweiter Nachteil des Heftes sind die nicht sehr geglückten Abbildungen, sie sind viel zu klein. Auch mit ganz starkem Vergrösserungsglas sind die Beschriftungen nicht zu lesen, + manchmal habe ich deshalb mich nicht zurecht gefunden – auch dadurch in Ihren Erklärungen nicht. Und schliesslich: Ich glaube ich bin zu dumm für Ihr Niveau – nein, im Ernst! Ihr Text ist für mich manchmal zu subtle (ich mache es Ihnen nach, denn ich meine nicht „subtil"). In meinem Webster steht bei subtle unter mehreren anderen Erklärungen: „difficult to understand" und „obscure". Für *meinen* wie gesagt unzureichenden Verstand verrennen Sie sich an einigen Stellen in Zusammenhänge (philosophischer Art), die mir hergeholt scheinen. Noch einmal: es wird wohl an mir liegen. – Aber das alles besagt gar nichts im Vergleich zu dem ungeheuren Genuss, den mir das Lesen bereitete. Ich habe sehr viel davon gehabt, obwohl oder vielleicht gerade weil es mich zum kritischen Nachdenken anregte. Haben Sie vielen vielen Dank dafür.

Sie merken sicher an meiner Schrift, dass meine Hand müde + zittrig wir. Also Schluss. Im Juni, wenn Ihr Programm abgearbeitet ist, werde ich Sie vielleicht mal um etwas bitten, aber es ist nur eine Auskunft + wird Ihre Ferien nicht stören.
Viele schöne Grüsse für Sie + die Ikke + auch für Priegnitz grüssen, wenn er Ihnen über den Weg läuft!

Ihre Lotte C.

[76] An Gershom Scholem

25.VI.81

Lieber Gerhard,
ich will unserer Unterhaltung von neulich noch etwas hinzufügen. Ich habe vor nicht allzu langer Zeit das Pamphlet meines Vaters[146] durchgelesen + war erstaunt, dass er, wenn er von „Auswanderung“ sprach anscheinend nur an Amerika dachte – ich glaube das Wort Palästina kommt nicht vor. Andererseits existiert ein Briefwechsel aus dem gleichen Jahr zwischen ihm + Herzl, also muss er doch in der Zeit zwischen dem Erscheinen des Heftes + eben diesen Briefen von Zionismus gehört haben. Lene erzählte immer, wie Vater eines Tages ganz aufgeregt nach Hause kam, er habe an der Litfasssäule einen Anschlag gelesen: „Einladung zur Gründungsversammlung der zionistischen Ortsgruppe Berlin“[147]. Da musste er hin + nahm Lene auch mit. Es war natürlich eine jugendliche Gruppe von Studenten, Zlocisti, Loewe u.s.w., die sehr erstaunt waren, dass ein alter weisshaariger Herr sich eingefunden hatte. Er wurde prompt „Zweiter Vorsitzender“ – ich glaube viel damit zu tun hatte er nicht, wurde wohl auch bald darauf krank, übrigens war er erst ca. 55 Jahre alt.
Es existiert noch ein zweites ähnliches Pamphlet – Jüdisch-Politische Zeitfragen,[148] wo jedenfalls das Wort Zionist schon auftritt, aus dem Jahre 1899.
Beide Schriften sind durchtränkt von der Idee, dass [*es*] keine wirkliche Assimilation geben könne, er kämpft gegen Mischehe, gegen den „Zentralverein“, der

146 Vgl. Bernhard Cohn: *Vor dem Sturm. Ernste Mahnworte an die deutschen Juden*. Berlin: Wesemann 1896.

147 Die Berliner Ortsgruppe der Zionistischen Vereinigung konstituierte sich am 17. Januar 1898.

148 Vgl. Bernhard Cohn: *Jüdisch-Politische Zeitfragen*. Berlin: Simion 1899.

damals gegründet wurde, + für Erhaltung jüdischer Werte. Vor einigen Jahren erschien in einem Monatsheft „Jewish Affairs", herausgegeben in Johannesburg, ein Artikel über meinen Vater mit der Überschrift „Prophet without Honour", der hauptsächlich auf die Broschüre „Vor dem Sturm" bezugnimmt.[149] Das war noch zu Lenes Lebzeiten. Tramer wollte daraufhin (er kannte Emil, aber natürlich nicht meinen Vater) etwas im Bulletin schreiben, + Lene sagte daraufhin, „Wenn etwas über meine Familie geschrieben wird, so würde ichs lieber selber tun". Kurz danach war sie tot.
Tramer hat dann wirklich diesen Artikel über Vater + Emil diesen Artikel im Bulletin des Leo Baeck Institutes geschrieben. Ich habe ihm einige Auskünfte über meine Familie gegeben, vom Krankenbett Lene's aus. Was dabei herauskam, kannst Du im Bulletin 32 aus dem Jahr 1965 (es muss also doch vor Lenes Tod 1966 geschrieben sein!) nachlesen.[150] Es ist in den Angaben der Tatsachen richtig, nicht so sehr nach meinem Geschmack, aber dafür kann Tramer nicht. Ich habe es gerade eben noch einmal durchgelesen, weil ich den Gedanken hatte, anlässlich des 100sten Geburtstages von Emil, der zu seinen Lebzeiten doch für den Zionismus gekämpft hatte, irgendetwas über ihn zu schreiben, aber im Bulletin ist schon dieser Artikel über ihn, + das berühmte MB mit seinen ewigen Nachrufen + Glückwünschen für irgendwelche Juden, die eigentlich niemandem interessant sind, ist mir zuwider. Also habe ich es gelassen.
Wenn Du meines Vaters kleine Schrift „Vor dem Sturm" gelesen haben solltest, so ist wirklich die Weitsicht erstaunlich. Er schreibt so etwa: „Unsere Kinder werden noch in Deutschland leben können, unsere Enkel nicht mehr." (Nicht wörtlich, aber inhaltlich so). Freunde kamen zu Mutter + fragten sie, ob sie auch sonst noch Anzeichen einer sich entwickelnden Paranoia bei ihrem Mann bemerkt habe.

Miriam + Sidney sollen am 7. Juli hier eintreffen. Sie nutzen eins der berühmten Juden-Einladungen der Stadt Bonn, wo sie geboren ist aus, die Anfang Juli stattfindet. Na, in Gottes Namen, – für mich wäre es nichts gewesen.

Herzlichst Lotte

149 Vgl. C. C. Aronsfeld: Prophet without Honour. In: *Jewish Affairs* 21,3 (1966), S. 33–39.
150 Siehe Hans Tramer, wie S. 10, Anm. 3.

[77] An Julius Posener

Lotte Cohn
Ruppinstr. 15
63576 Tel-Aviv

26.X.81

Prof. Dr. Julius Posener
1 Berlin 33
Tölzerstr. 30
Germany West
Deutsche Bundesrepublik

Lieber Julius Posener,
Vielen Dank für Ihren letzten Brief – ich lese ihn gerade noch einmal durch + will ihn erst mal beantworten: Von Arch+ habe ich *ein* Heft bekommen, leider kann ich Ihnen nicht sagen, welches,[151] ich habe es, glaube ich dem Ernst zu lesen gegeben, vor langer Zeit, + er ist noch nicht von seiner Reise zurück. Ich wüsste nicht, wem ich es sonst gegeben haben könnte, ich habe sonst nur 2 Mitleser Ihrer Werke (Otto Schiller + F. Königsfeld) + beide versichern, bei ihnen sei es nicht. Mein alter Kopf lässt mich im Stich, ich erinnere mich nicht, um welches Thema es sich handelte. Ich habe mich amüsiert, dass man Tympanon zu einem „Herr" Tümpermann transkribiert hat, muss im Text ja komisch zu lesen gewesen sein.[152] Sowie der Ernst zurück ist, ich glaube in 8 Tagen, werde ich ihn fragen + Ihnen sagen, welches Heft ich habe, + wenn Sie mir dann die anderen schicken, so bin ich dankbar. Obwohl ich mich nicht mehr in der modernen Architektur zurechtfinde, oder vielleicht gerade weil ... bin ich hungrig nach Lektüre. Neulich schickte mir meine kleine Grossnichte (auch schon 36 alt) einen amerikanischen Artikel „From Bauhaus to our house"[153], nicht ganz für mich verständlich, weil mir die jungen amerikanischen Architekten nicht bekannt sind + ich wenig weiss, was sich dort im Wohnbau tut. Das Heft war unbebildert, und die Namen sagten mir nichts. Als The grand old man in architecture wurde Gropius genannt, das ist ja auch vollkommen in Ordnung, dass er für die heutige Generation längst abgetan ist. Es wäre schlimm, wenn die Welt 40–50 Jahre stehen bleiben würde, ich würde nur so gerne dahinter kommen, wie es nun weitergegangen ist + weitergeht.

151 Siehe S. 174, Anm. 143.

152 Das dritte Heft von Poseners Vorlesungsreihe in *Arch+* erschien im Oktober (59/1981).

153 Vgl. Tom Wolfe: *From Bauhaus to Our House*. New York: Farrar, Straus and Giroux 1981 (dt: *Mit dem Bauhaus leben. Die Diktatur des Rechtecks*, aus d. Amerik. v. Harry Rowohlt. Königstein: Athenäum 1982.)

Vor ein paar Wochen habe ich mich mal in Jerusalem herumfahren lassen, die Stadt ist wirklich sehr schön geworden, aber zu einem Urteil, ob es nun gut + richtig gemacht wurde oder nur mittelmässig, bin ich nicht gekommen. Manches fand ich eindeutig schlecht, anderes wieder ganz gut. Das Problem ist ja nicht mehr: Wie baut man für Frau XY eine passende Wohnung, sondern wie baut man die Stadt für „Masse Mensch", den Ameisenhaufen?! – Ich beneide Sie, dass sie der jüngste unter dreissig- bis vierzig-Jährigen sind. Sagen Sie nicht, dass sei nicht gut. Es ist grossartig!! *Ich* fühle mich sogar oft gleichalt unter 70jährigen, aber was ist das schon? [...]
Weiter viel Freude an Ihrem Tierpark.[154]
Und viele Grüsse Euch beiden
Eure Lotte Cohn

[78] An Fania und Gershom Scholem

Jerusalem 63576
6.XI.81

Liebe Fania + Gerhard,
ich hab eine Bitte an Euch (oder wenigsten an einen von Euch beiden)!
Vor einigen Wochen war eine junge Dame aus Hamburg bei mir. Sie arbeitet für den *Norddeutschen* Rundfunk + hat einen Film in Vorbereitung über die עליה[155] von deutschen Juden hierher *vor* 1933.[156]
Was sonst noch in dieser „show" gezeigt oder erzählt wird, weiss ich nicht, interviewt wurden nur 4 alte Weiber": eine Frau namens Gazit[157] (wie sie früher hiess, weiss ich nicht) aus רביבים[158], Netty Kellner[159] aus Benjamina, Bella Hirsch[160] und ich. Ich möchte gern, dass Ihr Euch das anseht + mir schreibt, wie das alles aussah. Ich habe den Eindruck, ich habe es sehr dämlich gemacht, es war auch

154 Posener hatte sich drei Leguane angeschafft.

155 Alija.

156 Die Journalistin Hannelore Schäfer realisierte für den NDR die zweiteilige Dokumentation *Die eigene Geschichte – Aufbruch nach Palästina – Deutsche Siedler in Palästina* (D 1981), die am 18. Dezember 1981 und 26. Februar 1982 im Deutschen Fernsehen erstausgestrahlt wurde. Das Interview mit Lotte Cohn fand keinen Eingang in die Dokumentation.

157 Shoshana Gazit wanderte 1928 in Palästina ein.

158 Revivim, ein Kibbuz in der Wüste Negev im Süden Israels.

159 Netty Kellner wanderte 1922 in Palästina ein.

160 Bella Hirsch wanderte 1923 in Palästina ein.

nicht sehr gut vorbereitet, direkt bevor der Techniker anfing zu drehen, sagte die Dame (Hannelore Schäfer hiess sie): ich werde Sie das + das + das fragen. Heraus kam aber eine spontane Unterhaltung von ca. 40 Minuten mit noch viel anderen Problemen + ich bin kein guter Spontan-Erzähler + noch weniger Schauspieler, also ich kann nur hoffen, man hat viel, *sehr* viel herausgeschnitten hat. Mit Bella Hirsch, die in den Zwanzigern in חפציבה[161] war, hat sie sich viele Stunden unterhalten, und die ganze show soll nur 40 Minuten dauern. Sie sagte damals, sie wird anfangs Dezember laufen, kann aber auch früher sein. Guckt mal in der Zeitung nach, und gebt mir Bericht. Sie hat auch ein paar Fotos von mir aus der damaligen Zeit abgenommen, d.h. fotografiert, + ich sehe ja komischerweise auf Fotos immer viel besser aus als in Wirklichkeit, d.h. wenn es ein *guter* Fotograf macht.
Von hier „nichts Neues in Mittel-Osten", was sagen soll: Nur zu viel Neues. Ihr seid ja sicher durch TV genau unterrichtet. Mir geht es „wie gehabt", nicht besser, nicht schlechter, nur wird man natürlich jeden Tag einen Tag älter + auf die Länge der Zeit summiert es sich!
Und wie haltet Ihr es aus in Berlin? Für mich wär's nichts. Fania, ich spreche manchmal mit Deiner netten Cousine – es war bei uns Liebe auf den ersten Blick. Sie scheint nicht sehr gesund zu sein?

Herzlichst
Eure Lotte

[79] **An Julius Posener**

Prof. Dr. Julius Posener
Berlin Zehlendorf
37 Kleiststr. 21
Deutsche Bundesrepublik
Germany West

6.III.82

Lieber Julius
Ich habe Sie sehr vernachlässigt, so lange nicht geschrieben! Sie wissen sicher nicht mehr, *was* Sie mir das letzte Mal alles mitgeteilt haben – also will ich auf Ihre diversen noch unbeantworteten Briefe gar nicht mehr eingehen. Ausser der Frage, wie es mit der neuen Wohnung + dem Zusammenleben oder

161 Chefziba, ein Kibbuz im Emek Jesreel am Fuße des Berges Gilboa.

Nahe-beieinander-leben mit Alans Familie klappt. So was hat doch immer seine zwei Seiten, also wie ist es mit der zweiten Seite? [...]
Ihr Buch lesen wir alle mit grosser Freude. Schade, dass Sie Ihre Kurse über Baugeschichte nun wohl aufgegeben haben – ich hätte sie gern über Post-Modern gehört. Sie haben mir ja in Ihrem letzten Brief sozusagen ein Privatissimum gelesen, aber inzwischen habe ich so viel anderes darüber aus Büchern erfahren – aber nicht verstanden! – dass ich mich selber aufgegeben habe. Kennen Sie die Hefte von Charles Jenez (hoffentlich verquatsche ich den Namen nicht, aber so ähnlich heisst er[162])? Ich bekam sie aus der British Council Bibliothek + kann nur sagen: Da stehe ich, ich armer Tor ... Auch mein English, das eigentlich ganz gut ist, liess mich im Stich. So viel und ganz neue Isms + ...ies! Ich kann leider kein Griechisch, + dieser Herr Jenez (ein gebürtiger Tscheche? keine Ahnung!) kann sehr viel Griechisch + benutzt es zu allen möglichen Abwandlungen des Englischen. Das machte mir das Lesen doppelt schwer. Wahrscheinlich ist es sogar ein sehr gutes Buch über Post-Modern Architecture – nur leider kann ich nicht mehr mit, habe das Gefühl, nie eine Ahnung von Architektur gehabt zu haben. Sollten Sie mal einen Vortrag über dies Thema halten, so versäumen Sie ja nicht, mir eine Fotokopie von dem Manuskript zu schicken (ich komme für alle Unkosten auf!) denn es interessiert mich brennend.
Als Sie mir damals die Beschreibung der Wohnblocks in Milano (?) mit den Kleinwohnungen an Laufbalkonen schickten, musste ich lachen: diesen Wohnungstyp – allerdings in einzelnen oder Doppelhäusern haben wir (ich) in allen Neuerungsmöglichkeiten in den Dreissiger + Vierziger Jahren zu vielen Dutzenden gebaut! Für Billigst-Bauen gibt es offenbar nicht so viel Möglichkeit, angefangen vom Beduinenzelt.
Das hier eingelegte Foto schickt Ihnen Otto Schiller, er nimmt an, es wird Sie interessieren zu sehen, wie es um Erich Mendelsohns Mühle jetzt aussieht.[163] Sie stünde übrigens als eine Insel über tiefer gelegenen Strassen – da ich lange nicht in Jerusalem war, kann ich nichts weiter dazu sagen. Es ist mehr als ein Jahr her, dass mich jemand mal durch Jerusalem spazieren gefahren hat – es war ein sonderbares Erlebnis. Am meisten hat mich der Scopus erschüttert, den ich auf meinem ersten Spaziergang 1921 in seiner vollen Schönheit erlebte, als es nur das „Earl Grey Haus"[164] dort gab, das man bald danach als erste Behausung

162 Gemeint ist Charles Jencks.

163 Während seiner Zeit in Jerusalem lebte Erich Mendelsohn in einer alten Windmühle im Stadtteil Rehavia, die ihm als Atelier und Büro und der Familie als Wohnung diente.

164 Der christliche, englische Rechtsanwalt Sir John Gray Hill hatte sich Ende des 19. Jahrhunderts auf einem Grundstück auf dem Skopus-Berg in Jerusalem ein Sommerhaus bauen lassen, das 1920 an die Zionistische Organisation verkauft wurde. Es war das erste Terrain für die Hebräische Universität in Jerusalem mit dem Gray-Hill-Haus als erstem Gebäude.

der Universität etwas umgebaut oder renoviert hat – aber davon wissen ja nicht einmal Sie etwas! Nun, dieser *mein* Scopus ist verschwunden – aber dafür kann er nichts – *ich* bin schuld, dass ich so entsetzlich alt werden muss.
Ganz kürzlich bin ich dieser Tatsache auch mit grossem Schmerz mir bewusst geworden: Mein guter Freund Gerhard Scholem starb[165] – + dass *ich ihn* überleben muss, dass war + ist ein grosser Schock. Er ist fast 85 geworden, + das ist ein gesegnetes Alter, umso mehr nach einem so vollen + bedeutenden Leben. Aber da er bis kurz vor dem Tode – er starb ziemlich rasch an Leberkrebs – so ganz besonders jugendlich schien, hatte ich immer das Gefühl, dass er so sehr viel jünger war als ich.
Überhaupt ist es schlimm, alle die anderen um einen herum so traurig altern zu sehen. Wahrscheinlich denken es die anderen genau so von mir auch, aber ich rede mir ein, im Kopf noch ziemlich gut zu sein – umso schlechter im ganzen Körpergestell. Der traurigste Fall ist mein alter Freund Joszi Mahrer, den Sie ja damals gleichzeitig mit mir kennengelernt haben. Er ist ganz verfallen, spricht kaum ein Wort mehr, + das Schlimmste ist, dass er sich dessen voll bewusst ist + dadurch ganz depressiv ist. Zuweilen kommen sie beide zu mir + das ist jedes Mal ein quälender Besuch, denn Grete hat genau die entgegengesetzte Alterserscheinung: sie spricht ununterbrochen! Sie ist aber keine Spur von senil, nur sie lässt niemanden zu Worte kommen + man hat das Gefühl, das bisschen Eigenleben, das in Joszi ist, wird dadurch erstickt!
Nun genug – schon zu viel erzählt. Sie werden sagen, ich bin auch schon senil geschwätzig, aber das bin ich nicht Kommen Sie nicht doch noch einmal her? Wenn Sie das etwa vorhaben, so schieben Sie es nicht auf, denn so sehr lang werde ich wohl nicht mehr „halten“, ich bin recht „abgetragen“.
Schreiben Sie mir gelegentlich, wie es Ihnen, der Ikke + allen Kindern + Enkelkindern geht – da war doch irgendwo ein Enkelkind, jedenfalls für de Ikke, in Sicht? Alles geht gut?

In alter Freundschaft
Ihre Lotte C.

165 Gershom Scholem starb am 21. Februar 1982 in Jerusalem. Ein Jahr nach seinem Tod veröffentlichte sie einen Artikel. Vgl. Lotte Cohn: Erinnerungen an Gershom Scholem. In: *MB*, 28.03.1983, S. 13.

[80] An Julius Posener

Professor Dr. Julius Posener
Kleiststr. 21
Berlin 37
Deutsche Bundesrepublik
Germany West

6.IX.82

Lieber Julius,
ich muss mich doch einmal wieder in Erinnerung bringen, sonst schläft unsere Korrespondenz ganz ein. Ich bin wohl schuld, aber ich hatte so viel gute – vielmehr schlechte Gründe – nicht zu schreiben, Sie werden es verstehen. Erstens der Krieg,[166] der natürlich nicht nur in sich aufregend ist, sondern zum Nachdenken bringt, und das ist zeitraubend! Man hat einfach den Kopf nicht frei! Aber ich will gar nicht erst anfangen zu politisieren, es wird so viel darüber geschrieben, gedruckt, geredet + bebildert, + das meiste ist falsch. Ich glaube, erst die, von mir aus gerechnet, drittnächste Generation wird die wahre Geschichte schreiben können. Ich bin 89 alt, + das ist der zweite Grund meines Nicht-Schreibens. Alle predigen mir, es ginge mir grossartig – darauf antworte ich immer: Wenn *Du* 89 bist, wollen wir uns wieder darüber unterhalten! Sie haben mich ja schon bei Ihrem letzten Besuch in ziemlich heruntergewirtschafteten Zustand gesehen – jetzt ist es alles noch weiter davongegangen. Dazu kommt, dass meine beiden Augen einen Katarakt entwickelt haben. Das eine hat eine missglückte Operation schon 5 Monate hinter sich. Gerade heute gehe ich wieder zur Kontrolle, aber ich weiss im voraus, dass ich dieses Auge nicht mehr zum Lesen werde benutzen können. Ich könnte mich damit trösten, dass z.B. Erich Mendelsohn auch nur *ein* brauchbares Auge hatte! Aber mein zweites Auge ist eben auch schon reif! Sie sehen, ich kann damit schreiben – lesen ist schon nur mit starkem Licht + Vergrösserungsglas möglich + es ermüdet sehr. Beinahe das Schlimmste ist, dass mein naher Freundeskreis, auch alle über 80, auch herunterkommt, + manche durch Sklerose im Gehirn, nicht mehr die anregenden Besucher sind, die ich nötig hätte. Einige sind schon bedrückende Unterhalter – ich muss dann viel Geduld haben. Und gerade diese sind körperlich sehr beweglich + kommen täglich. (Es ist eigentlich nur *eine* Freundin, die ich um 60 Jahre kenne! – aber überall in meinem Kreis gibt es Kranke + Leidende, keiner ist eine Auffrischung für mich.) Na gut, so wird man alt! Die

166 Der Libanonkrieg vom 6. Juni bis September 1982.

Leute reden immer vom golden age! Keine Spur von golden – ich würde es stark verrostetes Blech nennen!
In meiner Bibliothek stehen eine ganze lange Reihe Ihrer Schriften – heute revanchiere ich mich! Aber bitte nehmen Sie es nicht ganz ernst! Angeregt wurde ich durch einen Artikel von Gideon Kaminka[167] – Sie kennen ihn? Ich stehe ganz gut mit ihm, es wäre falsch, wenn ich sagen würde, ich hätte ihn gern. (Übrigens ist er gerade sehr krank!) Der Artikel auf den ich mich beziehe, war recht gut, jeder Oberlehrer hätte ihn mit „sehr gut“ unterschrieben, oder ihn mit 100 Punkten bewertet. Aber er war, wie soll ich sagen? zu *„sehr* gut“ um wirklich gut zu sein. Übrigens ist das kleine Blättchen in dem wir uns an eine sehr kleine jeckische + alternde Öffentlichkeit wandten, natürlich kein Fachblatt, eher ein politisch – sehr liberales Wochenblättchen, das eben gelegentlich auch solche Sachen allgemeinen Interesses bringt. Kaminkas Artikel fand allseitige Zustimmung, in Gottes Namen auch meine! Aber es hat mich irgendwie gekitzelt, noch etwas dazuzuschreiben, aus Langerweil.[168] Ich meine, dass ich sowieso immer oder oft gelangweilt bin + zweitens, dass mich Kaminkas Schrift gelangweilt hat.
Er hat übrigens auch eine Autobiografie veröffentlicht.[169] Wer tut das heutzutage nicht?! Auch darüber habe ich meine eigene nicht sehr positive Meinung – ich meine über diese Autobiografie-Mode. Die Menschen scheinen immer sehr gern über sich selbst zu reden.
So, nun muss ich zum Augenarzt, ich füge noch hinzu, was er gesagt hat, wenn ich zurück bin.
Hoffentlich ist bei Ihnen allen + alles o.k. Es wird wohl nicht – in Ihrer Familie ist immer was los – hoffentlich sind alle gesund.
Viele Grüsse Ihre Lotte C.

Mein Augenprofessor ist optimistischer! Er sagt, die Operation sei *tadellos in Ordnung*, aber es habe sich auf der Retina ein Ödem gebildet, das lange Zeit brauchen kann, um sich zurückzubilden. Ich soll im November wiederkommen. Mal sehen, wer erst am Ziel ist: das Ödem oder ich!!

167 Gideon Kaminka: Wo bleibt die Ästhetik im Städtebau? In: *MB*, 05.04.1982, S. 9–10.

168 Vgl. Lotte Cohn: Der „Geist der Zeit“ in unserem Städtebau (1982). In: Dies.: *Eine schreibende Architektin in Israel*, Bd. 1, S. 108–111.

169 Gideon Kaminka: *„... ins Land, das ich Dir zeigen werde.“ Geschichte einer ruhigen Auswanderung in stürmischer Zeit.* Zürich: Judaica 1977; ders.: *Schwieriges Israel. Erinnerungen 1939–1979.* Zürich: Judaica 1980.

Anhang

Verzeichnis der Briefe

[1] An Richard Kauffmann in Jerusalem, Berlin, 28. März 1921
[2] An Richard Kauffmann in Jerusalem, Berlin, 1. August 1921
[3] An Käthe Jacob in Berlin, Jerusalem, 16. September 1921
[4] An Käthe Jacob in Berlin, Jerusalem, 26. Oktober 1921
[5] An Käthe Jacob in Berlin, Jerusalem, 3. Januar 1922
[6] An Käthe Jacob in Berlin, Jerusalem, 25. Oktober 1922
[7] An Richard Kauffmann in Jerusalem, Berlin, 22. Mai 1923
[8] An Batschewa und Richard Kauffmann in Jerusalem, Berlin, 18. Juni 1923
[9] An Käthe Jacob in Berlin, Jerusalem, o. D. [Ende November 1923]
[10] An Käthe Jacob in Berlin, Jerusalem, 31. Dezember 1924
[11] An Käthe Jacob in Berlin, Jerusalem, o. D. [Anfang 1925]
[12] An Käthe Jacob in Berlin, Jerusalem, 24. Februar 1925
[13] An Hannah Meisel-Schochath in Nahalal, Jerusalem, 7. Februar 1927
[14] An Hannah Meisel-Schochath in Nahalal, Jerusalem, 24. Februar 1927
[15] An Hannah Meisel-Schochath in Nahalal, Jerusalem, 9. März 1927
[16] An Richard Kauffmann in Jerusalem, Berlin, 18. Mai 1927
[17] An Käthe Jacob in Berlin, Jerusalem, 27. Juli 1927
[18] An Käthe Jacob in Berlin, Jerusalem, 29. Januar 1928
[19] An Käthe Jacob in Berlin, Jerusalem, 12. April 1928
[20] An Escha Scholem in Jerusalem, Berlin, 28. August 1929 (Postkarte)
[21] An Escha Scholem in Jerusalem, Berlin, 11. September 1929
[22] An Batschewa Kauffmann in Jerusalem, Berlin, 18. Dezember 1929
[23] An Escha Scholem in Jerusalem, Berlin, 22. Januar 1930
[24] An Gershom Scholem in Jerusalem, Berlin, 20. Februar 1930
[25] An Richard Kauffmann in Jerusalem, Berlin, 17. September 1930
[26] An Richard Kauffmann in Jerusalem, Tel Aviv, 21. Dezember 1930
[27] An Käthe Jacob in Berlin, Jerusalem, 21. Mai 1933
[28] An Helene und Rosa Cohn in Jerusalem, Tel Aviv, 30. Juli 1935
[29] An Helene und Rosa Cohn in Jerusalem, Tel Aviv, o. D. [Mai 1936]
[30] An Arieh Sharon in Tel Aviv, Tel Aviv, 22. März 1939
[31] An Helene und Rosa Cohn in Jerusalem, Tel Aviv, 28. September 1943
[32] An Helene und Rosa Cohn in Jerusalem, Tel Aviv, 24. April 1947
[33] An Julius Posener in Haifa, Tel Aviv, 20. Juli 1947
[34] An Richard Kauffmann in Jerusalem, Tel Aviv, 14. März 1948
[35] An Julius Posener in England, Tel Aviv, 3. September 1948
[36] An Helene Cohn in Jerusalem, Zürich, 19. Juni 1954
[37] An Helene Cohn in Jerusalem, Los Angeles, 17. Juli 1954
[38] An Richard Kauffmann in Jerusalem, Tel Aviv, 20. Juni 1957
[39] An Fania und Gershom Scholem in Frankfurt/Main, Tel Aviv, 6. Juli 1957
[40] An Batschewa Kauffmann in Jerusalem, Tel Aviv, 30. November 1958
[41] An Batschewa Kauffmann in Jerusalem, Tel Aviv, o. D. [Ende 1958]
[42] An Julius Posener in Berlin, Tel Aviv, 17. Februar 1962
[43] An Julius Posener in Berlin, Tel Aviv, 20. Dezember 1963

Glossar hebräischer Begriffe

Alija (Pl. *Alijot*): jüdische Einwanderung in das Land Israel, bis zur Staatsgründung wird in fünf Alijot unterschieden: Erste Alija (1882–1904), Zweite Alija (1904–1919), Dritte Alija (1919–1923), Vierte Alija (1924–1931), Fünfte Alija (1932–1939)
Binjan Haarez: Aufbau des Landes
Chalukka: finanzielle Unterstützung armer und frommer Juden in Erez Israel durch Privatpersonen oder jüdische Gemeinden in der Diaspora
Chaluz (Pl. *Chaluzim*): Pionier
Chaluza (Pl. *Chaluzot*): Pionierin
Chaluztum: ‚Pioniertum', die Ideologie der landwirtschaftlichen Pioniersiedler, die sich auf die nationalen und sozialen Ideale der Einwanderer der Zweiten und Dritten Alija bezieht. Als höchste Erfüllung der Chaluziut galt der Eintritt in einen Kibbuz
Emek: Tal, Tiefebene
Erez Israel: ‚Land Israel', Bezeichnung für das biblische Israel
Galut: Bezeichnung für die jüdische Diaspora
Goj (Pl. *Gojim*): Bezeichnung für Nichtjuden
Keren Hajessod: Gründungsfond, Hauptorganisation zur Sammlung von Spenden für den Aufbau des Landes Israel
Keren Kajemet Leisrael (KKL): Jüdischer Nationalfonds
Kibbuz (Pl. *Kibbuzim*): landwirtschaftliche Kollektivsiedlung auf der Basis genossenschaftlichen Eigentums ohne Privatbesitz
Kwuza (Pl. *Kwuzot*): Gruppe von Pionieren zwecks gemeinschaftlicher Ansiedlung; frühere Bezeichnung für den Kibbuz
Meschek (Pl. *Meschakim*): landwirtschaftliche Parzelle, Farm
Moschaw (Pl. *Moschawim*): Genossenschaftssiedlung mit individueller Produktion der landwirtschaftlichen Erzeugnisse, aber genossenschaftlichem Einkauf und Absatz der Produkte
Moschawa (Pl. *Moschawot)*: älteste Form einer ländlichen Siedlung in Palästina, die nach dem Vorbild mitteleuropäischer Dörfer angelegt wurde. Die Gründer waren Einwanderer der Ersten und Zweiten Alija
Sabre: Feigenkaktus, Bezeichnung für die im Lande geborenen Israelis
Schikun (Pl. *Schikunim)*: Wohnsiedlungen

Abbildungsverzeichnis

Quellenangaben

Akademie der Künste, Berlin, Julius-Posener-Archiv, Nr. 184
33, 35, 42, 43, 44, 47, 48, 49, 50, 55, 57, 58, 60, 64, 67, 68, 69, 70, 71, 72, 75, 77, 79, 80

Central Zionist Archives, Jerusalem

Richard-Kauffmann-Archiv, A 175
1, 2, 7, 8, 16, 22, 25, 26, 34, 38, 40, 41

Lotte-Cohn-Archiv, AK 375
56

Centrum Judaicum Archiv, Berlin, Nachlass Lotte Cohn, 6.12/1
3, 4, 5, 6, 9, 10, 11, 12, 17, 18, 19, 27, 28, 29, 31, 32, 36, 37, 46

Jüdische National- und Universitätsbibliothek, Jerusalem

Ernst-Akiba-Simon-Archive, Nr. 1751
62

Escha-Bergmann-Archiv, Nr. 154
20, 21, 23

Gershom-Scholem-Archiv 1599/492
24, 39, 45, 61, 63, 65, 66, 73, 74, 76, 78

Regionalarchiv Emek Jesreel, Mizra, 2-231.15
13, 14, 15

Archiv Edina Meyer-Maril
30, 59

Archiv Ines Sonder
51, 52, 53, 54

Personenregister